比較政治学入門

岩崎正洋
Iwasaki Masahiro

keiso shobo

はしがき

　本書は，比較政治学の基本的な知識をできるだけ幅広く，体系的に，しかも正確に次の世代へと伝えることを企図して書かれている。
　本書の執筆に際しては，次のような三つの点に注意が払われている。
　第一に，本書は，初めて比較政治学を勉強しようする場合や，改めて比較政治学を勉強し直そうとする場合に，「最低限これだけ知っておくと，とりあえず，比較政治学の入門レベルをおさえることができるし，これから先の勉強にも役立つ」という内容を盛り込んでいる。本書で扱う内容は，比較政治学だけに限定されるのではなく，広く政治学一般にも通用するものばかりである。「これから先の勉強」というのは，比較政治学をこれから先に深く究めようとする場合にも，政治学の他の分野を勉強していく場合にもあてはまる。
　第二に，本書で取り扱うテーマは，それぞれ一定の分量を費やして説明しており，「このテーマについては，少なくともこれぐらいを理解しておくといいだろう」という程度の文字数で記述している。あえて，そうしたのは理由がある。教科書とされる多くの書物は，わずか数行で要点が記述されているため，案外と理解するのが難しい。行間を読むには，それなりの知識が必要になるし，初学者にとっては，教科書を読んだだけで内容が理解できるとは限らない。たとえば，本書の第1章で扱う「政治システム」についての説明が数行で終わっていたり，1ページぐらいかけてなされたりしていた場合に，政治学者のような専門家には「簡潔によくまとまっている」と受け取られても，初学者にとっては「わかったような，わからないような」気になる可能性がある。そのようなことを避けようというのが第二の点である。
　第三に，本書のスタイルに関係する。本文を読めば明らかになるが，本書は，学説史的なスタイルをとっている。簡単にいうと，本書の各章では，さまざまな学者によって，これまでに展開されてきた比較政治学の議論が幅広く

はしがき

ちりばめられている。章ごとに一つのテーマを扱い，テーマに関連した古い議論から比較的に新しいものへと順にとり上げている。また，本書全体についても，第1章から第12章へと行くにつれて，比較政治学の新しいテーマを扱うような構成となっている。

本書を通読すると，比較政治学の学説史を駆け足で追うことができるようになっている。そうすることによって，個々の学者の議論を理解するとともに，関連する何名かの議論に目を向け，それぞれの議論がどのように結びつき，どのように展開したのかについても理解することができる。結果的に，読者は，比較政治学には，どのようなテーマがあり，どのような学者がどのような議論を展開してきたのか，それらの延長線上に比較政治学の現在があることを認識することができるようになる。

本書の大半は，2013年9月から一年間にわたって渡英した折に，集中してまとめられた。サセックス大学（University of Sussex）での在外研究に際し，学部や大学院の授業，教員や大学院生が参加する研究会などに参加したが，そこでの見聞が直接間接に本書の内容に反映されている。サセックスでは，ポール・ウェブ（Paul Webb）教授に大変にお世話になった。ポールとの日常的なやりとりも，本書の至るところに活きていると思う。

本書の準備中には，粕谷祐子（慶應義塾大学），久保慶一（早稲田大学）の各氏と比較政治学のテキストについて意見交換する機会があった。それぞれの関心や研究内容などの違いもあり，扱うテーマや重点の置き方に違いがあるとはいえ，それがオリジナリティにもなるということを考えることができた。

本書の執筆にあたっては，数多くの先学によって著わされた書物や論文などを参照したが，邦訳があるものについては，必要に応じて手を加えつつ，引用している。紙幅の制限もあり，それらすべてを挙げることはできなかったが，最少限度の参考文献リストを巻末に掲載している。

本書の執筆が済んだ後，網谷龍介（津田塾大学），荒井祐介（京都大学），杉浦功一（和洋女子大学），西岡晋（金沢大学），西川賢（津田塾大学），浜中新吾（山形大学），松尾秀哉（北海学園大学），松田憲忠（青山学院大学），松本充豊（天理大学），三竹直哉（駒澤大学），渡辺博明（龍谷大学）の各氏に，第1章から第12章まですべての原稿に目を通してもらい，非常に建設的なコメントをもらうこと

はしがき

ができた。それぞれ専門が異なるため，さまざまな角度から有益な指摘を受けた。一つ一つのコメントを読み，この点をどう考えたらいいのかとか，なるほどなとか，ひとことでは表現できないほど貴重で，知的刺激に富む時間を過ごすことができた。彼らの協力に対して，衷心より謝意を表したい。時間や紙幅の制約があったため，すべてのコメントに応えられたとはいえないが，今後の課題として考えていきたい。

実をいうと，本書の執筆中に常に意識にあったのは，恩師の存在であった。執筆中，手元には，いつでもみられるように，恩師の著書が置いてあった。本書は，有形無形に指導教授より受けた学問的な影響が色濃く反映されていると思う。白鳥令先生は，1937 年生まれで現在 77 歳である。白鳥先生の喜寿をお祝いするとともに，これまでの学恩に対して，改めて感謝の念を表したい。

末筆となったが，本書の刊行に至るまで，最も近くで支えてくれたのは，勁草書房の永田悠一氏と，私の家族である。永田氏には，いつものように，スムーズな編集作業をしてくれたことに御礼をいいたいと思う。

在外研究のときも帰国してからも，家族の支えがあってこそ，本書に取り掛かることができた。家族にもまた感謝している。

2015 年　正月

著者

目　次

はしがき
序　章　比較政治学とは何か　　1

第 I 部　政治発展論から民主化論へ

第 1 章　政治システム　　13
  1.1　政治と国家　　13
  1.2　政治システムとは何か　　16
  1.3　政治システムの構造機能分析　　22
  1.4　政治システム論の広がり　　28

第 2 章　政治発展　　31
  2.1　政治発展とは何か　　31
  2.2　政治発展の比較　　35
  2.3　中心周辺論　　40
  2.4　政治発展論の限界　　44

第 3 章　政治文化　　47
  3.1　政治文化とは何か　　47
  3.2　市民文化　　50
  3.3　静かなる革命　　54
  3.4　社会資本　　57

第 4 章　政治体制　　61
  4.1　政治体制の類型　　61

4.2　ポリアーキー ……………………………………………… 63
　　4.3　多極共存型民主主義 ……………………………………… 68
　　4.4　全体主義体制と権威主義体制 …………………………… 74

第5章　民主化　　　　　　　　　　　　　　　　　　　　　　81
　　5.1　民主化の第三の波 ………………………………………… 81
　　5.2　民主化の段階 ……………………………………………… 85
　　5.3　民主化の段階とアクター ………………………………… 92
　　5.4　民主化の成否にかかわる要因 …………………………… 96

第II部　現代世界の民主主義論

第6章　民主主義　　　　　　　　　　　　　　　　　　　　　103
　　6.1　民主主義とは何か ………………………………………… 103
　　6.2　競合的民主主義の理論 …………………………………… 106
　　6.3　民主主義の二つのモデル ………………………………… 115
　　6.4　一国民主主義の限界 ……………………………………… 118

第7章　選　挙　　　　　　　　　　　　　　　　　　　　　　121
　　7.1　民主主義と選挙 …………………………………………… 121
　　7.2　選挙制度の類型 …………………………………………… 124
　　7.3　選挙制度とデュベルジェの法則 ………………………… 129
　　7.4　選挙制度と政党システム ………………………………… 135

第8章　政　党　　　　　　　　　　　　　　　　　　　　　　139
　　8.1　政党とは何か ……………………………………………… 139
　　8.2　政党の機能 ………………………………………………… 142
　　8.3　政党組織 …………………………………………………… 146
　　8.4　政党の将来 ………………………………………………… 155

目次

第9章　政党システム　159
- 9.1　政党システムとは何か　159
- 9.2　政党システムの形成　161
- 9.3　政党システムのタイポロジー　165
- 9.4　政党システムの変容　172

第10章　大統領制と議院内閣制　185
- 10.1　大統領制と議院内閣制との対置　185
- 10.2　大統領制と議院内閣制の違い　187
- 10.3　大統領制化　193
- 10.4　大統領制化をめぐる議論　203

第11章　政策過程　207
- 11.1　政策とは何か　207
- 11.2　政策の中身と政策の取り扱い　210
- 11.3　コーポラティズム　214
- 11.4　拒否権プレイヤー　220

第12章　ガバナンス　225
- 12.1　ガバナンスとは何か　225
- 12.2　ガバメントとガバナンス　227
- 12.3　ガバナンスへのアプローチ　230
- 12.4　民主主義とガバナンスの課題　234

参考文献　237
人名索引　253
事項索引　257

序　章　比較政治学とは何か
Comparative Politics

比較政治学の入り口

比較政治学のイメージ

　「比較政治学」の「比較」という言葉には，さまざまな関心が向けられる。たとえば，政治を比較するとは具体的にどのようなことを意味するのかとか，政治の何を，どのように比較するのかというように，「比較」という言葉が「政治学」に付くと，どうなるのかという点に注意が向けられる。比較政治学に触れたことがない場合には，「政治を比較する」というイメージばかりが先行し，たとえば，日本の政治と海外の政治とを比較して，優劣をつけることが比較政治学であると思われたりする。日本の政治はダメだけれど，アメリカの政治は優れているとか，日本の首相は無能だけれど，イギリスの首相は有能であるとか，ともすれば，無責任にというか，好き勝手に政治を論じることが比較政治学であるというイメージを抱かれることもある。

　もう少し学術的な立場からみて，比較政治学が各国における政治の共通点と相違点とを明らかにする学問として考えられることがある。たとえば，ヨーロッパ諸国やアジア諸国を対象とし，各国の共通点と相違点とを明らかにすることが比較政治学であると考えられる場合である。議院内閣制の国がどこかとか，大統領制の国がどこかというような大雑把な分け方すら，世界の国々の共通点と相違点とを提示するし，議院内閣制と大統領制とのタイプ分けを行うことになり，類型化にもつながる。しかし，これだけで，比較政治学の冠についている「比較」という言葉の意味を理解した気になってはいけない。

序章　比較政治学とは何か

比較の意味

　比較政治学において，ある国と他の国とを比較することは普通に行われている。ここで注意しなければならないのは，まず，比較政治学で取り扱うのは，各国の政治であり，比較に際しては，ある国の政治と他の国の政治とが対象となることであり，比較の基準ないし比較のための分析枠組みが重要になるという点である。この点は，比較の方法ともいえる。

　比較政治学においては，政治にかかわる多くのテーマが取り扱われている。本書の第1章から第12章までをみると明らかなように，政治システム，政治発展，政治文化，政治体制，民主化，民主主義，選挙，政党，政党システム，大統領制と議院内閣制，政策過程，ガバナンスなどが比較政治学のテーマとして挙げられる。それ以外にも，本書で扱っていないテーマが数多く存在する。たとえば，福祉国家，連邦制，議会，利益集団，社会運動，革命などが挙げられる。

　国家レベルだけでなく，東京，ロンドン，パリなどの都市を取り扱うことも可能である。この場合に，特に気をつけなければならないのは，比較の対象をそろえることである。日本とロンドンとか，東京とフランスとか，異なるレベルのもの同士を比較することはできないのであり，国なら国とか，首都なら首都とか，比較の対象をそろえる必要がある。また，いくら国レベルに限定したとしても，日本の政党とアメリカの大統領とを比較するとか，日本の首相とイギリスの議会とを比較するとか，異なるもの同士を比較することはできない。いいかえると，異なるテーマを同時に比較することはできないのである。

　それだからこそ，比較の基準ないし比較のための分析枠組みが必要になる。たとえば，議院内閣制の国々を比較しようとする場合には，首相や内閣をはじめ，単独政権なのか，それとも連立政権なのか，政権を構成している政党が何か，政党システムが多党制なのか否か，さらに，一院制か二院制か，二院制の場合に首相を選出する権限があるのは上院なのか下院なのかなど，比較を行う基準がいくつも挙げられる。もちろん，思いつくままに挙げた基準すべてが比較を行うのに適しているわけではない。全然関係のない基準が比較に用いられると，比較の意味がなくなってしまう。間接的には関係するかもしれないが，直接的には関係しないような基準は排して，より適切な基準を用いて比較す

ることが重要になる。ここでは，基準という表現を用いているが，いいかえると，「尺度」ともいえるし，ときには，「変数」という表現を使うこともある。

　たとえば，複数の国々に共通してみられる政治現象を解明するために，いろいろな変数を挙げ，どの変数が最も影響力をもっているかを明らかにすることがある。具体的にいえば，一つの国で民主主義が実現するのは，どのような場合であるのかを明らかにするために，ある一定の時期に民主化を経験した国々を対象としてとり上げ，いくつかの変数を用いて分析する。たとえば，インターネットの普及率とか進学率，経済成長率とか失業率など，それらの国々の民主化に直接間接に関係したと思われるような変数を挙げるとともに，どの変数が最も民主化に影響を及ぼし，民主主義の実現に直接的に関係したのかという点は，比較を行うことによって引き出される。

　ほとんどすべての国で，ある一つの変数が強く影響を及ぼしていることが明らかになれば，その変数が民主化という政治現象を説明するのに最も適しているという結論が導かれる。あるいは，全体のうち約半分の国では，この変数が効いていたが，もう半分の国では，他の変数が強く影響力をもっていたという場合には，いずれか一方の変数が有力であるという結論ではなく，民主化には，二つのパターンがみられるという結論につながることもある。

　話をさらに進めると，ここで重要なのは，比較により政治現象の因果関係が明らかになるという点である。場合によっては，「説明変数」や「被説明変数」，「独立変数」や「従属変数」などという表現によって因果関係について説明されることもある。そこで述べていることは，なぜ民主化したのかということであり，いいかえると，民主主義の条件とは何かということである。したがって，比較政治学は，国家間の比較を行うことにより，各国の共通点と相違点とを明らかにするだけではない。さらに，比較により，各国でみられる政治現象の因果関係を解明するのが比較政治学なのである。

比較政治学の教科書

　比較政治学のいくつかの教科書では，冒頭において，比較政治学とは何かという記述がみられる。それぞれの著者が比較政治学についての自らの認識を示すとともに，その教科書がどのような立場から書かれているかを鮮明にする部

分でもある。比較政治学について明確な定義づけを行っている場合もあれば，そこまでの議論を行っていなくても，著者自身の基本的な認識を示している場合もある。たとえば，日本で刊行されている教科書のいくつかを一瞥すると，次のような説明がみられる。

　　比較政治学は，政治学の中でもとくに雑多なトピックとアプローチが混在する分野であり，それを一言で言い表わすことはきわめてむずかしい。筆者は，つねづね，比較政治学は消去法で定義しないとその輪郭がみえない専門分野ではないか，と考えている。つまり，政治学という全体から，国家間レベルでの政治過程を扱う国際政治学（あるいは国際関係論），政治思想を扱う政治哲学，純粋な方法論的研究（政治学方法論），そして自国の政治を扱う（たとえば日本であるならば）日本政治論を取り除き，残った部分すべてを比較政治学の対象とみなすのである（河野 2002: 1）。

　ここで引用した部分は，比較政治学の定義づけがいかに困難であるのかを理解するのに役立つが，比較政治学が具体的にどのようなものであるのかについて理解するには，言葉足らずである。ただ，比較政治学が政治学の他の分野とは異なることを把握しておくことは有用である。たとえば，政治学には他にも，政治思想や政治哲学などを含む「政治理論」（Political Theory）の分野や，国際政治学や地域研究などを含む「国際関係論」（International Relations）の分野がある（Caramani 2014）。政治理論は，平等や正義などのように，規範的かつ理論的な問題を取り扱うのに対し，比較政治学は，経験的な問題を扱う。比較政治学では，政治参加が民主主義にとって善か悪かを論じるのではなく，人びとがどのような形態で参加するのかとか，若年層と高年層との参加に用いる手段の違いといった問題を調査する。比較政治学の研究者が規範的な問題に関心を抱いたとしても，比較政治学が経験的で価値中立的な立場をとることに変わりはない。

　国際関係論は，政治システム間の相互作用に関心を向けるのに対し，比較政治学は，政治システム内の相互作用に関心をもっている。比較政治学は，国家間の戦争を研究テーマとして取り扱うのではなく，政党同士の競合に目を向

けるし，戦争とのかかわりという点でいえば，軍事介入や安全保障政策に関心をもったり，支持したりする有権者と政党とのかかわりに関する問題を取り扱う。国際関係論は，国際社会を一つのシステムとして捉え，個々の国家をシステムの構成要素として位置づける。国際関係論がシステムにおいてみられる関係性に注目するのに対し，比較政治学は，一つの国家を一つのシステムとし，複数のシステムを比較することに重点を置く。あくまで比較政治学は，政治システム内部に注目し，個人はもちろん，集団，制度，階級などに目を向けるのである。

このように考えると，政治学において，比較政治学が他の学問分野と明確に棲み分けをしていることがわかる。他とは異なるという点を前提にすると，比較政治学の特徴は，さらにはっきりとしてくる。たとえば，次に紹介するように，もう少し具体的に比較政治学の特徴を盛り込んだ説明もある。

比較政治学は，外国の現実政治に関する有用な情報を提供すると同時に，方法論的には他の国々にも適用可能な理論の構築を目指す学問である，といえよう（眞柄・井戸 2004: 9）。

また，比較政治学が政治学の一分野であり，政治学が社会科学の一分野であることに言及し，「社会科学の方法としての適切さ」にも自覚的な立場から次のような定義づけがなされている。

比較政治学とは，複数の国家，地域ないし時代の政治について，適切な方法によって，事実認識および因果関係の解明を行う学問領域である（建林・曽我・待鳥 2008: 26）。

比較政治学とは（1）実在するデータを分析し，（2）国際関係ではなく国内の政治を分析対象とし，（3）ある国の固有性理解ではなく，ある程度地域・時代を超えて存在する政治現象に対する因果関係の説明（一般理論化）をめざす学問分野である（粕谷 2014: 5）。

このようにみてくると，これらの引用部分では，論者ごとに異なる言い回しや表現が用いられているとはいえ，共通している点も多々みられる。比較政治学が独特の（いいかえると，「適切な」ということになるが）方法を用いて複数の国や地域の政治を比較することにより，因果関係を明らかにし，理論を導き出すということについては，ほとんどの引用部分に共通性がみられる。既に述べたように，比較政治学の「比較」の意味は，国家間の比較を行うことにより，各国の共通点と相違点とを明らかにするだけではなく，さらに，各国でみられる政治現象の因果関係を解明することにある。したがって，比較政治学においては，比較することが目的なのではなく，あくまで比較は手段でしかないことを忘れてはならないのである。

本書の特徴

本書の立場

本書は，比較政治学の入門書であり，書物の性格上（また，紙幅の都合上も），比較を行う際の方法論について立ち入った議論を行う余裕はない。比較が手段であるとはいえ，ここでは，政治学方法論のように，具体的な手段に特化した議論を行うことはしない。政治学の方法論について書かれたものは，専門的なものだけでなく，教科書的なものも含めて，以前に比べると格段に数が多くなっており，本書で中途半端に言及するよりも，方法論に特化した他の書物に委ねた方が賢明だと思われる。そのため，本書では，比較政治学の方法論が重要であることを認めつつも，具体的な方法論には口をはさまず，これまでに比較政治学の代表的な研究成果として蓄積されてきた議論に注目する。

本書は，代表的な比較政治学の業績をつぶさに追っていくため，比較政治学の学説史のようなスタイルにもなっている。この点は，比較政治学の具体的な議論がどのようなものなのか，これまでにどのようなテーマが取り扱われてきたのか，過去に注目された議論が徐々に堆積して現在の比較政治学を支えているとしたら，具体的に，どのような業績が蓄積されてきたのかについて明らかにする。さらに，比較政治学の課題，対象，方法を理解するには，具体例を通して学ぶことが最も手っ取り早いし，過去に一定の評価を受けた業績こそ具体

例とするのにふさわしいからである。

　その意味で，本書が企図しているのは，比較政治学における最新の研究成果を網羅したり，積極的に研究の指針を提示したりすることではない。本書は，第二次世界大戦後の比較政治学を改めてふりかえり，現時点における比較政治学の基本を確認するとともに，次のレベルへと進むためのステップを提供することを意識して，まとめられている。

本書の構成

　本書は，二部構成となっている。序章に続く第Ⅰ部「政治発展論から民主化論へ」においては，第1章から第5章までが含まれ，第Ⅱ部「現代世界の民主主義論」においては，第6章から第12章までが含まれている。第Ⅰ部と第Ⅱ部との大きな違いは，第Ⅰ部では，政治システムや政治体制などのように，国家の大きな枠組みにかかわる議論を扱っており，先進国と途上国の違いや，民主主義と非民主主義との違いを考える際に手がかりとなるようなテーマが含まれている。それに対して，第Ⅱ部では，政党や政党システム，選挙制度，大統領制と議院内閣制などのように，民主主義諸国の内部でみられることに焦点を絞っている。第Ⅱ部で扱っているのは，民主主義諸国の比較を行う際に役立つ論点であり，一つの国の政治過程に目を向けている。

　第Ⅰ部の第1章「政治システム」では，比較政治学の最も基本的な分析単位である国家に注目するとともに，政治システム論において，国家という概念ではなく，政治システムという概念を用いることが提唱され，政治システムの単純モデルが示されたり，政治システムの構造機能分析が模索されたりしたことを説明する。政治システムの概念と理論は，比較政治学を論じる際の出発点に位置する。第2章「政治発展」は，政治システムの発展をめぐる理論を紹介している。政治発展は，一国内部でみられる現象であるが，たとえば，ヨーロッパ全体をみると，国ごとに発展の度合いは異なっていることがわかる。歴史的にみると，比較的に早く政治発展を遂げた国と，後発国との間の違いが存在したし，世界的な規模で考えると，先進国と途上国という違いを考える際に，政治発展論が手がかりを与えることがわかる。

　第3章「政治文化」は，各国における人びとの政治意識とかかわっている。

政治文化論は，政治発展のレベルの違いが国家間の政治文化の違いと関連していることを説明し，民主主義か否かという違いもまた，政治文化とかかわっていることを明らかにしている。政治システム論の内容は，政治発展論と政治文化論ともつながっており，これら二つは，政治システム論から派生した議論としても位置づけることができる。政治文化論において，民主主義的な政治文化や非民主主義的な政治文化などの類型化が提示され，政治文化のタイポロジーが示されるとともに，民主主義的な政治文化に正面から検討が加えられたのである。

第4章「政治体制」では，民主主義的な政治体制と非民主主義的な政治体制との類型化が提示されている。併せて，非民主主義的な政治体制をさらに類型化したものとして，全体主義体制や権威主義体制についても説明される。政治文化と政治体制との関係は一見すると，全く異なった論点を扱っており，無関係なテーマであるという印象を抱くかもしれないが，実際には，コインの表裏のように，異なる角度から共通のものをみているのであり，その意味では，両者を切り離して理解するよりも，両者のつながりを念頭に置きながら理解することが必要となる。

第5章「民主化」は，政治発展との共通点や相違点という視点から理解しようとすると，多くの示唆が導き出される。政治発展も民主化も一国における政治の劇的な変化を扱っており，システムの変化ないし転換という意味では，親和性をもつ議論である。民主化論においては，たとえば，民主化が権威主義体制から民主主義的政治体制への移行を意味するため，政治体制論の知識が前提となったり，民主化が進展するには，政治システムにおいて民主主義的な政治文化を涵養することが必要となるため，政治文化論の理解が役立ったりするのは明らかである。第Ⅰ部においては，マクロな理論を中心に取り扱っており，各章が独立した内容であるとはいえ，相互に補完関係にあることも示される。第Ⅰ部では，先進国と途上国，あるいは民主主義国と非民主主義国というように，異なるもの同士の比較を行う際の分析枠組みを提示しており，異なるものをいかに類型化し，概念構築やモデル構築を行うのかという点を理解するのに役立つ。

第Ⅱ部第6章「民主主義」では，民主主義がこれまで国家という一つの枠

組みで考えられるとともに，実践されてきたことをふまえ，古典的な民主主義理論から現代民主主義の理論に至るまで，とりわけ，比較政治学において民主主義を考える際に必要な論点を中心に説明している。現代の民主主義においては，選挙が根幹をなしていることから，民主主義に関する章を受け，第7章「選挙」で選挙の意味を考え，選挙制度の類型，選挙制度と政党システムなどに注目している。民主主義においても選挙においても，政党は主要なアクターであり，現代民主主義の中心に位置しているため，第8章「政党」と第9章「政党システム」では，政党にかかわる問題を取り扱う。

政党や政党システムは，比較政治学において数多くの論者によって注目されてきたテーマである。日本では，政党と政党システムが一括りにされ，一つの章で同時に扱われるのが普通であるが，欧米の比較政治学の教科書では，政党と政党システムとがそれぞれ独立した章となっている。そのため，本書も第8章で政党を，第9章で政党システムをとり上げることにした。この点からも明らかなように，比較政治学において，政党と政党システムというテーマが大きな位置を占めていることが理解できる。

第10章「大統領制と議院内閣制」も比較政治学の古典的なテーマである。現在の比較政治学は，主に第二次世界大戦後に展開されてきたものであるが，大統領制と議院内閣制の比較研究は，それ以前よりなされてきたし，比較政治学に留まらず，政治学全般における古典的なテーマであるといえるかもしれない。本書では，とりわけ，比較政治学での関心に沿って大統領制と議院内閣制に注目しており，近年の「大統領制化」に関する議論についても正面から扱っている。

第11章「政策過程」と第12章「ガバナンス」は，比較政治学の新しいテーマとして位置づけられる。政策過程は，行政学や公共政策に関する学問では，古くから論じられてきたとはいえ，比較政治学において，政策過程に対して積極的な関心が集まるようになったのは，それほど昔のことではない。第11章では，政策や政策過程に関する日本の議論に注目するとともに，比較政治学において政策過程を正面から論じた初期の議論ともいえる「コーポラティズム」論と，より最近の政策過程に関する議論であり，政党や政党システム，大統領制や議院内閣制などにも言及し，包括的な比較の枠組みを構築しようとしてい

序章　比較政治学とは何か

る「拒否権プレイヤー」論を紹介する。第12章では，ガバナンスが従来とは異なる「統治」を意味したものであり，統治に関する新しい見方を提供していることを明らかにしている。それぞれ文脈が異なるとはいえ，ガバナンスは，先進工業民主主義諸国の統治を考える際も，途上国や民主化後発国の統治を考える際も，キーワードの一つである。ガバナンス論は国家や社会とのかかわりで論じられたり，民主主義との関連で論じられたりしている。さらに，政策過程とのかかわりでガバナンスが論じられることもあり，政策過程論とのつながりもみられる。

　本書は全12章からなる。本書は，比較政治学におけるさまざま理論に注目しているとはいえ，ここでとり上げたテーマ以外にも，数多くのテーマがあり，多様な業績が蓄積されている。比較政治学には，これまでに提出されてきたものだけでなく，現在進行中の研究もあり，本書ですべてを網羅できるわけではない。本書は，あくまで比較政治学の入門であるが，本書を読むことは，比較政治学という間口が広く奥行きの深い「学問」の入り口に立つことになる。本書を読み終えた後に，さらにもう一歩ふみ出してみると，比較政治学の知的な意味での刺激や面白さを感じられると思う。

第Ⅰ部　政治発展論から民主化論へ

第1章　政治システム
Political System

1.1　政治と国家

政　治

　一人ひとりの名前や顔が違うように，一人ひとりの意見や価値観は異なる。親子や兄弟でもみられるように，家族でさえ意見や価値観が異なるのだから，他人同士となればなおさらである。会社や学校，近所づきあいなど，人間同士がかかわりをもつところでは，異なる意見や価値観がみられるとしても不思議はない。利害がぶつかり合い，その結果として，対立が生じることも何ら驚くことではない。実際の社会では，すべてが円満に丸く収まることなど，むしろ珍しいことかもしれない。

　そう考えると，選挙戦で候補者や政党が競い合っていたり，議会で与党と野党が意見を戦わせていたり，ある国の首相とある国の大統領とが両国にかかわる問題について互いに譲らず関係が悪化したり，何度も会談したりする光景を，意見や価値観が異なる人間同士の関係としてながめると，政治が対立とは無関係ではないことが明らかになる。

　政治とは何かということを考えると，あらゆる人が納得できる答えは，現在のところ誰も導き出せていないし，おそらく，これから先も出てこないかもしれない。従来，政治学は，政治とは何かという問いかけをめぐって展開されてきた学問である。政治学の歴史は古い。もちろん，「あらゆる人」という条件を外して，多くの人が納得できるような答えは，これまでにも出されてきたし，今でも価値を失わず，多くの人に受け容れられている議論は数多くみられ

る。

たとえば，政治とは，「誰が，何を，いつ，どのようにして，手に入れるのか」ということであるという定義がある (Lasswell 1936)。価値のあるものは人それぞれ違うし，各人が手に入れたいと願うものは異なっている。たとえば，健康であったり，富であったり，社会的な地位であったり，権力であったり，人が何を欲するかは，万人に共通しているわけではない。何に価値があると思うかは，人それぞれ異なっており，何に価値を見出そうと個人の自由であり，各人の価値観を第三者がとやかくいうことはできないし，とやかくいうべきではない。

一人ひとりの意見や価値観が異なるのはいいとしても，違いによってもたらされる対立をどのよう解決するのかという問題を避けて通ることはできない。政治は，対立があるからこそ存在するといえる。

国　家

デュベルジェ（Maurice Duverger）は，政治の本質について，次のように述べている。

　　政治がいかなる時いかなる所においても，相反する価値や感情をふくんでいることこそ，政治の本質であり，その固有の性質であり，その真の意義である。二つの顔をもったギリシア神ヤヌスのイメージこそ，国家の象徴にほかならないのであり，政治の最も深い現実を表わすものである。国家——ヨリ一般的にいえば，社会の制度化された権力——は，常にそしてどこにおいても，ある階級の他階級の支配の手段となり，前者の利益，後者の不利益になるように利用される。とともにまた，ある社会秩序を確立し，すべてのものを社会のなかに統合する手段となり，公共の福祉をも目指すのである。第一の要素と第二の要素の比重は時代や状況によって，また国民によって異なるが，両要素は常に共存する。しかも闘争と統合の関係は複雑である。およそ既存の社会秩序に挑戦するものは，ヨリすぐれたヨリ真正な秩序のイメージや計画である。すべて闘争は統合の夢を宿し，それを具現しようとする努力にほかならない。多くの思想家の主張によれば，闘争と統合は相反する二

1.1 政治と国家

局面ではなくて，ただ一つの同じ全体的過程であって，闘争は自ら統合を生じ，対立はその対立自体を通じて対立そのものを排除し，調和のある共同体の実現を目指すのである（Duverger 1964 邦訳 7）。

政治は，対立を含んだものであり，対立するところで政治がみられる。政治は，社会におけるさまざまな対立を反映する。対立を解消しようとしながら対立し，さらに，統合を実現しようとする。とりわけ，国家は，政治を最も反映しており，国家と政治とは一組のセットとして，政治学では取り扱われてきた。

従来，国家は，主権，領土，国民という三つの構成要素を兼ね備えたものとして説明されてきた。国家についての説明が三要素の提示だけという場合もみられるが，国家の存在は自明視されてきたし，所与のものとして位置づけられてきた。国家の定義として多く参照されるものとしては，ウェーバー（Max Weber）によるものがある。ウェーバーによれば，「国家とは，ある一定の領域の内部で——この「領域」という点が特徴なのだが——正当な物理的暴力行使の独占を（実効的に）要求する人間共同体である（Weber 1919 邦訳 9）」。

彼の定義をふまえると，政治とのかかわりにおいて，国家には，正統性（legitimacy）が付与されており，唯一絶対的な存在であることがわかる。国家に暮らす人びとを国民として規定するのも国家である。市民権の付与や国籍取得などのように，国家のメンバーシップにかかわる問題の処理や，基本的人権の保障などは，国家が取り扱う事項であり，今のところ国家に代わって対応できそうな他のアクターはみあたらない。

公的なサービスを提供するために必要な資源を調達するのも，国家の役割の一つである。資源の調達や，資源への動員は，国家が正統性をもっているからこそ可能になる。たとえば，福祉，医療，教育，治安などの公的サービスの提供は，市場に完全に委ねることができない。もし，完全に市場原理に頼ってしまったら，セイフティーネットが崩れ，著しい格差が発生したり，秩序を維持したりすることさえ困難になる可能性がある。

国家は今でも戦争における主要なアクターである。国家が民間のアクターとともに協働している場面をいくつも目撃するようになったとはいえ，戦争を開

始し，終わらせるのは国家である。20世紀の終わり頃から国家の地位低下や機能不全，さらには，「国家の退場」とまで表現されることがあったが，他のアクターと比べて，国家が優先的に果たすべき役割は現在でもたくさん存在する。

　国家が政治を最も反映しているとしても，さまざまなところで政治はみられる。たとえば，一つの国家において，地方レベルでも政治は存在するし，EUのように，国家の枠組みを超えた地域レベルでも政治は存在する。政治は，異なるレベルでみられるものであり，さまざまなレベルの政治を分析するための枠組みとして，「政治システム」という概念が役に立つ。

1.2　政治システムとは何か

政治システム論

　イーストン（David Easton）は，1953年に刊行した『政治システム』（*The Political System*）において，政治学の一般理論の必要性を唱え，政治理論におけるさまざまな概念を根本的に再構成する必要があると主張した（Easton 1953）。彼は，1957年の論文「政治システムの分析のためのアプローチ」で，政治システム，インプット（input），アウトプット（output）など，いくつかの中心的な概念を示したが，1965年には，『政治分析の基礎』（*A Framework for Political Analysis*）で政治システムを分析するための枠組みを提出した。同年にイーストンは，『政治生活の体系分析』（*A Systems Analysis of Political Life*）を刊行し，政治システム論をさらに展開した。

　イーストンは，一般理論を構築しようとしていたのであり，彼自身が「私の意図は，政治システムが，その特定の形態とは関係なく，安定する世界あるいは変動する世界において，存続しうる基本的過程を明らかにすることである（Easton 1965a 邦訳6）」と考えており，「私が検討しようとしているのは，政治システムの生命過程そのものなのであって，民主的，独裁的，官僚的，伝統的，帝国主義的といった形容詞がつけられる特定の政治システムにおける過程ではない」と述べている。

　イーストンによって示された概念はいずれも，特定の国や地域を取り扱うた

めのものではなく，国境を越えて，あらゆるタイプの政治システムを分析するための道具として役立つように考え出されたものである。彼は，政治学が科学として発達すべきであると考え，科学が一般化と比較とを通じて発達するものであるという点から，すべての政治システムを対象として，経験的一般理論を構築しようとした。彼によれば，すべての政治システムを扱うため，自国の政治システムの研究と他国の政治システムの研究という区別には意味がなく，経験的理論は，他国の政治システムと比較するための暗黙のモデルとしての自国の政治システムの深い研究を必要とはしないが，一般化を進めるためには，分析対象となる政治システムの数が増えることになるという。その結果として，一般理論の妥当性を検証しようとすることは，欧米以外の他の政治システムとの比較を行うことにもなるし，比較によって還元される知見が一般化を進めるのに役立つことにもなる。

　イーストンの政治システム論に注目することは，基本的な概念を理解することに加えて，政治学が科学であることや，科学が一般化と比較とによって発達することを念頭に入れて置くためにも意義深いことである。たとえば，ある国について調べたり，いくつかの国について理解したりする場合には，政治システムの概念を分析の枠組みとして用いることができる。実際に，比較政治学の代表的な教科書では，政治システムを枠組みにして，さまざまな国の政治システムについて解説を行っているものもある。たとえば，アーモンド（Gabriel A. Almond）とパウエル（G. Bingham Powell, Jr.）らによる『比較政治学の現在』（*Comparative Politics Today*）は，初版が 1974 年に出たが，その後，何度も版を重ねて改訂を繰り返し，編者の一人であるアーモンドの死後は，パウエルが代表となり，ドールトン（Russell Dalton），ストローム（Kaare Strom）とともに改訂を繰り返し，2014 年には第 11 版が刊行されている（Powell, Dalton and Strom 2014）。

政治システムと環境

　最も包括的な社会システムである社会は，人間のすべての社会的相互作用を包含する唯一のシステムとされる（Easton 1965a 邦訳 64）。政治システムをはじめとする他の社会システムは，それぞれの行動全体から特定の側面だけが

第1章 政治システム

抽出される。政治システムでは，他の社会的相互作用から区別される政治的相互作用がみられるが，政治的相互作用は，社会に対する諸価値の権威的配分を強く志向したものである（Easton 1965a 邦訳 67）。そのため，政治学は，権威的配分を決定し，実行する社会における相互作用のシステムを理解しようとする。

イーストンは，政治システムを「社会に対して諸価値が権威的に配分されることにかかわる相互作用のセットを社会行動全体から抽象したものである（Easton 1965a 邦訳 75）」としている。システムにおいて相互作用を営むのは，政治的役割をもって行動している人びとであり，システムの構成員である。

政治システムに何が含まれないのかを明らかにすることで，政治システムと他のシステムとの区別が可能になる（Easton 1965a 邦訳 76）。システムの外に何かが存在すると考えると，ある境界があり，それが政治システムと政治システムに含まれないものとを区別する。境界は，環境や非政治的な領域でみられる。政治システムが他の社会システムから分化している程度や，システム間の境界の明確さという点は，①政治的役割や活動と，政治的領域以外の役割や活動とがどれだけ区別されているか，あるいは逆に，それらが家族や血縁集団などの特定の構造にどれだけ埋没しているか，②政治的役割を担う人びとが社会において独立した集団を形成し，そこで団結や結合の意識がどれだけ抱かれているか，③財産，威信，その他の非政治的基準による階層制とは異なる階層制を政治的役割がどれだけ形成しているか，④政治的役割への人材の登用過程と選択の基準とが他の役割についてのそれらとどれだけ異なっているかによって示される。

政治システムの境界外にある社会のさまざまな側面は，すべて社会の下位システムであり，これら下位システムは，政治システムの環境を構成している。環境は，社会的環境と物理的環境とがあり，特に区別されなければ，両者は環境として扱われる。政治システムの環境は，社会内的環境と社会外的環境とに分けられる。

社会内的環境とは，政治システムの外部にあり，政治システムが属する社会の内部にある社会的環境と物理的環境とからなる。たとえば，経済における景気の動向，文化における価値や希望の変化，階級構造の変化などは，政治シス

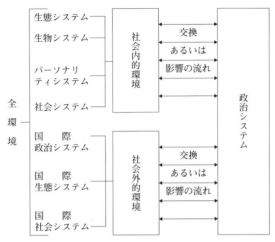

図 1-1: 政治システムと全環境との間の交換
出所　イーストン『政治分析の基礎』92 頁。

テムに影響を及ぼす。社会内的環境は，生態システム，生物システム，パーソナリティシステム，社会システムのように，政治システム以外のさまざまなシステムを含んでおり，政治システムそのものが一つの下位システムを構成する社会と同一社会にあるものでもある。いいかえると，これらのシステムは，政治システムと同じ社会にあるが，政治システムの外にあるシステムである。

社会外的環境は，あるシステムが政治システムの外にある場合にかかわってくるものであり，政治システムの存続や変化に大きな影響を及ぼす。たとえば，日本側からみれば，中国は一つの社会であり，一つの政治システムであり，中国の行動は，日本の政治システムの境界を越えて影響を及ぼすことになる。社会外的環境には，国際生態システム，国際政治システム，国際文化，国際経済，国際人口などの国際社会システムなどが含まれる。

政治システムは，開放体系であり，システムの存続が前提となる。その点から政治システムは，反応システムとしても考えることができる。政治システムの構成員は，拘束力をもつ決定を行い，実行するためのシステムを存続し続けるために，ストレスに対応する機会をもつ。政治システムは，ストレスに反応することで存続する。この点について，イーストンは，政治システムは，生

物システムとしての人体のように,「少なくとも短期間,すべての変化から自己を隔離することによって,自己を護ることができる」し,「圧力をもたらさないように,あるいは,すでに圧力が現れているならば,その危険を防止すべく,環境およびシステム内における変動を制御することを試みる」と述べるのである (Easton 1965a 邦訳 118)。政治システムが生物システムと異なるのは,システム自身が目標や慣行,内部の組織構造を変革する能力をもっている点である。

インプットとアウトプット

政治システムは,環境から影響を受けて何らかの反応を示す。あるシステムの境界を越えて他のシステムに伝達される影響は,第一のシステムのアウトプットと呼ばれるが,これは,影響を受けるシステムのインプットでもある。システム間の浸透作用は,インプットとアウトプットとして説明されている (Easton 1965a 邦訳 127)。

イーストンは,インプットからアウトプットまでの流れを政治システムの流通モデルと表現した (Easton 1965a 邦訳 129)。環境から生起することは,インプットとして政治システムに流れ込むことでシステムに影響を及ぼし,政治システムは影響の流れをアウトプットに転換しようと働きかける。ここでいうアウトプットとは,権威的決定であり,実行であるが,アウトプットは再び環境を構成するシステムへ戻ったり,無媒介に政治システムそのものに流れ込んだりすることもある。

図 1-2 では,環境からの矢印が一方向のみであり,要求 (demand) と支持 (support) として政治システムに流入している。政治システムからのアウトプットは,環境を変えたり,次の段階で環境から政治システムへ流れる影響を変えたりすることで,一つの連続的なフィードバック (feedback) ループがみられるようになる。図 1-2 は,複雑な政治過程の骨組みを示したものであり,政治システムにおいてインプットがアウトプットに転換されるという基本的なことを示している。

インプットとは,政治システムを何らかのかたちで変革し,修正し,影響を与える政治システムの外のあらゆる事象のことである (Easton 1965a 邦訳 131)。

1.2 政治システムとは何か

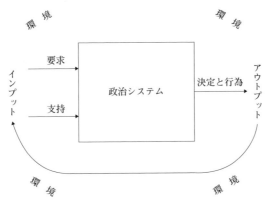

図 1-2: 政治システムの単純モデル
出所　イーストン『政治分析の基礎』128 頁。

環境の変化は，要求と支持という二つのかたちのインプットとして政治システムに影響を及ぼす。政治システムが要求や支持に起因するストレスに応えることができているならば，システムは存続する。しかし，システムがストレスに対処できなくなると存続の危機に直面する。政治システムが多様な要求に応えられなかったり応えようとしなかったりする場合や，過重な要求に対応できなかったりする場合についての防御策も検討されなければならない。支持は，権威，体制，政治的共同体という三つの対象に対してなされるが，何らかの原因により，ある最小限度の基準以下にまで支持が低下すると，政治システムは，システムの構造と過程を変革したり，構成員に一般的支持を植えつけようとしたり，支持を高めようとしたりするなどして対応する。

　アウトプットは，「諸価値の権威的配分，あるいは拘束的決定，およびそれらを実行するための行為に限定される（Easton 1965a 邦訳 143）」。アウトプットの具体例としては，法令，行政決定，行政行為，命令，規則，その他の政治的権威が発表する政策，部族会議の非公式な同意，権威が与える情実や恩恵などが挙げられる。インプットが環境の変化をまとめ，伝達するものとされたのに対し，アウトプットは，その逆のものであり，システムで生じる事象と環境とを諸価値の権威的配分と関係のある行動の面から関連づけるものである。

　政治システムは，フィードバックと反応能力という二つの能力をもってい

る（Easton 1965a 邦訳 145）。政治システムは，これら二つによって自らの行動を修正したり，方向を変えたりすることによってストレスを制御できる。イーストンによれば，政治システム論は，政治システムの動態モデルを提示する。モデルにおいては，要求と支持といったインプットがシステム内を通過すると「何かがなされ」，最終段階でアウトプットが出されるが，アウトプットは，政治システムが次になすべきことへとフィードバックされる。イーストンの考えでは，政治システムは，受動的なものではなく，目標設定，自己変革，創造的適応が可能なシステムであり，予測能力，評価能力をもち，システムの環境における攪乱の影響を阻止すべく建設的に行動できる人間が構成員となっている（Easton 1965a 邦訳 150）。

1.3　政治システムの構造機能分析

基本概念としての政治システム

　アーモンドとパウエルもまた，政治システムという概念について，1966年の『比較政治学』（*Comparative Politics*）で言及している（Almond and Powell 1966）。彼らは，当時の比較政治学の教科書や学術論文において，政治システムという概念が一般的に使われるようになったのをふまえ，いくつかの基本的な概念を説明する意義を唱えている。彼らによれば，以前は，「政府」，「国民」，「国家」という言葉であったものが，「政治システム」という言葉で呼ばれるようになった。呼び方の違いは単なる用語法の変化ではなく，政治を考察する方法の変化を意味しており，以前は政治的側面とされなかったような活動や過程が考察の対象となったことによる変化でもある。

　　政府，国民，国家などの古い用語は，法的ないし制度的な意味に限定されていたが，政治システムという新しい用語は，法制度的な意味だけでなく，社会における政治生活のすべての領域に目を向け，非公式の集団や政治的態度，政治過程などを含んだ意味をもつ。彼らによれば，政治システムは，立法府，裁判所，行政府といった統治機構のみならず，それらの政治的側面のあらゆる構造を含んでおり，そこには，血縁関係による結びつきやカースト

集団のような伝統的な構造，暴動のような社会的無秩序状態，政党，利益集団，メディアなどの非政府の組織もみられる（Almond and Powell 1978 邦訳 5-6）。

アーモンドとパウエルは，イーストンによる政治システム論をふまえつつ，政治システムが正当な物理的強制力と関連性をもつと指摘している。この点は，アーモンドとパウエル自身が明らかにしているが，ウェーバーによる国家についての説明を念頭に置いている。彼らは，政治システムという用語が国家という用語を置き換えたものである点を意識している。政治システムにおいて，正当な物理的強制力がみられるのは，権威がともなうからであり，この点でイーストンによる諸価値の権威的配分という説明に結びつくし，他の社会システムと政治システムとの違いを明確にすることになる。

環境とシステム

システムは，システムの構成要素間の相互作用と，システムと環境との間の境界とかかわっている。システムにおける一つの構成要素の特性が変化すると，他のあらゆる構成要素と一つの全体としてのシステムにも影響が及ぶ。アーモンドとパウエルは，この点を説明するために，いくつかの例を挙げている。たとえば，自動車の車輪が腐食すると，車両は油を無駄に燃焼し，システムの他の側面の機能が低下し，車両の力が低下する。また，政治システムにおいて，新たな政党が登場したりメディアが出現したりすると，システムの他のあらゆる構造に影響を及ぼし，システムの国内的能力と国際的能力にも影響を及ぼす。

システムと環境との間の境界は，イーストンも言及していたが，システムがどこからスタートし，どこで終わるのかを明らかにし，政治システムと他の社会システムとを区別するのに役立つ。たとえば，家族が父母，夫婦，兄弟姉妹のような役割からなり，役割が相互作用する一つのセットであるように，社会システムは，個々人から構成されているのではなく，役割から構成されている。父母ないし夫婦が家庭での役割とは異なる役割を職場で果たしていたり，兄弟姉妹が学校などでの役割をもっていたりする。政治システムでも同様に，

第 1 章 政治システム

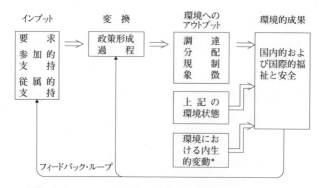

＊変動は政治システムそれ自身の活動によって生じない。

図 1-3: 政治過程についてのシステム的パースペクティブ
出所　アーモンド & パウエル『比較政治学』13 頁。

政治家，官僚，裁判官，有権者などの相互作用からなる。個々の有権者は，選挙で投票する際には，政治的な役割を果たすが，それ以外の日常生活では，他のシステムにおいて，政治と全くかかわりのない非政治的な役割を果たしている。

　政治システムは，国内的環境と国際的環境との二つの環境にかかわっており，環境に対して影響を及ぼすとともに，環境からの影響を受ける。システムと環境との相互作用は，インプット，変換，アウトプットという三段階から説明される（Almond and Powell 1978 邦訳 11）。アーモンドとパウエルによれば，インプットとアウトプットは，システムと環境との間の関係によって生じるものであり，政治システム内部の過程が変換過程となる。図 1-3 で示されるように，環境からのインプットは，要求や支持として政治システムに入り，政策アウトプットとして政治システムから出ていくが，アウトプットがフィードバックし，政治システムに影響を及ぼす。ここで示されているのは，基本的にイーストンの政治システム論と同じであるが，アーモンドたちは，インプットとアウトプットを詳しく説明したところに特徴がある（Almond and Powell 1978 邦訳 13-15）。

　彼らによれば，要求としてのインプットは具体的に，①財とサービスの分配のための要求，②行動の規制のための要求，③最大限ないし最小限の課税のた

めの要求と，他の形態による資源抽出のための要求，④情報のコミュニケーションのための要求，⑤政治過程での参加や，社会集団にとっての代表のさらなる公平さのための要求，⑥より大きな安定と秩序のための要求などの六つに分けられる。支持は，①政治的資源の支持であり，政策の形成にかかわること，②政治システムの政策に対して応答するように，従属的支持ないし追従などに分けられる。アウトプットは，①貢物，戦利品，租税，人的サービスがともなう調達，②多様な形態による行動の規制，③財，サービス，機会，名誉，地位，同様のものの分配，④価値の確認，政治的シンボルの誇示，政策と意向の表明を含む象徴的アウトプットなどである。

構造と文化

政治システムの基本的な単位の一つは，政治的役割であり，役割の集合が構造である（Almond and Powell 1978 邦訳 16）。アーモンドとパウエルは，「公職」ではなく「役割」という用語を使い，「制度」ではなく「構造」という用語を使っている。たとえば，裁判所は役割の一つの構造であり，裁判所の構造には，裁判官，弁護士，証人，被告，原告などが含まれる。政治システムは，構造のセットであるが，たとえば，立法府，行政府，裁判所，利益集団，有権者などのように，相互作用する構造が集まったものである。

さらに，アーモンドたちは，政治システムに関連するものとして，政治文化（political culture）という概念を挙げている（→ 第 3 章）。政治文化は，政治システムの心理的次元と表現され，ある時代の一定期間における政治システムの現実的なパフォーマンスとともに，そこでの基礎的な傾向のことを示している（Almond and Powell 1978 邦訳 18）。政治文化は，人びとの間に分布している態度，信念，価値，技能からなっているとされる。政治システムにおいて，ある地域集団や人種集団，社会階級などが特殊な傾向や性向をもつ場合には，それらの特殊な傾向を下位文化と表現している。

アーモンドとパウエルが追加した「構造」と「政治文化」という概念は，彼らが政治システムを分析する際に用いた新たな視点である。その後，二つの概念は，政治システム論における基本的な概念にとどまらず，さらに，政治発展論や政治文化論などに結びつくものとなった。

第1章 政治システム

政治システムの機能

　彼らは，三つのレベルで政治システムの機能がみられるとして，システムレベル，過程レベル，政策レベルで機能について述べている（Almond and Powell 1978 邦訳 19-23）。まず，システムレベルでは，システムの維持と適応の機能がみられる。たとえば，自動車が路上で能率的に走るために部品に油が注がれたり，部品が修理されたり交換されるのであり，新しい部品は使い慣らされる必要がある。同様に，政治システムも，さまざまな役割を担う人間が補充されたり，役割が変化したり，新しい役割がつくられたりする。この点は，補充（リクルートメント）の機能と呼ばれる。政治文化については，人びとの態度が形成されたり，維持されたり，変化するが，この点は，政治的社会化の機能と呼ばれることがある。人びとのコミュニケーションもまた同様に影響を及ぼしており，この点は，コミュニケーションの機能と呼ばれる。

　次に，過程レベルでは，インプットがアウトプットへと変換される過程を対象としており，四つの機能がみられる。第一に，利益表出の機能であり，さまざまな利益集団や個人が自己の利益のために，政策の変更や継続についての要求を表明する。第二に，利益集約の機能である。ここでは，利益表出によって明らかになった多様な要求が少数の政策選択肢に集約される。利益集約は，主に政党が果たす機能とされた。第三に，政策形成の機能であり，第四に，政策実施の機能である。政策形成では，議会や内閣，首相や大統領などが主な役割を果たし，政策実施では，官僚や裁判所が主な役割を果たすとされた。しかし，それぞれの機能が一つか二つの特定の政治的アクターによって果たされているわけではない。四つの機能は，相互に結びついており，誰がどの機能を担うのかという点を明確に区分するのが困難な場合もあるし，それぞれの機能が密接にかかわっており，切り離して観察することができない場合もある。

　政策レベルでは，政策の遂行や政策の成果について，政治システムの行動に注目する。とりわけ，政治システムのアウトプットとして政策が実施されると，それがフィードバックにつながり，環境へと影響を及ぼし，再びインプットへとつながる可能性がある。ここでは，他の二つのレベルのように，具体的な名称をもつ機能は明示されていないが，政治システムの機能が常に政策という具体的なものと結びついているのは，これまでの議論からも理解しやすいこ

とだと思われる。

政治システムの比較分析

　アーモンドたちによる政治システムの分析は、しばしば政治システムの構造機能分析と呼ばれる。彼らは、各政治システムにおいて、どのような構造が利益表出や政策形成などの機能を果たしているのかという疑問を解明するために、構造機能分析を行っている（Almond and Powell 1966; 1978）。異なる政治システムを比較するためには、彼らが挙げたような概念を用いる必要があり、概念は理論を公式化するのに用いられるという。彼らによれば、概念と比較は理論ではない。彼らは、理論が経験的な観察に基礎を置いたものであり、これらの概念を用いて経験的な観察を行い、概念を適用させることが必要であると指摘している。彼らによれば、概念は理論形成のための枠組みとして役立つことになる。

　異なる政治システムを比較するには、政治発展（political development）という概念を用いることが有用である（→第2章）。政治発展は、文化の世俗化や、政治システムの構造分化といった傾向にかかわっている。たとえば、ある政治システムが世俗化された政治文化をもっており、構造的に分化しているならば、国内的および国際的な環境に影響を及ぼす能力が高まり、効果的な政策を形成し実施する可能性が高い。しかし、政治文化が世俗化されておらず、構造も分化していないような政治システムは、政治発展のレベルが低いとされ、国内的にも国際的にも環境に対する影響はあまりみられない。

　アーモンドとパウエルは、政治システムにかかわる概念を論じながら、政治発展や政治文化という概念に言及し、政治システム論を政治発展論や政治文化論へと結びつけた。とりわけ、アーモンドは、構造機能分析の立場から政治システムの比較分析のための概念や枠組みを提起し続けた。1966年のパウエルとの共著で示された政治システムの比較分析に向けた論点は、後に『比較政治学の現在』へとつながり、現在まで受け継がれている。

1.4 政治システム論の広がり

　政治システム論は，第二次世界大戦後の政治学における基本的な理論の一つであり，政治学における共有の知識として位置づけることができる。政治システム論をめぐっては，賛否両論のさまざまな立場から議論がなされてきた。たとえば，ドイッチュ（Karl W. Deutsch）のように，サイバネティクス論の立場から政治システム論を展開したものもあった（Deutsch 1963）。

　イーストンの政治システム論に対しては，彼の議論が草分け的な存在であったことから，さまざまな点から注目を浴びるとともに，さまざまな点から批判も向けられた。たとえば，彼の議論が動態モデルといいながらも，静態的なものであるという点や，政治システムを生物システムとしての人体になぞらえて議論することの限界などについて批判された。

　イーストンの政治システム論を修正した議論として，アーモンドとパウエルの構造機能分析を挙げることができる。彼らは，イーストンが抽象的なモデルとして政治システムの骨格を提示したのに対し，より具体的なかたちで政治システムの構造と機能を説明しようとした。イーストンは一般理論の構築を念頭に置いて政治システム論を展開したのに対し，アーモンドたちは，各国の政治システムを比較するための概念や枠組みを構築しようとしたところに違いがある。

　後に，アーモンドたちの政治システム論が政治発展論や政治文化論などにもつながっていったのは，彼らの議論が汎用性の高いものであったことを示している。しかし，彼らの議論において，政治発展や政治文化という概念が意味しているのは，欧米型の政治システムが発展しており，政治文化も発展したものであるという点であり，欧米型の政治システムを重視した思考がみられたということができる。この点は，政治発展論や政治文化論についての知識がないと理解しにくいかもしれないが，政治システム論をめぐる問題点の一つとして挙げることができる。

　実際に，政治システム論は，政治学における確固とした地位を占めたにもかかわらず，時計の針が止まってしまったかのように，議論を精緻化しようと

1.4 政治システム論の広がり

いう動きがある時期からみられなくなった。それにもかかわらず，環境，政治システム，インプット，アウトプットといった一連の概念は現在でも使用されているし，イーストンやアーモンドたちが論じた内容をふまえて，特に修正などもなされずに使われている。そう考えると，政治システム論は，今さら手を加える必要もないほど完成されたものであるのか，それとも，もはや過去の議論となってしまい，今さら話題にする必要がなく，政治学の倉庫に入れられてしまったものであるのかという疑問が生じてくる。しかし，比較政治学において，政治システム論は基本中の基本として位置づけられるのであり，今でも再考する価値が十分にある議論だと思われる。

第 2 章　政治発展
Political Development

2.1　政治発展とは何か

政治発展の概念

　政治発展とは何かという問いに対する明確な答えは，なかなかみつからない。政治発展については，非常に多くの議論がみられるにもかかわらず，広く受け容れられている定義はみられない。

　たとえば，国民一人あたりの所得が毎年増えていくとか，国内総生産の増加が経年変化としてみられるとか，目にみえるかたちで経済にかかわる数値が増加していく場合には，経済成長や経済発展というような言葉で説明できる。しかし，政治発展の場合は，投票率が向上したから政治が発展したとはいえないし，投票率が低下したから政治が発展していないというのでもない。政党の数が増えたから政治が発展したとはいわない。

　このように考えると，政治発展という言葉自体が意味を想像しにくいし，いかようにも理解できそうな用語の一つといえるかもしれない。これまで政治発展という概念は，多様な使われ方をしており，さまざまな研究者によって異なる内容で理解され，使用されてきた。たとえば，政治発展と経済発展とを結びつけて，一方が他方の必要条件であるとする立場があるし，政治発展を法制度の発達の過程として捉える立場もあるし，政治発展を民主化と同義語のように扱う立場もある。また，社会の変化における一つの側面であるという立場もある。

　それぞれの立場が意味する内容は，政治発展の一部分に注目しているとはい

え，政治発展そのものを説明するのに成功しているとはいえない。それぞれの立場で政治発展の意味は大きく異なっているが，政治発展についての説明に共通した要素をいくつか挙げることはできる（白鳥 1968）。

まず挙げられるのは，平等（equality）であり，次いで，政治システムの管理能力（capacity），第三に，政治システム内の分化（differentiation）である。政治発展についての説明の多くが大衆の政治参加の拡大を認めており，平等の実現が基礎にあることを意味している。

政治システムの管理能力とは，とりわけ，政治システムのアウトプット側に注目したものである。より発展した政治システムは，社会生活のさまざまな側面に影響を及ぼし，多様な公共政策を作成し実施する能力をもつ。そのため，政治発展は，政治システムの管理能力と大きくかかわりをもつことになる。

さらに，政治発展は，政治システム内の分化の過程を含んでおり，政治発展が進むことにより，システムの構造が分化し専門化することになる。構造分化は，システム内の分業ともいえるが，システム内のさまざまな構成要素に専門的な機能を与えることになる。たとえば，政府機構の組織化や政党組織の発達，多様な政治集団の出現，官僚制の発達などにみられる。政治発展における政治分化の過程は，政治的役割の機能的限定性を増加させるとともに，政治的統合の過程を進める。

政治発展という概念は，平等，管理能力，構造分化という三つの要素を含んだものとして考えられる。これらをいかに並べ，いかに比重を置くのかについては，論者ごとに違いがみられる。しかし，彼らの間では，発展した政治システムがどのようなものであるのかというイメージが少なからず共有されているように思われる。単純化すると，政治発展は，ある政治システムが大衆を動員しながら構造分化して行く過程であり，構造が分化することにより，インプットがアウトプットへと応答的に変換される能力が高まっていく過程でもある。

政治発展への関心

第二次世界大戦後には，比較政治学に対する新たな認識を抱く研究者が登場したが，代表的なものとして，ヘクシャー（Gunnar Heckscher）やマクリディス（Roy C. Macridis）らの名前を挙げることができる。たとえば，ヘクシャー

は，比較政治学が外国政治のいかなる研究においても中核に位置しており，異なる国々の政治や経済を比較することによって自国の政治制度の発展のために何らかのアイデアを手に入れることができると考えた。さらに，ヘクシャーは，自国の制度についてのアイデアが他国の制度に役立つこともあるし，機能的な一般理論の確立を望むなら，比較によって可能になると述べ，政治学における比較の方法について論じた（Heckscher 1957）。

当時は，1952年に社会科学研究評議会（Social Science Research Council）主催の「比較政治学に関する大学間共同セミナー」が開催され，翌年には，セミナー参加者による報告書が発表された（Wiarda 1985）。セミナーの座長であったマクリディスも，これまでの比較政治学は視野が狭く，ほとんど西欧諸国にのみ関心を向けてきたこと，現象を記述するばかりで分析しようとしてこなかったこと，法的に規定された公式的な側面にしか焦点を向けず，より動態的な政治過程に注意を払ってこなかったこと，事例研究を志向して正真正銘の比較研究を志向してこなかったことなどの点から従来の比較政治学の方法を批判した。

戦後の新たな比較政治学の動向は，アーモンド（Gabriel A. Almond）によって推し進められた。アーモンドは，1954〜63年まで社会科学研究評議会の比較政治学委員会（Committee on Comparative Politics）の委員長であった。彼は，後年，比較政治学委員会が新興諸国と発展途上地域における政治の近代化と民主化の問題に最初から関心をもっていたために，計画の最初の数年間は，外国（とくに非西欧）の政治システムについての知識をたくわえることと，近代的なシステムと非近代的なシステムを比較するいくつかの方法を概念構成の側面から吟味することについやされたと指摘している（Almond 1970）。

アーモンドは，1960年にコールマン（James S. Coleman）との共編著『発展途上諸国の政治』（*The Politics of the Developing Areas*）で「比較政治学のための機能的アプローチ」を示し，1965年に「政治システムの発展アプローチ」を，1966年にパウエル（G. Bingham Powell, Jr.）との共著『比較政治学』（*Comparative Politics*）において，それまでの議論をさらに精緻化し，「政治発展」について詳細に説明した。

政治発展に関する研究は，戦後のヘクシャーやマクリディスによる比較政

治学の方法論への自覚に端を発し，アーモンドを代表とする比較政治学委員会によって担われた。比較政治学委員会の研究活動は，当時の政治学全般に影響を与えた「行動科学革命」とともに，政治発展論の普及を後押しした。政治発展論の系譜をみると，たとえば，アーモンドを筆頭に，コールマン，パウエル，アプター (David E. Apter)，パイ (Lucian W. Pye)，ウイナー (Myron Weiner)，ラパロンバラ (Joseph LaPalombara)，ヴァーバ (Sidney Verba)，オーガンスキー (A. F. K. Organski)，アイゼンシュタット (S. N. Eisenstadt)，ドイッチュ (Karl W. Deutsch)，リプセット (Seymour M. Lipset)，ハンティントン (Samuel P. Huntington)，リッグズ (Fred W. Riggs)，ムーア (Barrington Moore, Jr.)，ロッカン (Stein Rokkan) などの研究が連なっている。顔ぶれをみただけでも，政治発展論の裾野が広範囲にわたるものであったことがわかる。

政治発展の段階

政治発展論は，次のような点に特徴がある。まず，政治発展がいくつかの段階を経るとされており，発展の過程は，単線的な経路をたどると考えられていた点である。たとえば，オーガンスキーは，『政治発展の諸段階』(*The Stages of Political Development*) において経済発展の段階についての議論を援用し，政治発展には，いくつかの段階があることを示した (Organski 1967)。彼によれば，政治発展の段階とは，①原始的統合の政治，②工業化の政治，③国民福祉の政治，④豊かさの政治の四段階からなる。

政治発展が四つの段階を経るという見方は，他の議論でもみられる。アーモンドとパウエルも政治発展を四段階に分けて説明した (Almond and Powell 1966)。彼らによれば，政治発展には，①国家建設 (state building)，②国民形成 (nation building)，③参加 (participation)，④分配 (distribution) という四つの段階があり，一つ一つの段階を経て政治発展がなされるとされた。他にも，ロッカンがヨーロッパ諸国の政治発展を説明した際も，同様の区分を用いていた (Rokkan 1975)。

政治発展論の第二の特徴は，単線的な経路で政治発展が進むという見方に対して，発展が逆行する場合を退行 (decay) や崩壊 (breakdown) という概念に

よって説明している点である。たとえば，ハンティントンは，政治発展を「制度化」という点から説明したが，彼によれば，制度化が進むと，政治発展が進行し，制度化が進まないと，政治発展も進行しないことになる。貧困，不平等，暴力，社会の流動化，政治腐敗などにより，政治発展が順調に進まない場合には，政治発展の退行や後退という点から理解しなければならない。

第三に，国ごとの政治発展の違いにより，政治システムの類型化もなされた。このような議論では，政治システムの構造や機能の分化の程度が高ければ，発展した政治システムとされ，分化の程度が低ければ，あまり発展していない政治システムとされた。たとえば，アーモンドの論文「政治システムの比較」では，①アングロ・アメリカ型，②大陸ヨーロッパ型，③全体主義型，④前工業型という四つのタイプに政治システムを分けたし（Almond 1956），ロッカンもヨーロッパ諸国の政治発展の程度と地理的な関係に注目した議論を行った。

政治発展論の特徴を単純化すると，欧米中心の発想が根本にあるように思われる。第二次世界大戦後の欧米諸国において，政治発展論は議論された。当時，欧米諸国は，既に先進工業民主主義となっていた。政治発展を論じる研究者が欧米で学問的なトレーニングを受け，欧米の学問として政治発展論を展開していたのであり，欧米諸国がそれまでに歩んできた道のりを政治発展のモデルとし，理論を展開していた。欧米諸国の後を追えば，発展途上諸国もいつかは政治発展を遂げ，先進国の仲間入りができるという前提がそこにはみられた。

2.2　政治発展の比較

ヨーロッパの概念地図

ロッカンは，アイゼンシュタットとの共編著『国家建設と国民形成』（*Building States and Nations*）において，政治発展の比較を行うために「ヨーロッパの概念地図」（conceptual map of Europe）を作成した（Rokkan 1973）。彼によれば，多様な政治システムを分析するには，領土（territory）という概念に注目する必要があり，政治システムがコントロールしている空間の構造を調べる

第2章 政治発展

ことなく,政治システムの多様性を理解することはできない。まず,ロッカンは,政治システムの中心(centre)に注目する必要があると指摘した。中心という概念は,主要な決定が行われ,政治システムにおける支配的アクターや,その家族と友人が相互作用を行う所を意味する。周辺(peripheries)は,中心から支配される領域のことである。次に,中心間と,中心と周辺との間での交流(transactions)に注目する必要がある。

ここでいう交流には,次の条件がともなうことを考える必要がある。第一に,交流は距離に関係しており,輸送とコミュニケーションについての物理的な条件を考えなければならない。第二に,馬,船,運河,舗装された道,鉄道,汽船,飛行機などの発達についての技術的な条件を考える必要がある。第三に,軍備縮小や拡大についての軍事的な条件である。第四に,経済的な条件は,領土を越えた交流にかかわっており,資源,生産と市場,物々交換や貿易などについて考える。第五に,コミュニケーションの文化的な条件は,民族間の協調や対立などの関係,言語の違い,道徳的慣例,宗教などについて考えることになる。輸送上の地理的な条件や技術的な条件は,軍事力の格差拡大,貿易ルートの方向や特徴,コミュニケーションのコードの違いなどを決定するため,さまざまな条件が相互に関連していることに注意しなければならない。

ロッカンは,中心や周辺などの概念と,それに関係した条件を提示した後に,一つの社会がもつ機能分化について論じている。原始共同体では社会のもつ機能の分化はみられないが,社会の発展にともない,軍事的分化,経済的分化,文化的分化などのように,機能が分化していく。同時に,エリートも分化し,軍事的エリート,経済的エリート,文化的エリートなどに分かれる。

たとえば,ローマ帝国は,経済的分化,軍事的分化,文化的分化という三つの基本的な過程のすべてから帝国の強さが引き出されていた。三つの発展は,互いに補強し合う一方で,他方では,各々が資源をもつ分離した組織構造を生み出した。ローマ帝国は,軍事的行政構造としては五世紀に崩壊したが,都市のネットワークという伝統を残し,教会は,アルファベットによる筆記という文化的な意味での伝統を残した。帝国は,領土による支配を行う政治システムとしては解体したが,経済的および文化的な基盤が完全に残存し,強い影響力を維持し続けた。

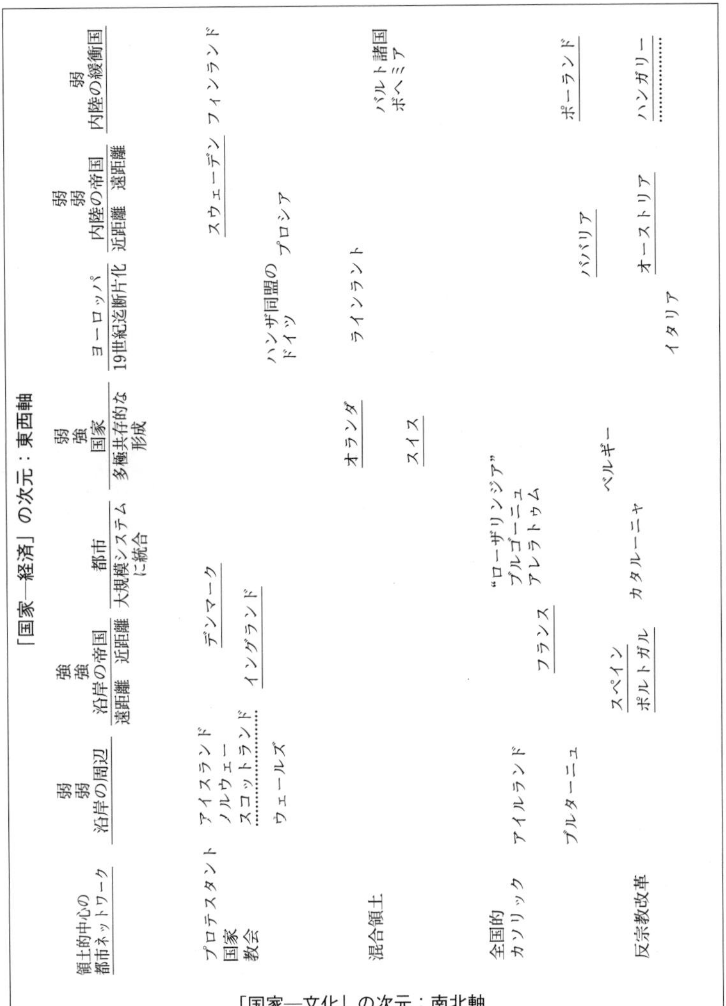

2.2 政治発展の比較

図 2-1: 16〜18 世紀におけるヨーロッパの「概念地図」
(図中の下線は 1648〜1789 年に主権が認められた領土。)
出所　Rokkan, 'Cities, States and Nations', p. 82.

中世には，中央貿易地帯という経済的な都市ネットワークがみられた。中央貿易地帯は，北イタリアからアルプスを越えて北上し，ハンザ同盟都市にまで及ぶ経済的な都市ネットワークであり，国際的なコミュニケーションの手段として，ギリシア語やラテン語とローマ法が流通していたとされる。そこでは，当時のヨーロッパ経済が東西に展開されていたことから中世における「東西軸」と，ローマ教会を起点とする宗教と文化をめぐる「南北軸」がみられた。ロッカンは，二つの軸を「国家建設」と「国民形成」とに結びつけ，「ヨーロッパの概念地図」を示したのであった (Rokkan 1973)。

東西軸は，国家建設において中心となる経済的資源の基礎が何であるのかという点についての違いを分けている。西側は，かなり発達した貨幣経済を基礎としており，東側は，農業を基礎としたものである。それに対して，南北軸は，急速な文化統合の条件を意味している。北側は，プロテスタントの境に接近し，南側は，カソリック教会の領土性を意味している。「ヨーロッパの概念地図」では，東西軸が国家建設の条件を識別し，南北軸は国民形成の条件を識別する。政治発展のモデルでは，16〜17世紀の宗教改革は，領土的な意味で国民国家を規定する最初の段階として解釈されていた。ロッカンは，16〜18世紀の西欧諸国を一つの概念地図に列挙することで，ヨーロッパ諸国が政治発展のさまざまな段階にあることを示したのであった。

政治発展の四段階

アーモンドやパウエルらのように，ロッカンもまた，政治発展を四段階に区分して説明している。アーモンドとパウエルによる政治発展の四段階は，①国家建設，②国民形成，③参加，④分配というものであったが，ロッカンは，政治発展を①浸透 (penetration)，②標準化 (standardization)，③参加 (participation)，④再分配 (redistribution) という四段階に分けている。

第一段階とされる浸透の段階では，初期の国家建設の過程を含んでおり，中世からフランス革命までの時期にあたる。同時期の典型的な特徴は，エリートのレベルで政治的，経済的，文化的な統一がなされたことである。

次の標準化の段階は，政治システムに大規模な大衆を動員する時期であり，たとえば，徴兵，義務教育，マスメディアの出現などによって中心のエリート

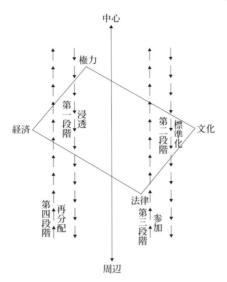

図 2-2: 四段階の時間的な位置づけ
出所　Rokkan, 'Dimensions of State Formation and Nation-Building', p. 571.

と周辺の大衆との間の直接的な接触のための手段をつくり出す。この段階は，政治システムに対する大衆のアイデンティティをつくり出す時期となる。

　第三の参加の段階は，政治システムにおいて，臣民的であり受動的な大衆が積極的に参加するように動員する時期である。この段階では，反対する権利の確立，参政権の拡大，支持の動員，利益表出や利益集約のために組織化される政党の結成などがみられる。

　最後の再分配の段階は，行政国家の段階でもあり，高度に発達し，複雑化した行政機構をもつ国家となる時期である。この段階では，再分配機関の設置，公共福祉サービスの提供，経済的平等化のための政策の実施などがみられるようになる。第四段階は，福祉国家の段階であり，社会の高度な分化と規模の拡大の結果として位置づけることができるし，社会的および政治的な動員の過程の結果もたらされたものとしても位置づけることができる（Flora and Heidenheimer 1981）。

　ロッカンの政治発展論は，数世紀にわたるヨーロッパの歴史から引き出され

たものであり，彼の議論をそのまま第二次世界大戦後に植民地支配から独立した新興諸国の政治発展に適用できると考えるのは早計である。新興諸国は，16世紀の西欧諸国とは異なる条件から出発しなければならず，当時とは全く異なる世界に直面していた。そのため，ロッカンがヨーロッパの概念地図で示したように，新興諸国の政治発展を同様に並べることは容易ではないし，それには限界があるかもしれない。しかし，ヨーロッパの政治発展に注目することは，過去の国家建設や国民形成の経験から新たに学べる点が数多くあるのも確かであり，新興諸国の政治発展を考えるのに役立つ情報を入手することができる。さらに，ロッカンは，大国よりも小国から，同質的な国家よりも多文化的な国家や多極共存的な国家から，古く確立された国家よりも新しい国家から学ぶことが多いという点も指摘している（Rokkan 1975）。

2.3 中心周辺論

中心と周辺

ロッカンは，ヨーロッパの周辺国ともいえるノルウェーで生まれたが，彼の問題意識には常に，中心と周辺という概念の対置がみられた。ロッカンによれば，地理的な意味で周辺は，空間的な原型における一つの要素であり（Rokkan and Urwin 1983），中心の権威に従属する位置にある。この原型において，中心は，一セットの権威を示し，中心から距離をもつ周辺は，中心からコントロールされた領域内に位置する。しかし，地理的に周辺を考えるだけでは，中心性の水平的次元に注目するだけとなる。単に一つの領域のみに注目するのではなく，領域全体に目を向ける必要があり，地理的次元において，距離や領土性といった点を視野に入れる必要があるとされる。

ロッカンは，相互作用するシステムの全体性として，空間を捉えていた。中心は，一組の重要な政策決定者からなり，そこには，一国レベルの政府や議会などの政治的アクターが含まれている。周辺は，中心の集団や決定作成にほとんど影響を及ぼさない参加者からなり，中心と周辺のこのような関係は，垂直的周辺性と表現される。ロッカンは，水平的周辺性と垂直的周辺性を重視しており，中心と周辺とを分析するには欠かせない視点であると考えていた。

構造の分化

　社会においては，経済，文化，政治という三つの機能が認められる。ただし，政治発展の歴史をみると，ローマ帝国の事例では，政治の機能ではなく，軍事の機能が三つのうちの一つを占めていた。社会の三つの機能に対応して，境界を横切る交流についても三つの主要なタイプが挙げられる。第一に，経済的交流は，財，サービス，労働，信用，投資，補助金などの輸出入のことである。第二に，文化的交流は，メッセージ，規範，生活様式，イデオロギー，神話（迷信），儀式などである。第三に，政治的交流は，領土権をめぐる紛争，戦争，侵略，封鎖，エリート集団間の同盟や調停などである。

　これらの三つのタイプの交流は，中心と周辺との関係における主要な次元を構成する。中心とは，領土内の特権的な位置であるが（Rokkan and Urwin 1983），常に中心が一つであるというわけではない。たとえば，中心が経済的中心，文化的中心，政治的中心というように，三つに分化していることもあるし，三つがさらに分権していることもある。一つの都市にすべてが集中している場合は，「単頭的な（monocephalic）構造」であり，経済の中心，文化の中心，政治の中心がいずれも異なる場合には，「多頭的な（polycephalic）構造」である。

　中心構造に関する重要な概念は，資源の付与，距離，コミュニケーションの手段などである。典型的な中心は，領土横断的な資源の持ち主たちの間でなされる交流の大部分をコントロールする。具体的には，標準語の普及と，協議や指示のための制度によるコントロールを通してコミュニケーションの流れが支配される。それに対して，周辺は，他の地域から隔離される傾向があり，領土全体のコミュニケーションの流れにあまりかかわりをもたない。周辺は，それ自体の資源をコントロールするだけである。

　図2-3は，支配をめぐる大規模な領土システム内の相互作用と，抵抗過程を描いたモデルであり，中心システムが形成される初期段階で重要な三つの要素と周辺の関係を説明している。三つの要素とは，軍事的行政的，経済的，文化的なものである。システム形成の各側面について，下部構造が領土的浸透の資源や方法に基礎を置くことを示している。たとえば，文化的システム形成の場合には，教会，学校，言語，情報の普及が領土的浸透に大きく影響するが，各

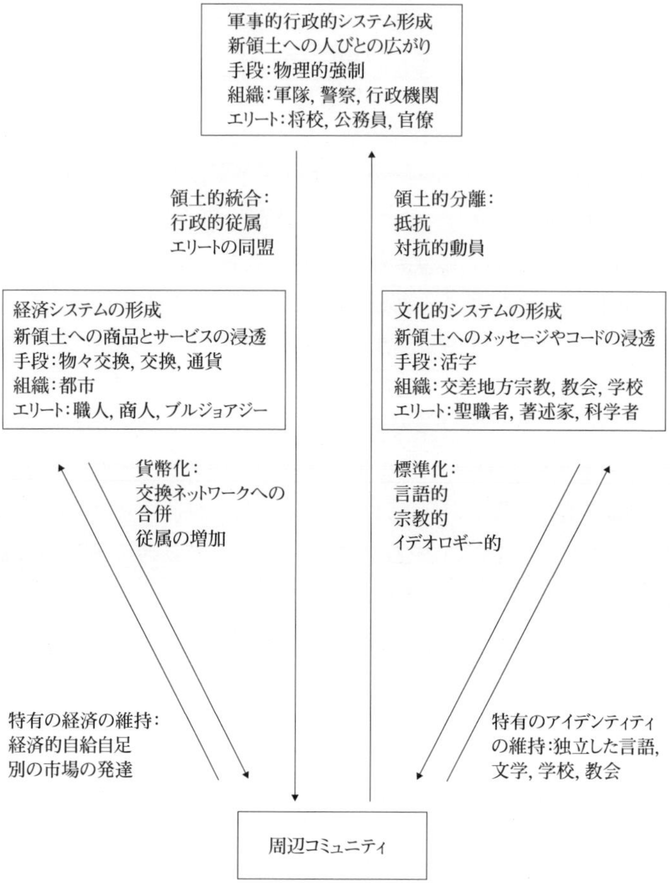

第 2 章　政治発展

```
┌─────────────────────┐
│ 軍事的行政的システム形成  │
│ 新領土への人びとの広がり │
│ 手段：物理的強制       │
│ 組織：軍隊, 警察, 行政機関│
│ エリート：将校, 公務員, 官僚│
└─────────────────────┘
```

領土的統合：　　　　　領土的分離：
行政的従属　　　　　　抵抗
エリートの同盟　　　　対抗的動員

```
┌──────────────────────┐   ┌──────────────────────┐
│ 経済システムの形成        │   │ 文化的システムの形成       │
│ 新領土への商品とサービスの浸透│   │ 新領土へのメッセージやコードの浸透│
│ 手段：物々交換, 交換, 通貨  │   │ 手段：活字              │
│ 組織：都市              │   │ 組織：交差地方宗教, 教会, 学校│
│ エリート：職人, 商人, ブルジョアジー│ │ エリート：聖職者, 著述家, 科学者│
└──────────────────────┘   └──────────────────────┘
```

貨幣化：　　　　　　　標準化：
交換ネットワークへの　　言語的
合併　　　　　　　　　宗教的
従属の増加　　　　　　イデオロギー的

特有の経済の維持：　　　特有のアイデンティティ
経済的自給自足　　　　　の維持：独立した言語,
別の市場の発達　　　　　文学, 学校, 教会

```
┌─────────────┐
│ 周辺コミュニティ │
└─────────────┘
```

図 2-3：大規模領土システム内の相互作用と抵抗過程の抽象化モデル
　　出所　Rokkan and Urwin, *Economy, Territory, Identity*, p. 15.

2.3 中心周辺論

規模	都市の構造	言語構造	海辺の周辺：1814年以後の主権国家	海辺の国民国家：縮小した帝国	ヨーロッパの都市国家：多極共存や遅い統一	陸の国民国家：縮小した帝国	陸の緩衝国：1918年以後の主権国家
大規模	単頭的	統合		フランス		東ドイツ	
大規模	単頭的	周辺		イギリス			
大規模	多頭的	統合			西ドイツ、イタリア		
大規模	多頭的	周辺		スペイン			
小規模	単頭的	統合	アイスランド	デンマーク	ルクセンブルク	スウェーデン、オーストリア	
小規模	単頭的	分割	ノルウェー、アイルランド				フィンランド
小規模	多頭的	統合		ポルトガル	オランダ		
小規模	多頭的	分割			ベルギー、スイス		（ユーゴスラビア）

図 2-4: 20 世紀における西欧政治システムのタイポロジー
出所　Rokkan and Urwin, *Economy, Territory, Identity*, p. 36.

要素における中心と周辺との関係は相互作用的である。それぞれの中心化の過程で，周辺の特徴を保持しようとする動きがみられ，境界が強調される。文化的標準化の過程は，異なるアイデンティティを維持するために周辺が境界を強調する。ロッカンによれば，重要な点は，軍事行政的，経済的，文化的システム形成の三つの関係が必ずしも単一の集団をつくるのではないということである。たとえば，征服された周辺の経済が政治的中心に依存する経済であったというのではなく，文化的標準化が軍事的行政的浸透の必然的な征服によるものであったとは限らない。距離は，領土内でのみ考えられるのではなく，外側の中心がもつ潜在的な影響力の指標として領土を横切る重要なものとされる。

また，ロッカンは，中心と周辺との関係について，世界経済システム内における国家の位置づけという点にも言及している。16世紀のヨーロッパで世界経済が出現したことにより，ヨーロッパには，支配的中心（dominant core），

半周辺（semi-peripheries），周辺（peripheries），外部領域（external arenas）という四つの地帯（zone）がつくり出された。それぞれの地帯は独自の役割を果たした。たとえば，支配的中心に位置づけられる国家は，周辺の国々に対して支配を行い，周辺国は，豊かな都市の市場経済に依存する領土として位置づけられた。ここでみられる中心と周辺との関係は，経済的な中心と周辺との序列関係を示していた。

さらに，彼は，中心と周辺という構造が組織のあらゆるレベルで分析可能であることを指摘し，人間生活のあらゆる側面でも分析できるとしている。彼は，分析単位として，領土と地域とに焦点を合わせた。彼によれば，人間は本質的に，社会化の過程を通して自らの領土に結びついており，それによって血縁，言語，民族的な伝統などを認識するとともに，異なる言語や生活様式をもつ他の領土や共同体の生活をも認識するようになる。中心と周辺という構造は，人間が自らの所属する集団と他の集団とを区別する際にも，ある視点を提供することになり，多様なレベルで分析することができるとされた。

2.4 政治発展論の限界

政治発展論は，第二次世界大戦後すぐの1950～1960年代に比較政治学において一躍脚光を浴びたにもかかわらず，その後，わきへと追いやられ，昔日の面影をすっかり失ってしまったかのようである。その原因は何であろうか。なぜ，政治発展論は，注目されなくなってしまったのであろうか。その原因を探るために，ここでは，政治発展論の限界とは何かについて考える。

まず，政治発展論がモデル志向であった点が挙げられる。政治発展のモデルは，欧米偏重の思考であり，欧米の政治発展をモデル化していた。政治発展論の問題意識は，既に発展を遂げ，確立された欧米の先進工業民主主義諸国の経験を政治発展の標準的なモデルとして捉え，欧米型モデルに植民地から独立したばかりのアジアやアフリカ諸国の事例を適用しようとした。そのために，欧米型の発想やモデルが第三世界には不適切であることが表面化した。そこで明らかになったのは，先進諸国の政治発展と発展途上諸国の政治発展との間にみられる時差があまりにも大きいということであり，先進諸国の経験は，発展途

上諸国にとって良い見本にはならなかったのである。

　次に，政治発展論がマクロな視点から議論を展開しようとした点が限界をもたらしたという点である。政治発展論は，一つの政治システムが発展を遂げていく過程全般に目を向けており，各段階を詳細に検討するよりも，すべての段階を一つにまとまったものとして考え，直線的に進んでいくものとして政治発展の諸段階を扱っていた。政治発展は，国家建設，国民形成，参加，分配という四つの段階を経て進行するとされ，政治発展論は，すべての段階を含んで議論を展開していた。そこでは，欧米諸国のような政治システムに向かう単線的な政治発展を前提としており，政治発展には，いくつかのパターンがみられるとか，政治発展の段階ごとにアクターの果たす役割が異なるとか，さまざまなアクターが各段階でかかわってくるという点については，議論が精緻化されなかった。政治発展論が一貫して大雑把な議論に終始したことが議論の精緻化を妨げ，議論に広がりをもたらすのではなく，議論に壁を設けることになったのである。

　ここで指摘したような特徴があるとはいえ，比較政治学において政治発展論が果たした役割は大きなものであるし，政治発展をめぐる議論の系譜を思い出せば，今でも政治発展論が多くの示唆を与えてくれることは明らかである。政治発展論が政治システム論を念頭に置いていることは明白であるし，政治文化論（→第3章）や政治体制論（→第4章）にも関連しているし，民主化論（→第5章）とも密接に関係している。その意味では，政治発展論は，第二次世界大戦後のある時期にみられた一過性のものというのではなく，比較政治学の基礎を構築したというのにふさわしいのではないかと思われる。

第3章　政治文化
Political Culture

3.1　政治文化とは何か

「なる」の論理と「する」の論理

　政治文化に注目するにあたり，まず，政治文化という概念がどのようなものであるかを容易にイメージできる話題を紹介しておく。かつて篠原一は，『日本の政治風土』において，「日本人の政治に対する態度を規定しているものとして，国民の状況に対する姿勢の問題がある」と指摘し，政治文化にかかわる議論を行っている（篠原 1968: 34）。さしあたり，政治文化という概念は，人びとの政治に対する態度に関係したものとして理解しておく。

　篠原は，「なる」の論理と「する」の論理という二つの立場を挙げ，日本では，「なる」の論理が支配的であるという点を説明している（篠原 1968）。彼によれば，日本人は現世主義的であるとともに，状況の見方が楽観的であるため，人間の作為のバネになるような「終末論」が生まれない。それに対して，ユダヤ人は洪水の経験がないにもかかわらず，「ノアの方舟」という神話をつくり，人間の作為についても，人為によってつくられたものがいつかは崩壊するという「バベルの塔」の神話をつくった。その点からいえるのは，自然に対しても人為に対しても「終末」を予期することによって，人間の営みの論理として「する」の論理を導き出したということである。

　日本では，いろいろなことが予定調和的であるとされ，毎年のように台風の猛威にさらされながらも，元寇の故事に示されたように，台風が「神風」とされたり，自然が恵みと破壊との双方をもたらすにもかかわらず，破壊につい

ては無視されて，自然の恵みの面ばかりが強調されたりする。また，日本は，自然だけでなく，人為についても「果報は寝て待て」という諺に示されるように，状況に逆らわないことが進歩につながるという素朴な信仰があるという。このような点が，日本は「する」の論理ではなく，「なる」の論理にしたがっているという根拠となる。さらに，篠原は，1960年代の池田勇人首相による「所得倍増計画」に言及し，池田首相が国民の所得を十年で倍に「する」と表現せず，倍に「なる」と表現したことも，「なる」の論理がみられる象徴的な出来事としている。

　二つの論理は，ある状況に対して，国民が能動的に「する」という行為によって取り組むのか，それとも受動的に「なる」という姿勢でいるのかという違いを反映しており，正反対の行為を示している。両者の違いが政治に対する国民の態度を規定するならば，「する」の論理は，能動的に政治とかかわり，自分たちで政治を行うという行動につながるのに対し，「なる」の論理は，受動的に政治にかかわるだけであり，自分たちで政治を行うことはなく，政治にしたがって行動するだけである。

　両者の違いが政治と人びととのかかわりの違いを表現するのであり，このような違いが各国の政治の違いを示すことにもなる。まさに政治文化という概念は，政治に対する人びとの態度の違いを理解するのに役立つ。政治文化の概念は，現実政治にみられる政府や政党などのアクター間の相互作用や，人びとの実際の政治的な行動を表現するのではない。政治文化が示すのは，政治の領域で何が起こっているのかという点ではなく，何が起こっていると人びとが考えているのかという点なのである（白鳥 1968: 130）。

政治文化の概念

　政治文化という概念は，政治システムについての議論において，アーモンド（Gabriel A. Almond）とパウエル（G. Bingham Powell, Jr.）が政治システムの心理的次元にかかわるものとして位置づけている（Almond and Powell 1966）。政治文化が人びとの間に分布した心理的な側面にかかわるものであることは，さまざまな定義をみれば明らかである。

　たとえば，マクリディス（Roy Macridis）は，人びとに共有されている目標

として一般に承認されているルールを政治文化であると定義した。ビアー (Samuel Beer) は，政治文化の構成要素として，諸々の価値，信念，政治がいかになされ，政治は何をなすべきかについての情緒的態度を挙げて政治文化を説明した。ダール (Robert A. Dahl) は，さまざまな政治的対抗のパターンを説明する要因としている。ダールによれば，具体的には，問題解決への指向がプラグマティックであるか，それとも合理主義的なものか，集団行動への指向が協力的なものか否か，政治システムへの指向がシステムに対して忠誠型か，それとも疎外型か，他人に対する指向が他人に信頼を置いているか否かなどの点から説明される (Kavanagh 1972 邦訳 3)。

パイ (Lucian Pye) は，政治の範囲，政治の目的と手段との関係のあり方，政治的行為の評価基準，政治的行為にとって重要な価値などの要因が政治文化を説明するとしており，ファイナー (S. E. Finer) は，支配者層，政治制度，政治的手続きの正統性などを中心に政治文化を特徴づけている (Kavanagh 1972 邦訳 2-3)。ネトル (Peter Nettl) は，政治的権威に関する知識の評価，伝達のパターンないし諸パターンとして政治文化を定義づけている (Kavanagh 1972 邦訳 14)。

論者ごとに重点を置いているところは異なっているが，カヴァナー (Dennis Kavanagh) は，これらの先行研究をふまえて，彼自身の定義を示している。カヴァナーは，「政治文化という用語は，さしづめ政治システムが作動する情緒と態度の環境を指し示す簡略的表現とみなすことができるだろう」と述べている (Kavanagh 1972 邦訳 3)。政治文化については，さらに，アーモンドとヴァーバ (Sidney Verba) による議論があり，彼らによる定義もみられる。カヴァナーによる定義は，さまざまな定義をふまえており，かなり簡潔なものである。彼は，自らの定義を示した後に，アーモンドとヴァーバの議論に注目しているが，彼らの政治文化論を理解する前提として，まず，カヴァナーの定義を知っておくことは有用だと思われる。

3.2　市民文化

政治文化と市民文化

　アーモンドとヴァーバは，1963年に刊行した共著『市民文化』(*The Civic Culture*) において，「本書は，民主主義の政治文化とそれを支える社会構造ならびに社会過程を研究したものである」と述べている (Almond and Verba 1963 邦訳2)。第一次世界大戦後のファシズムと共産主義の台頭や，第二次世界大戦後の新興諸国の発展などをふまえ，アーモンドとヴァーバは，世界のあらゆる新興諸国で普通の人びとが政治にかかわるべきであるという信条が広まっており，参加の政治文化が出現しつつあると考えた。

　彼らによれば，新興諸国の採用し得る近代的参加型国家モデルには，民主主義型と全体主義型との二つのタイプがあり，民主主義型モデルは，普通の人びとが影響力をもつ市民として政治的意思決定過程に参加する機会を提供し，全体主義型モデルは，参加する臣民の役割を提供する。アーモンドとヴァーバは，新興諸国において，民主主義型モデルが採用され発展するには，民主主義の公式的な政治制度はもちろんのこと，それ以外にも多くのものが必要となると指摘し，政治文化の必要性を論じた。そこで挙げられたのが「市民文化」という概念である。市民文化は，近代的文化ではなく，伝統的文化と近代的文化とを結ぶ混合文化であり，コミュニケーションと説得にもとづく多元的文化であり，合意と多様性の文化であり，変動を受け入れ，それらを和らげた文化である (Almond and Verba 1963 邦訳 5-6)。

　アーモンドとヴァーバによれば，政治文化とは，「何よりも政治的な指向 (Orientation) ——政治システムとそのさまざまな部分に向かう態度，ならびにそのシステムにおける自己の役割に向かう態度——にかかわっている (Almond and Verba 1963 邦訳11)」ものである。政治文化は，「一連の特定な社会的対象や過程に向かう指向の集合体である」とされる。彼らは，文化という概念を社会的対象への心理的指向という意味で用いており，ある社会の政治文化について彼らが語る際には，人びとの認知と感情と評価に内面化されている政治システムを語っているのだという。

政治文化へのアプローチ

　国民の政治文化とは，「その国民の中で特殊に配分されている政治的対象に対する指向のパターンのこと（Almond and Verba 1963 邦訳 12）」であり，どのような配分であるのかについて知るには，政治的対象への個々の指向を体系的につなぎ合わせる方法が必要になる。「指向」とは，対象と関係との内面化された局面にかかわっており，「認知的指向」，「感情的指向」，「評価的指向」の三つに分けられる。認知的指向は，政治システム，さまざまな役割とその占有者，インプット，アウトプットについての知識と信条が含まれる。感情的指向には，政治システムや役割，メンバー，パフォーマンスについての感情が含まれる。評価的指向は，政治的対象についての判断と意見であり，さまざまな価値基準に情報や感情が結びついて形成される。

　政治指向の対象は，大別すると，政治システム，インプット，アウトプット，自己の四つに分けられる（Almond and Verba 1963 邦訳 12-13）。まず，「一般的」政治システムについては，システムを一つの全体として扱い，愛国心や疎外感といった感情，国家については，「大」，「中」，「小」，「強」，「弱」，政体については，「民主的」，「立憲的」，「社会主義的」といった認識や評価を含む。政治的行為主体としての「自己」への指向については，個人の政治義務を規定する規範の内容と質，政治システム対個人の競合感覚の内容と質を見分けることになる。次に，政治システムの構成部分については，第一に，特定の役割あるいは構造，第二に，役割を占めている者，第三に，個々の公共政策，決定あるいは決定の実行などを対象として扱う。これらの構造，役割保持者，決定といった政治システムの構成部分は，インプット過程とアウトプット過程とに分けられる。具体的には，特定の役割あるいは構造には，立法機関，行政官，官僚機構などが含まれる。役割保持者については，たとえば，個々の君主，立法担当者，官僚などが含まれる。第三に，個々の公共政策，決定あるいは決定の実行については，インプット過程には，政党や利益集団などが含まれるが，アウトプット過程には，官僚制と裁判所が含まれる。

　さらに，アーモンドとヴァーバは，四つの対象について，次のように説明している（Almond and Verba 1963 邦訳 15）。まず，国家や一般的な意味での政治システムの歴史，規模，位置，権力，憲法上の特性などについて，どのような

第 3 章　政治文化

	1 一般的対象とし てのシステム	2 インプット 対象	3 アウトプット 対象	4 対象としての 自己
認　知				
感　情				
評　価				

図 3-1：政治指向の尺度
　　　出所　アーモンド & ヴァーバ『現代市民の政治文化』14 頁。

知識をもっており，どのような感情を抱いているのか，また，見解や判断などはどのようなものか。次に，政策形成の上方向の流れに組み込まれている構造と役割，政治的エリート，政策案件などについての知識や感情がどのようなものか。第三に，政策実施の下方向の流れに含まれる構造，個人，決定についてどのような知識や感情，見解をもつのか。第四に，政治システムの構成員として自分自身をどのようにみているのか，自分の権利，権力，義務，戦略などについてどのように考えているのか。

　図 3-1 は，三つの指向と，四つの対象とを組み合わせたものであり，人びとの政治文化を分析する際の基本的な枠組みとして位置づけることができる。ある国の政治文化は，図で示されたマトリックスから特徴づけることができる。

政治文化の類型

　アーモンドとヴァーバは，図 3-2 で示されているように，政治文化を三つに分けている。具体的には，未分化型 (parochial) 政治文化，臣民型 (subject) 政治文化，参加型 (participant) 政治文化の三つである（Almond and Verba 1963 邦訳 15-20)。

　未分化型政治文化は，図 3-2 に示されている四つの政治的対象のいずれに対しても指向が示されないときに該当する（該当しないときは 0，該当するときは 1 とされる）。未分化型政治文化がみられる社会では，専門化された政治的役割はなく，政治システムによる変化への期待も欠けている。たとえば，部族社会や自治的な共同体において，首長，首領，まじない師といった地位は，政治的，経済的，社会的な役割が混合したものであり，役割は分化していない。

	1 一般的対象とし てのシステム	2 インプット 対象	3 アウトプット 対象	4 積極的参加者と しての自己
未分化型	0	0	0	0
臣民型	1	0	1	0
参加型	1	1	1	1

図 3-2: 政治文化のさまざまなパターン
出所　アーモンド & ヴァーバ『現代市民の政治文化』14 頁。

臣民型政治文化には，構造分化した政治システムと，政治システムのアウトプットへの指向はみられるが，インプット過程や積極的参加者としての自己への指向がみられない。臣民型政治文化に属する人びとは，政府の権威を意識し，誇りに思ったり，嫌ったりしているが，政治システムのアウトプットにかかわるだけである。彼らの政治的態度は，基本的に受動的である。

参加型政治文化は，社会の構成員が全体としてのシステムと，政治システムのアウトプットとインプットの両面を明白に指向する傾向をもつ。人びとは，さまざまな政治的対象に対して，好きであるとか嫌いであるというように，好悪両方の点から指向する。人びとは，自己の活動家的な役割を指向する傾向があるが，彼らの感情と評価は，受容から拒否まで多様である。

政治文化の三つのタイプは，どれか一つが他のものに取って代わることはなく，たとえば，参加型政治文化を未分化型と臣民型とに加えることができるのである。参加型政治文化に属する人には，臣民型の要素がみられることがある。いいかえると，三つの政治文化はお互いに取って代わったりするのではなく，混在することもある。

アーモンドとヴァーバは，イタリア，メキシコ，ドイツ，アメリカ，イギリスといった五つの民主主義国における市民の政治的態度を調査した結果，英米 2 か国において市民文化がみられたと指摘している。アメリカについては，参加型の市民文化，イギリスについては，恭順型市民文化という表現を使っている。彼らは，同書の「序文」において，英米 2 か国の民主主義に対して，読者が自己満足に陥らないことが大事であると指摘し，「国民のかなりの部分が政治システムへの完全なる参加と社会的向上の経路への接近とを拒否されて

いるかぎり，両国の民主主義の望みは，いまだ完全にかなえられているとはいえない（Almond and Verba 1963 邦訳 vi）」としている。このような指摘は，彼らの市民文化論が英米における民主主義を楽観的に位置づけているかのような誤解を払拭するものであり，彼らが民主主義に対する冷静な立場をとっていることを物語っている。

3.3 静かなる革命

脱物質主義的価値観

イングルハート（Ronald Inglehart）は，1977年に刊行した『静かなる革命』（*The Silent Revolution*）において，欧米諸国では，人びとの価値観が物質的な福祉や身体の安全に対する要望から徐々に生活の質を重視する方向に移り変わりつつあるという点を，物質主義的価値観から脱物質主義的価値観への変化として説明した（Inglehart 1977）。とりわけ，彼は，世論調査のデータにもとづく国際比較を行い，欧米諸国における変化を分析している。変化の原因と意味について，彼は，一般に人間が疎遠なものや脅威を感じないものに対してよりも，直接的な欲求や脅威に対してより多くの関心を抱くのであり，飢えた者は美的満足よりも食物を追い求めると指摘した。1970年代後半の欧米諸国は豊かな社会となり，それ以前ほど経済的な安全や身体的な安全に対する人びとの欲求が高いわけではなく，経済や安全などに高い優先順位が置かれる時代ではなくなった。

また，多くの国民が国内政治であれ国際政治であれ，政策決定への参加に関心をもつようになり，人びとの政治技能の分布についても変化が生じた（Inglehart 1977 邦訳 3）。人びとは，投票などによる政治参加だけでなく，政策決定へ参加して重要な役割を果たすようになり，エリート指導的活動とは対立的ともいえるエリート挑戦的活動を望むようになってきた。価値観の変化と技能の変化とは相互に補強し合っており，両者が徐々に根深いところで変化してきている。価値観の変化は，たとえば，階層的権威の正統性，愛国心，宗教などの衰退による既存のさまざまな機構に対する信頼の低下などであり，技能の変化は，政治的エリートと大衆との間の政治技能のバランス変化によりもたらさ

3.3 静かなる革命

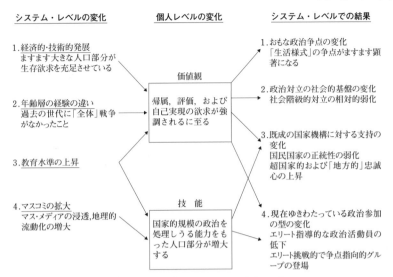

図 3-3:『静かなる革命』でみられる変化のプロセス
出所　イングルハート『静かなる革命』5頁。

れる。

　図 3-3 で示されるように，価値観と技能という二つの変化は，両者の変化をはさんで往復運動をくり返すものであり，イングルハートは，社会における変化が人びとの考え方に影響を及ぼし，さらに，人びとの内部で生じた変化が社会に与えるかもしれない結果を考察することを企図していた（Inglehart 1977 邦訳 4）。高度工業社会の下部構造においては，大きな変化が生じており，人びとの価値観と技能という二つの変化の要因として考えられるものとしては，たとえば，経済成長，教育の普及，マスコミの発展，年齢層の経験の違いなどが挙げられる（Inglehart 1977 邦訳 7-12）。

　経済成長は，人びとの所得水準を上げた。一人あたりの実質所得は，第二次世界大戦前に到達した最高水準を越え，欧米諸国の多くで，経済的および身体の安全といった生存欲求が満たされた。所得と職業の変化は，高等教育の普及ともかかわっている。マスメディアも変化とかかわっているが，技術革新によってコミュニケーションのネットワークが拡大した。マスメディアは，多くの

55

人びとをコミュニケーションのネットワークに包含する役割を果たしている。欧米諸国における世代の違いは，経験の違いをもたらし，価値観や技能にも変化をもたらした。たとえば，若い世代は，彼らの両親や祖父母の世代を育んだ世界とは異なる世界で成長したのであり，比較的に豊かでコミュニケーションの豊富な社会に生まれ育っている。戦争体験についても，何らかのかたちで戦争を経験したことがあるか否か，戦争が何か外国の出来事でしかないと感じるか否かという点で，世代間の違いがみられ，価値観などの違いにも関連するとされた。

政治の変化

　図3-3で示されているように，図の左側から右側へと目を向けると，政治における変化がどのようなものであるのかについて考えることができる（Inglehart 1977 邦訳 13-19）。第一に，価値観の変化が政治的争点に対する個人の態度に影響を及ぼすことが指摘できる。物質主義的価値観から脱物質主義的価値観への変化は，工業社会の階層制を反映した争点の重要性を低下させることになり，階級政治が衰退する。人びとは，経済的欲求よりも生活様式の違いに由来するような，自分の生活にかかわる決定に参加したいという欲求を抱くようになる。たとえば，環境保護，生活の質，女性の役割，道徳の再定義，麻薬の使用，政治的および非政治的な決定作成への広範な国民の参加などが争点となる。

　第二に，新しい争点は，政治の社会的基盤の変化をもたらす。既存の政党が新しい争点を取り扱うことで新しい支持層に訴えかける場合には，これまでの支持層を失う恐れがある。既存政党は，新しい政治が伝統的な価値観や規範を堅持し続けることと矛盾する場合に，対応に苦慮する。その結果として，新しい争点をめぐっては，新たな政党がつくられる。既存政党は，新しい価値観による挑戦を受けることになる。

　第三に，国家機構に対する支持の低下がみられる。伝統的に政府は，愛国的なシンボルを自らの活動の正統性の源泉としてきたが，シンボルに対する人びとの支持が衰退し，政府の存在は以前よりも重みを失ったり，信頼を低下させたりした。国家ないし政府の正統性の危機が顕著にみられるようになり，統治

能力（governability）の危機が指摘されるようになった。価値観の変化だけでなく，政治技能の変化により，従来のような政治的リーダーへの権力集中ではなく，かつての周辺的な集団が組織的技能をもつ参加者として活動するようになった。

　第四に，政治参加のスタイルも変化した。従来は，大衆政党，労働組合，教会関係の組織などによる官僚的かつ寡頭制的な傾向をもつ政治であったが，新しい政治は，自発性と個人の自己表現を重視する文化的価値をもつ。教育の普及により，政治技能をもつ人びとの割合が増え，以前は一部の政治的エリートに限定的であった役割を多くの人びとが担うようになった。古い政党はエリート指導的活動を行ってきたが，エリート挑戦的活動を行う新しい勢力からの挑戦を受けるようになった。政府も政党も，新しく出現した集団の要求にいかに順応できるのかが問われることになった。

　イングルハートは，1960年代後半から1970年代初めにかけてのアメリカでみられた動きを挙げている。当時のアメリカでは，公民権運動とベトナム戦争への反対とが結びつき，それ以前はあまり社会問題にかかわることのなかったような人びと（具体的には，黒人や学生など）が新たに政治に参加するようになったこと，1970年代半ば過ぎには，黒人街の暴動と学生運動は沈静化したこと，ベトナム戦争反対を唱える活動家への積極的な支持が困難になったこと，政府への支持率が低下し続けていることなどについて，彼は変化を示すものとして説明している。

　イングルハートは，これまで挙げてきたような点から，人びとの価値観と技能という二つの変化がみられるようになり，徐々にではあるとしても根本的な変化が生じていると指摘した。彼のいう変化は，「静かなる革命」と表現されるように，根本的な変化をもたらすものであった。

3.4　社会資本

民主主義の機能

　パットナム（Robert Putnam）は，民主的な政府が成功したり，失敗したりするのはなぜかという疑問から民主的な制度のパフォーマンスに注目した

(Putnum 1993)。彼の問題意識は，次のような問いかけに示されている。

　公的諸制度は，政治や政府の実際にいかなる影響を及ぼすのか。制度を改革すれば，政治や政府の実際も改善されるのか。ある制度のパフォーマンスは，その制度を囲繞する社会的・経済的・文化的環境に左右されるのか。民主的な諸制度は，移植されても新しい環境の下で従前通りに育つのだろうか。また，民主主義の質は，民主主義の構成員たる市民の質に依存するのだろうか。だとすれば，市民は身の丈以上の政府など望みようがないのではなかろうか（Putnum 1993 邦訳 3-4）。

そこで彼は，イタリアの地方制度改革に注目し，各州政府の制度パフォーマンスについて比較分析を行うことにより，民主主義がいかに機能するのかについて検討した。彼は，新制度論でみられるように，「制度が政治を形成する」ことと，「制度は歴史によって形成される」ことという二つの点をふまえ，イタリアの州政府を事例として扱い，実証的に検証しようとした。まず，制度を独立変数とし，地方制度改革という制度の変更が政治的アクターのアイデンティティ，権力，戦略にどのような影響を及ぼしたのか，次に，制度を従属変数として扱うことで，歴史が制度パフォーマンスをどのように条件づけているのかについて明らかにした。

制度パフォーマンス

　パットナムは，制度パフォーマンスを「社会的需要→政治的相互作用→政府→政策→実施」という流れで示されるような単純モデルで説明している（Putnum 1993 邦訳 11）。制度パフォーマンスを測定するには，(1) 包括性，(2) 内的一貫性，(3) 信頼性，(4) 制度主唱者と選挙民の目標・評価の一致という四つの厳格な基準を満たす必要があり，イタリアの20州の事例は，(1) 政策過程，(2) 政策表明，(3) 政策執行に関する12の指標から評価された（Putnum 1993 邦訳 74-87）。まず，政策過程は，内閣の安定性，予算の迅速さ，統計情報サービスという三つの指標から評価された。次に，政策表明は，改革立法，立法でのイノベーションという二つの指標によって評価された。第

3.4 社会資本

三に，政策執行は，保育所，家庭医制度，産業政策の手段，農業支出の規模，USL（地域保健機構）の支出，住宅・都市開発，官僚の応答性という七つの指標によって評価された。

結果的に，北イタリアの州政府では高い水準の制度パフォーマンスがみられ，南部は北部に比べると，低い水準しか制度パフォーマンスがみられなかったという（Putnum 1993 邦訳 99）。パットナムは，南北を分ける要因として，「社会経済的近代性」，すなわち，産業革命の諸結果と，「市民共同体」，すなわち，市民的関与と社会的連帯という二つを挙げた。これらは，人びとによる自発的な協力に関連しており，自発的な協力がとられやすいのは，互酬性の規範や市民的積極参加といった形態での社会資本（social capital）をかなり蓄積してきた共同体であるとされる（Putnum 1993 邦訳 206-207）。パットナムによれば，「ここで使用する社会資本は，調整された諸活動を活発にすることによって社会の効率性を改善できる，信頼，規範，ネットワークといった社会組織の特徴をいう」とされている。

自発的な協力は，社会資本によって促進されるのであり，相互扶助の慣行は，それ自体が社会資本への投資という意味をもつ。社会規範やネットワークというような他の社会資本は，使うと増え，使わないと減るとされる。信頼，規範，ネットワークといった社会資本は，私的財ではなく，公共財である。信頼は，社会資本の一つの構成要素である。社会的信頼は，互酬性の規範と市民的積極参加のネットワークという相互に関連する二つの源泉からもたらされる可能性がある。一般化された互酬性の規範もまた社会資本の構成要素であり，市民的積極参加のネットワークは，活発な水平的交流を示し，社会資本の本質的な形態として位置づけられる。

パットナムによれば，社会資本のさまざまな構成要素は，自己強化的で累積的な傾向があるとされる（Putnum 1993 邦訳 221）。市民的共同体では，高い水準の協力，信頼，互酬性，市民的積極参加，集合的充足状態が好循環に織りなす社会的均衡に帰着するが，それとは逆に，非市民的共同体では，このような特性がみられず，逆の意味での自己強化をもたらす。そこでは，変節，不信，怠業，搾取，孤立，無秩序，停滞といった特性が悪循環することになる。

最後に，パットナムは，「社会資本の構築は容易ではないが，社会資本は，

第3章 政治文化

民主主義がうまくいくための鍵となる重要な要素である」という言葉で議論を終えている（Putnum 1993 邦訳 231）。彼の議論は，民主主義が機能するには，どのような条件が必要なのかという点を明らかにしようとしてなされたが，そこで論じられたのは，アーモンドやヴァーバによる市民文化論にみられたように，民主主義において政治文化が果たす役割であり，民主主義的な政治文化の重要性であった。パットナムによる社会資本論は，ここで注目した1993年の著作だけではない。2000年に刊行された『孤独なボウリング』（*Bowling Alone*）では，アメリカの事例を扱い，アメリカにおける社会資本の衰退について論じている（Putnum 2000）。

政治文化論は，その後も先進民主主義諸国を対象とするだけでなく，後発民主化諸国も対象として広く論じられてきた。たとえば，ユーロバロメーターをはじめ，ラティノバロメーター，アジアバロメーターなどのように，地域ごとに継続的な意識調査が実施されているし，イングルハートを中心に世界価値観調査も行われている。これまでに蓄積されてきた議論をみると，政治文化論は，一国における民主主義について考える際の手がかりを与えてくれるだけでなく，世界のさまざまな国における民主主義の分布状況を把握するのに役立つ。

その点からいえば，政治システム論，政治発展論，さらに政治文化論は相互に補完的な関係をなしているといえる。政治文化は政治システムを部分的に支えているのだし，政治発展の違いを政治文化は示している。ともすれば，政治文化という要因だけですべてを理解した気になってしまいそうになるが，政治文化が政治システムや政治発展とともに論じられてきたことを忘れるわけにはいかない。これら三つの論点は相互に補完的に展開されてきたのであり，その点を視野に入れることで包含的な理解が可能になるのである。

第 4 章　政治体制
Political Regime

4.1　政治体制の類型

政治体制とは何か

　国ごとの違いを大雑把に把握しようとする際に，一つの基準として役立つのは，政治体制の違いである。政治体制の違いは，各国の特徴を簡潔でありながらも明確に表現している。たとえば，「民主主義」ないし「民主政」と「独裁」というように，政治体制が表現されることがある。これらの言葉によって，それぞれの国がどのような政治体制であるのかを理解できるし，各国の特徴を理解する際の糸口がみつけられる。政治体制は，国家を単位としており，一つの国に異なる政治体制が同時にいくつかみられたり，国レベルは独裁制で，地方レベルは民主主義体制であったりすることはない。政治体制は，国家という枠組みにおいてみられるものであり（岸川 2002: 19），政治システムや政府，あるいは政治制度などとは異なる概念である。

　イーストン（David Easton）による政治システム論では，政治的共同体や政府とともに，政治体制が政治システムの構成要素の一つとして挙げられている（Easton 1957; 山口 1989: 7-9）。しかし，イーストンの議論では，複数の要素の一つとして言及されている程度である。これらの概念をみると，政治体制という概念の特異性が浮かび上がる。たとえば，政治システムという概念は，国レベルか地方レベルかを問わず，さまざまなレベルの政治に適用可能であり，民主主義か否かという点も関係なく，あらゆるところに適用可能な概念であるのに対し，政治体制という概念は，国レベルに適用されるだけであるし，民主主

義か否かを明確に特徴づける際に有用な役割を果たす。また，政治的共同体や政府も，国や地方を問わずに用いることができるし，民主主義か否かも問わずに適用可能である。

山口定は，政治体制を「政治権力が，社会内で広範な服従を確保し，安定した支配を持続するとき，それを形づくる制度や政治組織の総体」と定義し（山口 1989: 5），政治体制の構成要素として，次のような五つを挙げている（山口 1989: 9-10）。第一に，体制を支える「正統性原理」であり，第二に，通常，政治的展開のイニシアティブをとる「政治的エリート」，とりわけ，中核の統治エリートの構成と，彼らのリクルートのシステムであり，第三に，国民（政治的共同体）の政治意思の表出と政策の形成（インプットの側面）にかかわる制度と機構（選挙制度，政党システムと利益集団の配置構造，議会制度）であり，第四に，軍隊と警察からなる物理的強制力の役割と構造であり，第五に，「政治システム」（もしくは国家）による「社会」の編成化の仕組み（アウトプットにあたるもののうち官僚制に代表される制度化された要素と基本的な公共政策，とりわけ，国民の権利保障，中央と地方関係，貿易政策，産業政策，労働政策，教育政策）である。政治体制とは，これらを備えたものであり，国家を一つの単位としたものである。

政治体制の類型

政治体制については，いろいろな説明がみられるが，政治体制を類型化して説明したものもある。たとえば，デュベルジェ（Maurice Duverger）は，あらゆる社会集団の内部において，「統治者」と「被治者」という根本的な区分が生じるのであり，広い意味で，政治体制は，「所与の社会集団において統治者と被治者の一般的区別が帯びる形態」であると指摘している（Duverger 1948 邦訳 11）。狭義には，「人間の社会の特殊なタイプの統治構造」である国家にのみ適用されるという。

デュベルジェは，「あらゆる政治体制は，ある社会集団の内部の，統治者の存在とその組織が提起する問題の各々に対してなされた解答の総体である（Duverger 1948 邦訳 14）」と述べ，第一に，どのように統治者が選択されるのか，第二に，統治者の構造はどのようになっているのか，統治機関にはどのようなものがあるのか，統治の機能がどのように分配されているのか，第三に，

統治者の権力にはどのような制限があるのかという三点から政治体制を類型化するとともに、政治体制の一般理論をつくり上げようとした。彼は、これら三つの疑問に対する答えがすべて二つの大きな範疇に分けられるとし、まず、「一つは被治者の自由のために統治者の権威を弱める自由主義的傾向につながる」ことであり、次に、「もう一つはこれとは逆に被治者の犠牲において統治者を強める独裁主義的傾向と結びつく」ことであるという。

　デュベルジェは、自由主義的傾向につながるものと、独裁主義的傾向と結びつくものとの二つに政治体制を大別した。デュベルジェによる二分法は、政治体制を独裁的なものとそうでないもの、いいかえると、独裁体制と民主主義体制とに分けたものである。彼は、政治体制についての三つの疑問をそれぞれ検討して一般理論をつくり上げるために議論を展開した後に、現実の世界の政治体制にも目を向け、イギリス型、アメリカ型、ロシア型という三つのタイプに分けている。彼の議論においては、どのタイプが民主主義体制であるとか、そうではないとかという議論はなされていないが、議論が発表された時期を考慮すると、イギリス型とアメリカ型が民主主義体制に該当し、ロシア型が独裁的な政治体制に該当する。

　デュベルジェによる類型は、一つの代表例であり、それ以外にも、さまざまな類型がなされている。政治体制の類型は、まず、民主主義か否かという点で大別されるが、民主主義体制も非民主主義体制も、それぞれがさらに細分化されている。民主主義体制では、条件が異なると、政治体制の特徴に違いがみられるとされ、民主主義をどのように規定するのかによっても政治体制の特徴は異なる。非民主主義体制も、全体主義体制（Totalitarian Regime）と権威主義体制（Authoritarian Regime）のような類型化がみられるし、さらに細分化し、「ポスト全体主義」や「スルタン主義」などのタイプも挙げられる。

4.2　ポリアーキー

ポリアーキーの二つの次元

　民主主義体制について取り扱った議論は、数多く存在するが、ここではまず、比較政治体制論として理解できるという理由から、ダール（Robert A.

Dahl) の議論に注目する。彼は，1915年12月に生まれ，2014年2月に98歳で世を去ったが，民主主義に関する彼の研究は，現代の政治学に大きな影響を与えており，とりわけ，比較政治学においては，1971年に刊行された『ポリアーキー』(*Polyarchy*) が政治体制の類型化や民主化，民主主義的な政治体制を考えるのに役立つ。

ダールによれば，民主化において，政府と，政府に対する批判者との間に公然たる対立，敵対や競争を容認するような政治システムを発達させることは重要な側面であるが，民主化と公然たる反対の発達とは同一のものではない (Dahl 1971 邦訳 5)。ダールの考えでは，民主主義の一つの重要な特性は，市民の要求に対して，政府が政治的に公平に，常に責任をもって応えることであり，「完全に，あるいはほぼ完全に，すべての市民に責任をもって応えるという特性」をもった政治システムのことを民主主義としている。彼は，そのような政治システムが過去にも現在にも実在したか否かについては問題としておらず，議論を進める。

さらに，ダールは，市民の要求に対して政府が責任をもって応えるためには，あらゆる市民に次のような三つの機会が与えられていると仮定する (Dahl 1971 邦訳 6-8)。三つの機会は，民主主義にとっての必要条件である。

1. 要求を形成する機会。
2. 個人的あるいは集団的行動を通じて，同輩市民や政府に対し，その要求を表現する機会。
3. 政府の対応において，これらの要求を平等にとり扱わせる機会。すなわち，その要求内容や要求する人間を理由に差別的にとり扱わせないこと。

これらの機会は，社会のさまざまな制度によって保障されている。具体的には，以下のような八つの制度的な保障が挙げられる。

1. 組織を形成し，参加する自由
2. 表現の自由
3. 投票の権利
4. 公職への被選出権

4.2 ポリアーキー

表 4-1: 多数の民衆の間に民主主義が生まれる必要条件
出所　ダール『ポリアーキー』7頁。

以下のような機会に対して：	以下のような制度上の保障が必要とされる：
Ⅰ　要求を形成する	1. 組織を形成し，参加する自由 2. 表現の自由 3. 投票の権利 4. 政治的リーダーが，民衆の支持を求めて競争する権利 5. 多用な情報源
Ⅱ　要求を表現する	1. 組織を形成し，参加する自由 2. 表現の自由 3. 投票の権利 4. 公職への被選出権 5. 政治的リーダーが，民衆の支持を求めて競争する権利 6. 多用な情報源 7. 自由かつ公正な選挙
Ⅲ　政府の対応において要求を平等に扱わせる	1. 組織を形成し，参加する自由 2. 表現の自由 3. 投票の権利 4. 公職への被選出権 5. 政治的リーダーが，民衆の支持を求めて競争する権利 　5.a. 政治的リーダーが，投票を求めて競争する権利 6. 多用な情報源 7. 自由かつ公正な選挙 8. 政府の政策を，投票あるいはその他の要求の表現にもとづかせる諸制度

5. 政治的リーダーが，民衆の支持を求めて競争する権利
6. 多様な情報源
7. 自由かつ公正な選挙
8. 政府の政策を，投票あるいはその他の要求の表現にもとづかせる諸制度

　三つの機会と八つの制度的条件との関係は，表 4-1 で示されている。ダールは，ここで示された八つの条件を一つの尺度として，政治体制の比較を行うことは可能であるとしながらも，それでは不十分であり，二つの次元からなる尺度が必要であるとして，「公的異議申し立て」と「包括性」という二つの次元を設定している。自由で公正な選挙は，「公的異議申し立て」と「包括性」と

第4章 政治体制

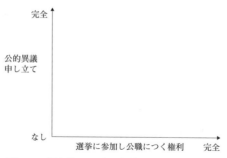

図 4-1: 民主化の二つの理論的次元
出所　ダール『ポリアーキー』11頁。

の二つの次元に関係しており，たとえば，市民に対して自由で公正な選挙を認めるならば，体制における公的異議申し立ての許容度は高くなるし，参政権などの権利をもつ市民の割合が高ければ，包括性の程度も高くなる。

ポリアーキー

ダールは，まず，「公的異議申し立て」と「参加する権利」という二つの次元から成り立つものとして民主化を捉え，図4-1を提示した。さらに，彼は，公的異議申し立ての程度が高まったとしても，必ずしも完全な民主化が実現するわけではないという点を説明するために，図4-2を示している。図4-2で明らかなように，いかなる体制も二つの次元で区切られた領域のどこにでも位置づけられるのであり，ここでは，二つの尺度の程度の違いによって異なる四つの政治体制が示されている。

左下隅の閉鎖的抑圧体制は，公的異議申し立てと包括性とがいずれも低い程度であるが，経路Ⅰのように，左下隅から左上隅へと上方にのみ移動する場合は，公的異議申し立ての可能性が大きくなる。閉鎖的抑圧体制が上方移動し，競争的寡頭体制となる場合は，自由化と表現することもでき，体制の競合性が高まったことを意味している。それに対して，経路Ⅱのように，閉鎖的抑圧体制が左下隅から右下隅へと移動する場合は，広範な参加を認めるようになることを意味しており，包括性が高まったことになる。公的異議申し立ての程度が低く，包括性の程度が高い体制は，包括的抑圧体制と表現される（Dahl 1971

4.2 ポリアーキー

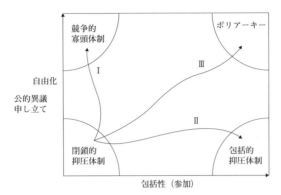

図 4-2: 自由化，包括性，民主化
出所　ダール『ポリアーキー』11 頁。

邦訳 12)。

　右上隅は，公的異議申し立てと包括性との両方が高次元とされ，民主主義的な政治体制が位置づけられる。ダールは，現実の大規模な政治システムがいかなるものであれ，完全に民主化されることはないため，現実の政治システムのうちで右上隅に最も近いものを，彼の造語である「ポリアーキー」と呼んでいる。経路Ⅲは，民主化を示している。彼によれば，ポリアーキーは，完全ではないかもしれないが，比較的に民主化された体制であり，いいかえるなら，「ポリアーキーは，かなりの程度民主化され，かつ自由化された体制である（Dahl 1971 邦訳 13）」。

　図の説明では，四隅に近いところに位置している四つの体制については，それぞれに名称が与えられていたが，図の中央部には名称もなく，何の区画もみられない。図の中央部には，経路を示す線が描かれているだけであり，その線を除けば，かなり幅広い領域であることがわかるし，そこでは，公的異議申し立てと包括性との多様な組み合わせが考えられる。ダールは，世界の多くの国々が実際には中央部に位置づけられると考えていた。それぞれの体制は，公的異議申し立ての増減や包括性の増減により，隅から移動して中央部に入ったり，中央部の中を移動したり，中央部を出たりする。「正」や「準」という接頭語をつけて，「正ポリアーキー」や「準ポリアーキー」という表現により，

67

右上隅に位置する体制を「正ポリアーキー」とし，それよりも公的異議申し立てや包括性の程度が低く（つまり，それらが制限されている場合に），中央部に位置しているものを「準ポリアーキー」として扱うこともできる。

　ダールのポリアーキー論は，民主化に注目した議論である。歴史的に考えると，民主化は，第一に，19世紀にみられたように，閉鎖的抑圧体制や競争的寡頭体制が準ポリアーキーへと変化した事例，第二に，19世紀末から20世紀の前半までに主にヨーロッパでみられたように，準ポリアーキーが正ポリアーキーへと変化した事例，第三に，正ポリアーキーにおけるさらなる民主化過程など，さまざまな側面をもつ。ダールは，とりわけ，第一と第二の点に注目しており，第三の点については，1971年のポリアーキー論では取り扱っていない（Dahl 1971 邦訳15）。この点が物足りなさであり，議論の限界であるとしても，第三の点を扱わなかったために，結果的に，比較政治体制論としては，簡潔で明瞭な議論を提起することになったとも考えることができる。

4.3　多極共存型民主主義

多元社会の民主主義

　レイプハルト（Arend Lijphart）は，『多元社会のデモクラシー』（*Democracy in Plural Society*）の劈頭で次のように述べている。

　　多元社会で安定した民主政治を達成し維持するのはむずかしいということは，政治学において確定ずみの命題である——それはすなわち，アリストテレスの「しかるに国はできるかぎり等しく同様である人びとからなりたつことをめざす」という金言にさかのぼる歴史をもっている。社会的同質性と政治的同意とは，安定したデモクラシーの必要条件ないし安定したデモクラシーへの強力な助けとなる要因とみなされている。反対に，多元社会内での深い社会的分断と政治的な差異は，民主主義国家における不安定と崩壊の原因になると主張されている（Lijphart 1977 邦訳13）。

　レイプハルトが提示した多極共存型民主主義（consociational democracy）の

4.3 多極共存型民主主義

概念は,「多元社会内での深い社会的分断と政治的な差異は,民主主義国家における不安定と崩壊の原因になる」という命題を修正する特殊な形態の民主主義を意味したものであり,経験モデルであるとともに,規範モデルでもある。

民主主義の安定性という点については,アリストテレス (Aristotle) の議論をもち出すまでもなく,1956年の論文でアーモンド (Gabriel A. Almond) が政治システムの類型を行ったのを出発点として位置づけることができる (Almond 1956)。アーモンドは,アングロ・アメリカ型や大陸ヨーロッパ型といった政治システムの類型を行ったが,政治的安定が文化的に同質的な集団と結びついているタイプとして,アングロ・アメリカ型の民主主義的な政治システムを挙げ,政治的不安定が文化的に分断化した集団と結びついているタイプとして,大陸ヨーロッパ型の政治システムを挙げた。

しかし,ヨーロッパの小国には,二つのタイプに該当しない事例もあり,全く言及されていない国々があることから,アーモンドの類型が経験的な事例を無視しており,事実を歪めているという趣旨の批判が出されるようになった (McRae 1997)。アングロ・アメリカ型,大陸ヨーロッパ型の政治システム以外に,ヨーロッパの小国のうちで政治的に安定している事例が存在することから新しいタイプの民主主義的な政治システムを提示しようという試みがなされた。

その点に関連して,レイプハルトが初期に行ったオランダにおけるエリート間の協調に関する研究をはじめ (Lijphart 1968b),多極共存型民主主義の理論は,アーモンドに代表されるような,民主主義の安定性についての見方に対する批判的な視点から出発したものであった。レイプハルトは,「多元社会にあって安定した民主政治を達成し維持することは,むずかしいかもしれないけれど,まったく不可能ではない (Lijphart 1977 邦訳 13)」と述べ,多元社会における民主主義の安定性について,多極共存型民主主義によって経験的かつ規範的に説明した。

多極共存型民主主義

レイプハルトによる多極共存型民主主義論は,彼の出身地のオランダをはじめ,ベルギー,オーストリア,スイスといったヨーロッパの小国における民主

第4章 政治体制

主義の経験から引き出されたものである。多極共存型民主主義は，英米のようなアングロ・アメリカ型とは異なる民主主義のモデルを示そうとしたものであった。レイプハルトは，民主主義的な政治体制を類型化するために，社会の構造が同質的か多元的か，エリートの行動が協調的か対立的かという二つの軸から四つの組み合わせを導き出した (Lijphart 1977 邦訳 138-139)。

　レイプハルトの四類型は，彼自身が認めているように，アーモンドによる政治システムの四類型を意識したものである。アーモンドがアングロ・アメリカ型の政治システムと大陸ヨーロッパ型の政治システムとを区別した点を，レイプハルトも求心型民主主義と遠心型民主主義とに区別している。求心型民主主義は，社会構造が同質的で，エリートの行動が対立的という組み合わせであり，アングロ・アメリカ型の政治システムに該当する。遠心型民主主義は，社会の構造が多元的であり，エリートの行動が対立的という組み合わせであり，大陸ヨーロッパ型の政治システムに該当する。

　多極共存型民主主義は，図4-3で示されるように，社会構造が多元的で，エリートの行動が協調的という組み合わせである。レイプハルトは，母国を含むヨーロッパの小国における民主主義が求心型でもなければ，遠心型でもないという点を強調しているのではなく，民主主義の安定という点から求心型民主主義と多極共存型民主主義を説明した。彼は，遠心型民主主義が不安定であるとし，求心型と多極共存型が安定した民主主義諸国でみられると指摘していた。

　四類型のうちで残る一つは，非政治型民主主義であり，社会構造が同質的で，エリートの行動が協調的という組み合わせである。たとえば，ローウィ (Theodore J. Lowi) が「利益集団自由主義」と呼んだ状況の民主主義体制を示しているとされたり (Lowi 1979)，「新ヨーロッパ」や「民主主義的リヴァイアサン」などと呼ばれたりしたように，1960年代初頭の欧米民主主義諸国でみられた状況を意識したタイプである (Lijphart 1977 邦訳 139)。

多極共存型民主主義の特徴

　レイプハルトによれば，多極共存型民主主義には，次のような四つの特徴がある (Lijphart 1977 邦訳 43)。第一に，多元社会におけるあらゆる重大な区画

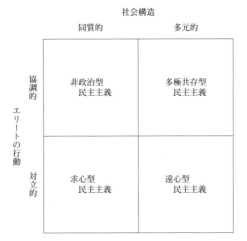

図 4-3: 民主主義的政治体制の類型
出所　レイプハルト『多元社会のデモクラシー』139 頁。

の政治的リーダーによる大連合がつくられ，統治がなされることである。第二に，相互拒否権ないし全会一致の多数決であるが，これは重大な少数者の利益を守る追加的な手段として役立つ。第三に，比例制原理は，政治的代表，公務員の任命，公式の基金の配分などにおける基本的な基準とされる。第四に，高度の自律性であり，これは各区画が独自に内部の問題を管理するためのものである。

　レイプハルトは，他の三つの特徴よりもまず，大連合を多極共存型民主主義の基本的な特徴として位置づけている。多元社会において，多極共存型民主主義はみられるが，宗教や言語，民族などによる社会的亀裂を抱えている社会では，さまざまな亀裂によって歴史的に形成されてきた区画が存在しており，各区画を代表する政治的リーダー（エリート）すべてが協同して国家の統治を行うことで，民主主義が実現する。すべてのリーダーによる協同を実現するためには，大連合が必要になる。この点は，単純多数派の支持を背景にしてつくられる政府と，少数派たる反対派との対立による民主主義の実践とは異なるところである。

　したがって，多極共存型民主主義においては，まず，異なる立場の政治的

リーダーによって共存が実現される必要があるし，そのための意識や姿勢，努力などはもちろん，国民の側にも大連合を受け容れる土壌が欠かせないし，大連合を形成したり維持したりできる制度的な枠組みも必要となる。レイプハルト自身は，何よりも政治的リーダーの参加を重視している。大連合の本質的な特徴が，ある特定の制度的構成というよりも，あらゆる重要な区画の政治的リーダーが統治に参加することであると，彼は考えている。

　四つの特徴のうちで，大連合は，多極共存型民主主義の最も重要な方法として挙げられているが，他の三つについては，第二次的な手段という位置づけになっている。これら三つは，相互に密接に関連したものであり，いずれも多数決の特徴からはほど遠い性格のものである。それだからこそ，多数決ではなく，多極共存型の特徴として捉えられるのであり，副次的な位置づけとなる。

　レイプハルトは，多極共存型民主主義の第二の特徴として挙げられた相互拒否権ないし全会一致の多数決について，少数決という点から説明している。少数派にとって，大連合に参加し統治にかかわることは，重要な政治的保護手段を提供されることであるとしても，それが絶対的で間違いのない保護手段となるのではない。大連合に少数派が含まれていることは，決定作成において少数派の立場が反映される可能性をもつが，しかし，多数派の拒否権の行使により，少数派が自らの立場を反映できない可能性もある。その結果として，少数派の利益が損なわれたり，エリート間の協調にも影が差したりするかもしれない。そのため，少数派の拒否権は，大連合を補完する手段とされる（Lijphart 1977 邦訳 54-55）。

　第三の比例制原理は，まず，勝者総取り制（winner-take-all）というような抑制のない多数決原理とは異なるかたちで，公務員を任命し，各区画に対する政府補助金として財政的な希少資源を配分する方法として機能する。また，比例制原理は，決定作成過程においても一定の機能を果たしている。あらゆる重大な区画が決定作成機関に代表を送ることができるというだけでなく，区画の規模に比例して代表を送ることができるため，あらゆる集団がそれぞれの勢力に比例して決定作成に影響力を行使することになる（Lijphart 1977 邦訳 57-58）。

　第四に，区画の自律性は，少数派だけが関心をもつ領域について，少数派の自決をともなう。あらゆる区画に共通した問題については，各区画の勢力に

応じた影響力を反映しながら，大連合による決定作成がなされるが，それ以外の問題については，区画ごとの決定と執行に委ねられるべきとされる。多元社会においては，社会の代表組織が区画間の亀裂に沿って形成されている。区画の自律性は，多元的な社会のもつ多元性を高めることになる。この点に関連して，レイプハルトは，連邦制が区画の自律性を反映した特殊な形態であると指摘している（Lijphart 1977 邦訳 60-63）。連邦制の理論は，限定された特殊な型の多極共存理論としてみることができるのであり，区画間の亀裂が地理的な亀裂と一致している社会では，多極共存的な方法として，連邦制を採用することができると考えられる。レイプハルトによれば，区画の自律性は，連邦制という考えを一般化したものとみなすことができるという。

多元社会の解決策

レイプハルトは，多元社会において，民主主義的な性質を維持しながら政治的な問題を解決する方法として，三つの解決策を挙げている（Lijphart 1977 邦訳 63-64）。第一に，同化により，社会の多元的な性質を除去したり，実質的に削減したりすることが挙げられる。しかし，同化には，長期にわたる取り組みが必要であり，短期間で成功する可能性が低い。第二に挙げられる解決策は，安定した民主主義体制を実現するために社会の多元性を受け容れることであり，多極共存型民主主義を実現することである。具体的な方法は，これまで説明してきた点から明らかである。第三の解決策は，多元性を削減することである。とりわけ，多極共存による解決策が成功する可能性が非常に低かったり，失敗したりした場合には，現存する一つの国家をいくつかに分け，それぞれをより同質的な国家とすることである。それにより，多元性はなくなり，分離した国々では，それぞれが民主主義的な性質を維持することができると考えられた。

これまでみてきたことから明らかなように，多極共存型民主主義においては，アクターの役割と制度という二つの構成要素が支柱となっており，両者が相互に支えあうことにより，民主主義に安定がもたらされるのである。大連合の形成にあたっては，あらゆる重要な区画の政治的リーダーの役割が重要になり，アクター間の関係は，相互拒否権，比例制原理，各区画の自律性という制

度によって保証されている。

　一方において，アクターの役割を重視するとしても，他方において，アクターの行動を規定する制度の役割も無視できない。そのため，多極共存型民主主義の理論は，アクターと制度という二つの側面から説明されているのであり，両者が相互に作用することにより，民主主義が安定的に機能する。

　多極共存型民主主義をめぐっては，さらに，レームブルッフ（Gerhard Lehmbruch）やローウィン（Val R. Lorwin）をはじめ，多極共存学派の他の論者によって詳細な検討が行われた。また，レイプハルト自身によっても精緻化されている（Lijphart 1981）。そのため，ここで言及した特徴だけをみて，多極共存型民主主義を十分に理解したとはいえない。ここでは，多極共存型民主主義の主な特徴について言及したに過ぎない。

　後に，レイプハルトは，多極共存型民主主義を権力分有（power sharing）という概念を用いて精緻化しているし（Lijphart 1985），民主主義の二つのモデルに関する議論においては，多数代表型（majoritarian）民主主義モデルに対置するものとして，合意形成型（consensus）民主主義モデルを提起し，議論を展開した（Lijphart 1984）。多極共存型民主主義と合意形成型民主主義は，類似の特徴をもつとはいえ，それぞれ用いられる文脈が異なることから置き換え可能な用語として理解するのは早計であるように思われる。

4.4　全体主義体制と権威主義体制

非民主主義体制の類型

　政治体制論においては，民主主義体制にだけ関心が向けられているのでなく，非民主主義体制にも関心が向けられている。リンス（Juan J. Linz）は，民主主義体制と非民主主義体制とを区別するだけではなく，非民主主義体制の類型化を行い，全体主義体制と権威主義体制という二つの異なる政治体制のタイプを精緻化した（Linz 1975）。リンスは，民主主義を「結社，報道，通信の基本的自由権の行使を通じて，定期的に非暴力的手段で支配要求を正当化するための指導者間の自由競争が行われ，それによって，政治的選好の自由な形成がなされる政治システム」と定義している（Linz 1975 邦訳 13）。民主主義体制に

おいては，より多くの市民が選挙に参加する権利をもち，定期的な自由選挙の実施が必要条件であり，この点は，ダールのポリアーキー論でもみられたように，民主主義と非民主主義とを分ける大きな違いとなる。

　リンスは，しばしば「独裁」という言葉が非民主主義体制を表現するのに用いられているとし，学術的にも一般的な用語としても用いられ，明確に定義づけられず，はっきりとしない意味で使われているため，限定的に使うべきであると指摘している（Linz 1975 邦訳 17）。リンスの考える非民主主義体制は，全体主義体制と権威主義体制である。

全体主義体制

　リンスはまず，全体主義体制に目を向けている。彼によれば，イデオロギー，大衆的単一政党および他の動員組織，一個人とその協力者ないし小集団への権力集中といった次元が全体主義のシステムにおいてみられると述べ（Linz 1975 邦訳 23），ある政治システムが全体主義と考えられるのは，次のような特徴があてはまる場合であるとして，三つの特徴を挙げている（Linz 1975 邦訳 27-28）。

1. 一元的ではあるが一枚岩的ではない権力中枢があること。どれほど組織ないし集団の多元性が存在しても，こうした多元性は，その正当性がこの中枢から引き出され，大体において中枢によって調停され，概して既存社会のダイナミックスの副産物というより，政治的な創造物である。
2. 排他的で自律的な，しかも多少なりとも知的に洗練されたイデオロギーがあること。支配集団ないし指導者と指導者に奉仕する政党は，このイデオロギーと同一化し，これを政策の基盤として利用したり，操作して政策を正当化する。このイデオロギーにはいくつかの境界線があり，それを越えると非公認にとどまらず異端となる。このイデオロギーは，特定の綱領や正当な政治行動の境界を確定するだけでなく，究極的な目標や歴史的な目的意識，現実社会の解釈をもっともらしく規定する。
3. 政治的，集団的な社会活動に対する市民の参加と積極的な動員が奨励され，要請され，報酬で報いられ，単一政党と多くの一枚岩的な第二次集

団を通して誘導される。消極的な服従や無関心,「教区民」や「臣民」の役割への撤退といった，多くの権威主義体制に見られる特徴を支配者たちは望ましくないものと考えている。

リンスは，このような特徴を挙げて全体主義体制について説明している。彼によれば，これら三点の特徴が基本的なものであり，それ以外の特徴がみられたとしても，それらは，あくまで三点の特徴から派生したものであり，全体主義体制の特徴がここで挙げた点に集約されると主張した。

権威主義体制

リンスは，1964年の論文において，非民主主義的で非全体主義的な政治システムを権威主義体制とし，「限定された，責任能力のない政治的多元主義を伴っているが，国家を統治する洗練されたイデオロギーは持たず，しかし独特のメンタリティーは持ち，その発展のある時期を除いて政治動員は広範でも集中的でもなく，また指導者あるいは時に小グループが公式的には不明確ながら実際にはまったく予測可能な範囲のなかで権力を行使するような政治体制」と定義づけた（Linz 1975 邦訳 141）。

リンスは，権威主義体制を定義づけるために，民主主義や全体主義の理念型と比較することにより，独自の定義を導き出した。しかし，彼自身が認めているように，彼による権威主義体制の定義は，民主主義体制との違いを明確にしているとはいえ，全体主義体制との違いについては不明確なところがある（Linz 1975 邦訳 141）。

彼の定義は，限定された多元主義，イデオロギーとメンタリティー，政治的動員という点を主な構成要素としている。これらの点が権威主義体制を特徴づけており，個々の点を詳細にみていくと，権威主義体制にもさまざまなタイプがあり，類型化が可能であることが明らかになる。たとえば，イデオロギーを基準にして権威主義体制を類型化すると，ファシズムやナショナリズムと結びついた権威主義体制をはじめ，西欧型の近代化を主張する権威主義体制や民族的な伝統を重視する権威主義体制なども挙げられる。

さらに，リンスは，限定された多元主義という次元と，参加の程度とタイプ

4.4 全体主義体制と権威主義体制

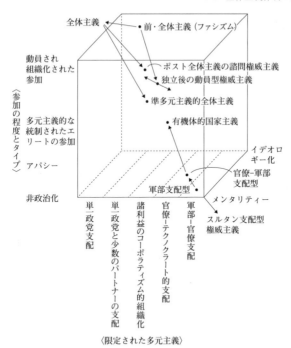

図 4-4: 権威主義体制の類型
出所　リンズ『全体主義体制と権威主義体制』163 頁。

という次元とを組み合わせて，図 4-4 のように，権威主義体制の類型化を行っている（Linz 1975 邦訳 163）。限定された多元主義は，一元化傾向とは逆に，どのような団体や集団が，どのように参加を許されたり，排除されたりするのかという点の次元を構成する。たとえば，軍部や官僚による支配，官僚による支配，単一政党による支配などのように，さまざまな形態がそこではみられる。

参加の程度とタイプという次元は，全体主義路線に沿った動員の拒否，動員の失敗などが全体主義体制から権威主義体制を区別する。イデオロギーとメンタリティーについて，リンズは，メンタリティーを研究対象とするのが困難であることや，メンタリティーがイデオロギーの模倣という側面をもつことから，これらの次元を大して有用ではないと判断し，独立した一つの次元としては取り扱っていない（Linz 1975 邦訳 162-164）。リンズは，権威主義体制にお

ける変化の可能性にも言及している。リンスは，権威主義体制では，時間の経過とともに，体制内部でかなり大きな変化が生じる可能性があると予想している。たとえば，単一政党が支配している権威主義体制において，軍事クーデタによる政権の転覆がみられたり，軍部と官僚とが結びついて支配がなされたりする事例が歴史的にみられた。権威主義体制では，重大な変化が民主主義体制よりも突然みられることがあるし，システムが大きく変化することもあるとされる。

政治体制の五類型

その後，1996年になると，リンスはステパン（Alfred Stepan）とともに，政治体制を五つに類型化した（Linz and Stepan 1996）。彼らは，民主主義，全体主義，権威主義という三つに分けることが以前と比べると有用ではなくなり，類型化についての議論にとって障害になっていると考えた。彼らが提示した五類型とは，民主主義体制，全体主義体制，権威主義体制，ポスト全体主義体制，スルタン主義体制である。

彼らは，民主主義体制には，レイプハルトによる民主主義の二つのモデルのように，下位類型があるが，いかなる下位類型があったとしても，それらが民主主義体制であることに変わりはないし，民主主義という一つの体制のタイプとして取り扱うことができると考えている。全体主義体制は，歴史的にみると，理念型に近い事例がみられ，今でも価値のある概念であるというのが，彼らの考えである。権威主義体制について彼らは，かつての有効性を認めながらも，現代のさまざまな非民主主義体制を説明するには不十分であると考え，従来の三類型に対して，新たに二つのタイプを追加した。

リンスとステパンは，ソ連型の体制を既存の三つの類型に含めるのではなく，ポスト全体主義体制というタイプとして扱うべきであると考えた。ポスト全体主義体制には，初期のポスト全体主義から凍結されたポスト全体主義，成熟したポスト全体主義に至るまでの連続体が含まれる。初期のポスト全体主義は，全体主義の理念型に近いとしても，リーダーに対する制約という次元が異なっている。凍結されたポスト全体主義は，体制に対する市民社会からの批判の一部を容認しているとはいえ，それ以外については，党国家による支配の

4.4 全体主義体制と権威主義体制

メカニズムが変化せずに続いている。成熟したポスト全体主義においては，政治的には，公式的に支配政党の指導的な役割が神聖不可侵のままであるとしても，それ以外の次元では大きな変化がみられるとされる。

　スルタン主義体制は，支配者の単なる個人的な道具として行政や軍部が発達するような場合にみられ，ウェーバー（Max Weber）が「スルタン主義」と呼んだ「家産制」の極端な形態を意味している。スルタン主義体制の具体例としては，たとえば，金日成による支配下の北朝鮮や，マルコス（Ferdinand Marcos）支配下のフィリピン，チャウシェスク（Nicolae Ceauşescu）支配下のルーマニアなどが挙げられる。スルタン主義では，体制の支配者による公私混同がみられ，一族による権力保持と，王朝的な色彩を帯びた世襲の強い傾向がみられる。国家の職と支配者への個人的な奉仕との間には区別がなく，合理化された非個人的なイデオロギーもなく，経済的な成功は支配者との個人的な関係に依存し，支配者は無制限な自由裁量にしたがって，より大きな非個人的目的をもたずに行動するとされる（Linz and Stepan 1996 邦訳 113-115）。

　政治体制は，固定的でもなく，静態的なものでもない。政治体制が変化する可能性は常にみられ，体制のタイプが大きく変わることは驚くことではない。既存の体制が，いつ，どのようなかたちで異なるタイプの体制へと変化するかは，たとえば，民主化について考えることにもつながってくる。

第5章 民主化
Democratization

5.1 民主化の第三の波

民主化

　民主化という政治現象をどのように定義づけるかという問いは，意外と正面から論じられることが少ない。民主化は，非民主的な国家であれ，非民主的な政治システムであれ，民主主義ではないものが民主主義へと移行する過程を指しており，民主化とは何かという問いよりも，移行する側にあるもの，つまり，「民主主義」とは何かという問いに焦点が向けられ，民主主義になることを民主化として捉えるだけで済まされてしまうことが多いように思われる。そのため，ここでは，民主化の定義を詳しく取り扱うことはしないが，さしあたり，非民主主義的政治体制が民主主義的政治体制へと体制移行することを，民主化と呼ぶ。

　ハンティントン (Samuel P. Huntington) によれば，民主化の「第三の波」は，1974年4月25日の木曜日，真夜中を25分過ぎたときにポルトガルのリスボンで始まった (Huntington 1991)。ポルトガルでは，青年将校によるクーデタの合図がラジオで放送され，民主化へ向けた動きが一気に表面化したのであった。ポルトガルの民主化を契機として，ギリシアやスペインなどの南欧諸国で民主化への動きがみられるようになり，世界中に民主化の波が押し寄せた。ハンティントンは，1991年の著書『第三の波』(*The Third Wave*) において，歴史的に民主化の波が三回にわたってみられたと指摘している。

　まず，民主化の第一の波は，1828～1926年までの時期にあり，アメリカや

81

フランスでみられた。この時期には，スイス，英連邦の海外自治領，イギリス，ヨーロッパの諸国などに第一の波が到達した。100年間のうちに30か国以上において，民主主義的政治体制が誕生した。民主化の波の後には，民主主義の一時的な後退がみられ，「揺り戻しの波」が生じる。第一の揺り戻しの波は，1920～30年代の間にみられた。揺り戻しを経験したのは，第一次世界大戦前後に民主化した国々であり，ドイツ，オーストリア，ポルトガル，スペイン，ブラジル，アルゼンチン，日本などであった。

　第二の波は，第二次世界大戦後に生じた。大戦における連合国側の勝利は，西ドイツ，イタリア，オーストリア，日本，韓国に民主主義的政治体制をもたらした。ラテンアメリカでも，ブラジル，アルゼンチン，ペルー，ベネズエラなどで民主主義がもたらされた。第二の揺り戻しの波は，1950年代後半から1960年代後半にかけてみられた。50年代後半までに民主主義に移行した国々のうち，いくつかの国では，権威主義的政治体制が誕生した。ラテンアメリカの権威主義体制が顕著な事例であるが，アジアでも軍事クーデタによって軍事政権がつくられた。たとえば，1958年にパキスタンで軍部による戒厳令体制が始まり，1961年に韓国で軍事クーデタによる軍事政権が誕生した。同時期には，インドネシア，フィリピン，インド，台湾などで権威主義体制が誕生した。

第三の波

　民主化の第三の波は，まず南欧諸国でみられた。ポルトガルの民主化が顕在化してから3か月後に，ギリシアでは軍事体制が崩壊し，文民政権が誕生した。翌1975年には，スペインでもフランコ体制崩壊により民主化が始まった。1970年代後半には，民主化の波がラテンアメリカに波及した。1977年にエクアドルで軍指導部が民政移管を表明し，1979年の選挙で文民政権が誕生した。ペルーでも同様に，軍部支配が終わり，1980年に文民大統領が選出された。ボリビアでは，1978年にクーデタがあり，1982年に文民大統領が選出された。1980年代には，1986年にフィリピンで30年以上続く独裁政権が崩れ，台湾では，1987年に戒厳令が解かれた後に民主化が進み，1996年に初めての総統直接選挙が実施された。韓国では，1987年に民主化を求める運動が

5.1 民主化の第三の波

区分	国の数	第一の波	第一の逆転	第二の波	第二の逆転	第三の波	第三の逆転?
L	2						
K	11						
J	6						
I	1						
H	9						
G	9						
F	3						
E	4						
D	5						
C	10						
B	1						
A	10						
民主主義諸国		33(Max)	11(Min)	51(Max)	29(Min)	62(Max)	59(Min)
変動の実数		+33	−22	+40	−22	+33	−3
総国数 = 71							

■ 民主主義ないし半民主主義段階
▨ 以前に民主主義的であった国の非民主主義段階

(A) オーストラリア, カナダ, フィンランド, アイスランド, ニュージーランド, スウェーデン, スイス, グレートブリテンおよび北アイルランド連合王国, アメリカ合衆国　(B) チリ　(C) オーストリア, ベルギー, コロンビア, デンマーク, フランス, 西ドイツ, イタリア, 日本, オランダ, ノルウェー　(D) アルゼンチン, チェコスロバキア, ギリシア, ハンガリー, ウルグアイ　(E) 東ドイツ, ポーランド, ポルトガル, スペイン　(F) エストニア, ラトビア, リトアニア　(G) ボツアナ, ガンビア, イスラエル, ジャマイカ, マレーシア, マルタ, スリランカ, トリニダード＝トバゴ, ベネズエラ　(H) ボリビア, ブラジル, エクアドル, インド, 韓国, パキスタン, ペルー, フィリピン, トルコ　(I) ナイジェリア　(J) ビルマ, フィジー, ガーナ, ガイアナ, インドネシア, レバノン　(K) ブルガリア, エルサルバドル, グアテマラ, ハイチ, ホンジュラス, モンゴル, ナミビア, ニカラグア, パナマ, ルーマニア, セネガル　(L) スーダン, スリナム

図 5-1: 民主化の波と反動の波
出所　ハンティントン『第三の波』14 頁。

激化し，全斗煥大統領から後継指名を受けた盧泰愚が民主化宣言を発表し，その後の民主化の進展へとつながった。

さらに，1980年代以降には，東欧諸国や旧ソ連諸国において民主化への兆しがみられた。1989年にポーランド，ハンガリー，東ドイツ，ブルガリア，チェコスロバキア，ルーマニアなどでみられた民主化へ向けた動きは，近隣諸国一帯で次から次へと伝播していった。その後も第三の波は，アフリカにまで押し寄せ，1990年代初頭の南アフリカでの民主化をはじめ，各地で民主化へ向けた動きがみられた。20世紀の終わり頃には，民主化の波が中国大陸へと向かい，民主化の第四の波が生じるという指摘がみられたが（Diamond 1997），現時点ではまだ，中国大陸に民主化の波は押し寄せていない。

21世紀になってからは，2010～2012年にかけて「アラブの春」と表現されたように，2010年12月のチュニジアでのジャスミン革命に端を発し，2011年には，エジプト，リビアなどで長期にわたる独裁政権が崩壊し，中東において民主化が進展するかと思われた。しかし，エジプトでは，軍による暫定統治が行われた後，2012年に大統領選挙によって新たに大統領が選出されたが，政権に対する国民の不満は高まり，抗議行動は激化し，軍部の介入によって大統領が解任され，憲法も停止された。民主化の波とともに，揺り戻しの波があることは，エジプトの事例からも明らかであるし，体制移行や民主主義の定着が容易ではないことも明らかである。

民主化の第三の波は，それ以前の二つの波と比べると，かなり大規模なものであり，広範囲にわたって押し寄せた。結果的に，民主主義の国々は増加したが，揺り戻しの波も大きく，体制移行に失敗したり，民主主義が定着しなかったりする事例もある。民主化とはどのようなものであるのかについては，さらに，移行論と定着論という二つの点から説明することができる。

民主化の発生要因

ハンティントンは，なぜ民主化の波が同時期に発生したのかという点にも目を向けている（Huntington 1991）。次のような五つの変動は，第三の波を引き起こすのに重要な役割を果たしたとされる。

第一に挙げられる変動は，世界で民主主義の価値が広く受け容れられてい

る現代では，権威主義体制の正統性が低下したという点である。とりわけ，1970年代の石油危機以後，経済政策が行き詰まり，体制の正統性が著しく低下した。

　第二に，1960年代にみられた空前の世界的な経済成長という変動である。多くの国で人びとの生活水準が向上し，教育が拡大し，都市中間層が増大したことは，権威主義体制からの体制転換をもたらす契機となった。

　第三に，第二バチカン公会議以後にみられたカトリック教会の教義と活動の変化が挙げられる。各国の教会が現状の擁護者から，社会的，経済的，政治的改革の支持者へと転換したことは，ラテンアメリカ諸国における民主派勢力にとって重要なことであった。

　第四に，1960年代後半にEC（ヨーロッパ共同体）の果たした役割が挙げられる。南欧諸国は，ECに加盟するために自国を民主化させる必要が生じていた。また，1970〜80年代にかけては，民主化に影響を及ぼす超大国の変化がみられた。たとえば，アメリカは，人権と民主主義を促進する政策をとり始めたし，1980年代後半には，ソ連でゴルバチョフ（Mikhail S. Gorbachev）によってペレストロイカが実施され，各国の民主化に影響を及ぼすような外的アクターに変化が生じた。

　第五に，ある国の民主化が他国の民主化に影響を及ぼすような「雪ダルマ式」効果ないしデモンストレーション効果が挙げられる。国際的なメディアの発達により，瞬時に，世界的に同時に情報が広まるようになったことは，「雪ダルマ式」効果やデモンストレーション効果をさらに強化した。

　ハンティントンは，1970年代に生じた民主化の第三の波には，その前後の時期にみられた五つの変動が関連していると考えた。これらの変動は，第三の波を理解するには直接間接に関係がありそうなことであり，第三の波の発生要因として捉えることができる。

5.2　民主化の段階

民主化の過程

　民主化の過程は，いくつかの段階を経る（Baloyra 1987; Svensson 1991;

Sørensen 2008)。まず,既存の権威主義体制がもつ正統性の低下に始まり,次に,権威主義体制の崩壊,それにともなう民主主義体制への移行,複数政党制の導入と自由選挙の実施,二回目以降の定期的な選挙の実施,さらに,選挙だけに限らず多様な分野での民主主義の定着などに区分できる。既存の権威主義体制の正統性が低下したり崩壊したりするまでの間は,既存の体制が多少なりとも統治にかかわっており,体制移行までの段階と,新しい民主主義体制へと移行した後の民主主義の定着までの段階とは,統治の特徴が民主主義的であるか否かという点で本質的に異なっており,一括りに扱うことはできない。

そのため,民主化の段階は,体制の移行段階と,民主主義の定着段階という二つに大別することができる。まず,体制移行に際しては,既存の権威主義体制に対する国民の不満が具体的な抗議行動の形となって噴出したり,支配エリート内部の路線変更や権力関係の変化などが生じたりすることにより,当該の権威主義体制は威信を失墜し,正統性の低下につながり,それまで盤石であった支配が揺らぎ始める。

過去の事例からも明らかなように,国民の民主化運動が表出したとしても,体制側が武力行使も含めた多様な手段を行使することで民主化要求を抑圧し,結果的に,民主化には結びつかず,既存の権威主義体制による支配が正統性を保ち続ける場合もある。他方で,正統性が傷つき,民主化へ向けた動きが進み,権威主義体制から民主主義体制へと体制移行が実現する事例も数多くみられる。民主化を体制移行に限定すると,既存の権威主義体制から新しい民主主義体制への移行が実現した場合は,民主化が成功した事例として取り扱うことができる。

体制移行

オドネル(Guillermo O'Donnell)とシュミッター(Philippe C. Schmitter)は,「なぜ,いかにして,民主主義的な体制は成立するのか」という関心をもっており,1984年に公刊した権威主義支配後の政治生活に関する共同研究において,「一つの政治体制と他の政治体制との合間(interval)」のことを移行(transition)と呼んでいる(O'Donnell and Schmitter 1986 邦訳 34-35)。彼らによれば,「移行は,一方で,権威主義体制の崩壊過程の開始によって,また他方

で，何らかの形態の民主的政治の樹立，何らかの形態の権威主義への回帰，もしくは，革命的選択肢の出現，によってその境界が画される（O'Donnell and Schmitter 1986 邦訳 35）」のである。

　移行開始の典型的な特徴は，いかなる理由にせよ，権威主義体制における支配者が個人や集団の利益を保護する方向へと自らの支配の方向性を修正し始めることにみられる。この点について，オドネルとシュミッターは，民主主義的な体制への移行が自由化から始まり，やがて民主化へと至ると考えている。

　自由化とは，権利の再定義と拡大の過程として認識できるものであり，個々人の次元においては，自由主義的伝統の古典的要素，すなわち，人身保護令状，私邸や文書の不可侵，公正な裁判を受け弁護される権利，運動・言語・請願の自由などを含む。集団の次元において，自由化は，政府の政策への集団的非同調に対する懲罰からの自由，通信手段の検閲からの自由，結社の自由などを含む。

　自由化が体制にとって明白かつ切迫した脅威ではないならば，それらは累積し，制度化し，その結果として，民主化へと向かう。ここでいう民主化とは，次のいずれかの過程を意味している。第一に，市民権が以前においては他の原則（たとえば，強制力による支配，社会的慣習，専門家の判断，行政慣行）によって支配されてきた政治制度に適用される過程である。第二に，市民権がかつて権利や義務を有していなかった人びと（たとえば，非納税者，文盲，女性，若者，少数民族，外国人居住者など）を対象として拡大される過程である。第三に，市民権がかつて市民参加の対象となっていなかった争点や制度（たとえば，国家官庁，軍部エリート，政党の諸機関，利益集団，生産企業，教育機関など）にまで拡大される過程である。

　自由化と民主化とは，歴史的な関係において互いに近い位置にあったとはいえ，置き換え可能な用語というわけではない。自由化の特徴である個人や集団の自由の保障がなければ，民主化は単に形式的なものになる危険がある。他方で，民主化により制度化されるマイノリティへの責任がなければ，自由化は，政府の都合で容易に操作されたり，撤回されたりすることが明らかになる。

　権威主義支配者たちは，個人や集団の活動のための空間をつくり出すことにより，権威主義的な支配の構造を変えることなく，数々の圧力を緩和し，自

由化を容認する可能性がある。オドネルとシュミッターは、このように自由化された権威主義を「ディクタブランダ（自由化された独裁政治）」と表現した。また、いったん民主化が始まり、慎重な主唱者たちが移行過程の進展の行き過ぎを恐れ、自由を制限しようとする体制を「デモクラドゥーラ（限定的政治的民主主義）」と表現した。

図5-2で示されるように、オドネルとシュミッターは、縦軸に自由化の次元をとり、横軸に民主化の次元をとった図式を考案した。自由化と民主化という二つの次元は、ダール（Robert A. Dahl）のポリアーキー論で用いられた自由化と参加を援用したものである。彼らの議論がダールのポリアーキー論と異なる点は、ダールが既存の民主主義国における民主化の類型化を意識していたのに対し、オドネルとシュミッターは、非民主主義的な体制が民主主義的な体制へと向かう過程を対象としていたところにある。

彼らは、移行の最中は、政治ゲームのルールが決まっていないという点に移行の特色があるとしている。ゲームのルールは、恒常的に流動的な状態にあり、アクターたちは、さまざまな利益を追求しながら、ゲームにかかわることになる（O'Donnell and Schmitter 1986 邦訳35）。体制移行をめぐるゲームでは、既存の権威主義体制側のアクターと、反体制勢力側のアクターという二種類のアクターが少なくとも存在する。実際には、権威主義体制側も反体制側も、それぞれアクターが一人ないし一つの集団のみということはない。多様なアクターが入り混じって、自らの正統性を確保するとともに、自らに関係する利益の獲得を目指して闘争を繰り広げる。ときには、物理的な暴力をともないながら、相互作用がなされる。

その結果として、権威主義体制から民主主義体制へと移行が実現する場合もあれば、既存の権威主義体制とは異なる他の権威主義体制への移行につながる場合もある。あるいは、既存の権威主義体制が再び勢力を盛り返し、民主化を要求する勢力を抑圧し、以前よりも権威主義的な支配を強化する場合もある。したがって、移行の段階においては、アクター間の相互作用がどのような結果をもたらすかは不明であり、不確実性をともなう。移行段階に焦点を絞ると、移行の成功は民主化の成功として捉えることができる。しかし、民主化は、移行段階に限定されるのではなく、その後に続く民主主義の定着段階まで含まれ

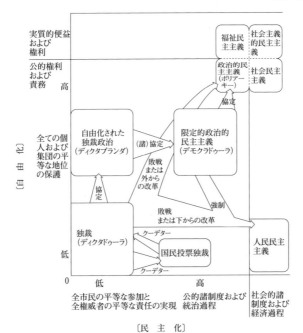

図 5-2: 自由化，民主化，および体制のタイプ
　　　出所　オドネル & シュミッター『民主化の比較政治学』51 頁。

るものである。

　オドネルとシュミッターによる移行論の最大の特色は，国内的要因を重視している点である。彼らは，体制内の勢力を「タカ派」と「ハト派」に分け，「権威主義体制そのものの内部の重大な亀裂の直接的あるいは間接的な帰結ではない移行の開始などありえない（O'Donnell and Schmitter 1986）」と指摘している。彼らは，国際的要因，制度や構造よりも，移行過程においては，国内のアクターの戦略性がより重要であるという立場を示し，アクター中心アプローチを採用することで民主化を分析した。

民主主義の定着

　民主主義の定着について，リンス（Juan J. Linz）とステパン（Alfred Stepan）は，民主主義への移行の完了と，定着した民主主義とを区別し，次のように

移行の完了を表現している。「民主主義への移行は、選出された政府をつくり出す政治的な手続きについて十分な同意があり、自由な普通選挙の直接的な結果により政府が権力の座に就任し、この政府が事実上、一連の新しい政策をつくる権威を有し、新しい民主主義によって生じた執行権、立法権、司権権が、法律上、他の諸機関と権力を共有する必要がないときに完了する (Linz and Stepan 1996 邦訳 21)」。

そのため、自由化と民主化とが区別されるのであり、自由化は民主化なくしても成り立つのに対し、民主化は自由化をともなっており、自由化をふまえて民主化が実現すると考えられる。体制移行の段階においては、複数政党制の導入と自由選挙の実現が一つの敷居 (threshold) として位置づけられた。政権獲得をめぐり複数の政党が競合したり、自由選挙が行われたりすることは、政治的な自由化の具体的な姿である。

もちろん、選挙をやれば事足りるというわけではない (Snyder 2000)。リンスとステパンのいう「選挙至上主義者の誤謬」という問題が残っている。彼らによれば、「選挙が実施されたにもかかわらず実際には移行が完了していない最も一般的な事例は、かつて支配者であった軍部が直接的には政権を放棄したにもかかわらず広範な特権をもっているため、民主的に選出された政府が法的にも主権者ではないような場合である (Linz and Stepan 1996 邦訳 22)」。

権威主義体制が民主主義体制へと移行したとしても、移行が完了したと安易に判断することはできない。表面的な移行ではなく、移行後の民主主義体制の中身が問われるからである。体制の中身がどのようなものかを判断してから、ようやく移行が完了したと結論づけられる。したがって、表層的に民主化を捉えることはできないのであり、民主化の次の段階として、民主主義の定着へと進むことは、民主主義の中身に焦点が移ることでもある。

民主主義の定着とは、民主主義が「街で唯一のゲーム」となるような政治的状況を意味している (Linz and Stepan 1996 邦訳 24)。リンスとステパンによれば、民主主義の定着は、人々の行動、態度、制度（憲法）という三つの次元を結びつけたものである。人々の行動や態度といった非制度的な側面とともに、憲法のような制度的な側面においても民主主義が広く行き渡り、浸透することが定着である。

5.2 民主化の段階

　ここで挙げた三つの次元において，民主主義が定着しない場合には，民主化の失敗につながる。リンスとステパンによる三つの次元の説明は，次のような内容であるが，いずれも成功した場合には，民主主義が定着したことになり，民主化の成功として捉えることができる。しかし，以下の内容に沿わない場合には，失敗事例として扱うことになる。

　行動の次元からみると，国家的，社会的，経済的，政治的，制度的なアクターが，非民主主義的な体制を創造したり，国家から分離するために暴力に頼ったり外国の介入に頼ったりすることで，自らの目的達成のために重要な資源を使用しないときに，ある領域における民主主義体制が定着する。

　態度の次元からみると，世論の大多数が，民主主義的な手続きや制度を社会における集団生活を始めるのに最適な方法であるという信念をもつときや，民主主義に反対の立場をとる選択肢への支持が非常に少なかったり，多少なりとも民主主義を支持する勢力から孤立していたりするときに民主主義が定着する。

　制度（憲法）の次元でみると，政府も非政府勢力もまた，国家の領域の至るところで，新たな民主主義の過程でつくられた特定の法律，手続き，制度の範囲内で対立が解消され，それが習慣化したときに民主主義的な体制が定着する。

　リンスとステパンは，定着した民主主義には相互に関連する五つの領域が必要であることを指摘している。五つの領域として挙げられているのは，第一に，自由で活力のある市民社会，第二に，相対的に自律的で価値のある政治社会，第三に，市民の自由や独立した結社の活動の法的保証を確実にする法の支配，第四に，新しい民主的政府によって有用な国家官僚制，第五に，制度化された経済社会である（Linz and Stepan 1996 邦訳 27）。これらは相互に関連し補強し合う存在とされ，民主主義が定着するには，五つの領域が満たされているか，あるいは，つくりだされる必要があるという。彼らによれば，民主主義は，国家のガバナンスの一つの形態であり，現代の民主主義体制は，国家の存在なしでは定着しない（Linz and Stepan 1996 邦訳 26）。

5.3 民主化の段階とアクター

民主化の二つの段階

　民主化が成功したか否かについては，民主化の段階とアクターという二つの点から判断することができる。まず挙げることができるのは，民主化の段階という基準である。民主化の段階という判断基準は，時間軸を意味する。時間軸は，ある国家の民主化に向けた一連の動きにおいて，どの時点に注目すれば，民主化が成功したといえるのかを判断する手がかりを提供する。

　民主化の段階は，大別すると，体制の移行段階と民主主義の定着段階の二つに分けられる。さらに，各段階は細分化される。移行段階は，まず，既存の権威主義体制がもつ正統性の低下，次に，権威主義体制の崩壊，それにともなう民主主義体制への移行までを含む。民主主義体制への移行を具体的な政治的出来事で表現すると，ここでは，複数政党制の導入と自由選挙の実施が挙げられる。続く民主主義の定着段階は，まず，二回目以降の定期的な選挙の実施，次いで，選挙に代表されるような政治の領域だけに限らず，他のさまざまな領域における民主主義の定着などが挙げられる。他の領域に関しては，リンスとステパンによる民主主義の定着に関連した五つの領域を想起すれば明らかなように，政治だけでなく，法律，経済など広範囲にわたって民主主義が定着することを意味している。

民主化におけるアクター

　民主化の成否を判断する際に，アクターの存在にも目を向ける必要がある。一連の民主化過程にかかわるアクターは多様である。各段階でどのようなアクターが登場し，どのようにかかわり，どのように相互作用するかによって，民主化の成否は異なってくる（Karl 1990）。

　体制移行が成功するか否かは，旧体制の中心的なアクターと，新たな民主主義体制を推進しようとする民主化勢力の中心的なアクターとの相互作用の結果としてもたらされ，アクター間の力関係によって，移行の成否が決まる。オドネルとシュミッターをはじめとする移行論は，移行段階におけるアクターの役

5.3 民主化の段階とアクター

表 5-1: 民主化の段階とアクターの類型

民主化の段階		アクター					
		支配者	軍部	政党	反体制派	外部	その他
体制移行	権威主義体制の正統性の低下						
	権威主義体制の崩壊						
	第一回目の自由選挙						
民主主義の定着	第二回目以降の自由選挙						
	定着						

割に注目し，そこでのアクターの相互作用を重視した。移行論がアクター中心アプローチと呼ばれているように，移行段階は，アクターに関心が向けられることが多く，アクター次第で民主化の行方が左右される。

民主主義の定着段階でもアクターの存在を見逃すことはできない。民主主義が定着するのに民主主義が街で唯一のゲームとなる必要があるならば，ゲームにかかわるのは，多様なアクターであり，各アクターがゲームのルールを受容することで，ゲームが広く受け容れられなければならない。その意味で，移行にせよ定着にせよ，アクターの存在に目を向け，アクターに焦点を絞る意義はある。もちろん，民主化の失敗事例を考える際も，アクターの相互作用の結果として民主主義が定着しなかったのであるから，アクターの動向に目を向ける必要がある。

次に，民主化の過程には，どのようなアクターが登場するのかを明らかにしておかなければならない。表5-1に示されているように，まず，既存の権威主義体制における支配者と，それに反対する勢力（いわば，民主化勢力とでも呼ぶべき反体制勢力）とに主要なアクターを二分できる。両者は，体制派と反体制派という二分法による対置関係となる。

体制派の最も重要な位置を占める支配者としては，たとえば，長期にわたり独裁的な支配を続けてきた大統領などが挙げられる。他にも体制派には，政府の高官をはじめ，軍部や警察が含まれる。ときには大統領の私兵なども存在する。

第5章 民主化

　反体制派は，既存の体制に反対し，新たな民主主義体制を確立しようとする勢力であるが，民主化勢力というような表現で一括りにすることは適切ではない。民主化を要求して，抗議行動を行っている際は，学生や知識人，一般の大衆などが体制に反対することで一緒に行動し，民主化の推進を共通目標としているとしても，それぞれの利益や価値観は本来的に異なっており，反体制勢力を一枚岩として捉えることはできない。さまざまな勢力が結集することで反体制派が形成され，既存の体制に影響を及ぼすような民主化運動へとつながっていくことがある。その場合には，被支配層だけが反体制派に参加するのではなく，体制派に属する政府高官や，軍部，警察などから反体制派へと立場を変える人々がみられ，しばしば民主化勢力の強化につながることもある。

　それ以外にも，民主化の推進という点から一国の民主化にかかわりをもつような外部アクターを挙げることができる。外部アクターとしては，たとえば，民主化支援を行う国際機関や外国政府，NGOなどが挙げられる。具体的には，国際連合，欧州連合，各国政府，半官半民のNGO，民間のNGO，外国の政党や政党財団などである。

　これまでに挙げたもの以外に，事例ごとに特異なアクターが関与することも考えられる。たとえば，教会が民主化を推進するアクターになる場合がある。あるいは，宗教団体が一定程度の役割を果たすアクターとなる場合もある。また，国によっては，国王や貴族などが民主化の成否に何らかの影響を及ぼす場合もある。ここでの類型においては，それらを一括して「その他」のアクターとして扱っている。

　このように考えると，民主化における主要なアクターには，既存の権威主義体制における支配者，軍部，政党，民主化勢力に代表されるような反体制派，外部アクター，その他のアクターなどが挙げられる。民主化という政治現象は，不確実性をともなっており，最初の段階で登場したアクターが後々までみられるとは限らないし，初期においては大きな影響力をもっていたとしても，それが最後まで続くというわけでもない。逆に，あるときから急速に存在感を増し，中心的な役割を果たすようになるアクターも存在する。

　したがって，体制移行の段階においては，主役ともいえるほど中心的な存在であったとしても，定着段階では，端役となる場合もあり得るし，その逆の可

能性もある。また，民主化の段階ごとに登場するアクターが異なる可能性もある。

　民主化の段階とアクターとのかかわりを明確にするために，表5-1では，縦軸に民主化の段階を示し，横軸に多様なアクターを配列した。たとえば，既存の権威主義体制の正統性が低下する段階において，体制側では，それまでの最高権力者である支配者が主要なアクターとなるのは明白である。反体制派が体制の正統性を傷つけることに成功し，台頭し得たとすれば，もう一方の主要なアクターとして反体制派が存在する。

　各国の事例を個別に注目していけば明らかになるが，この時点で軍部が主要なアクターとなる場合もあるだろうし，政党が主要なアクターとなる場合もある。さらに，オドネルとシュミッターの移行論で示されたように，体制派内部において，ハト派とタカ派というように，勢力が分裂している場合もある。同様に，反体制派も一枚岩であるとは限らず，ハト派とタカ派などの区分が必要になる場合もある（O'Donnell and Schmitter 1986 邦訳54-58）。

　つまり，民主化の段階ごとに主要なアクターは異なり，たとえば，移行段階で中心的な役割を果たすアクターが民主主義の定着段階でも中心的になるとは限らない。この点に関しては，事例ごとでも異なり，ある国では，移行段階で軍部が主要なアクターであったとしても，別のある国では，軍部がほとんど登場せず，たとえば，宗教団体の果たす役割が大きいこともある。

　民主化は，各段階でどのようなアクターが関与するかにより，成否が左右されると思われる。体制移行の段階のうち既存の権威主義体制の正統性が低下した場合には，たとえば，軍部と反体制勢力とが協力することにより，急速に体制の崩壊をもたらすことがある。この場合は成功事例として取り扱うことができる，しかし，権威主義体制の正統性が低下しても，軍部が体制側の立場をとり続けたり，アクターとしての影響力をほとんどもたなかったりする場合に，軍部は，民主化の成功へとつながる役割を果たすというよりも，失敗へとつながる役割を果たすかもしれない。

5.4　民主化の成否にかかわる要因

民主化と経済成長

　かつて、ハンティントンは、民主化の三つの波を区分した際に、それぞれの波が押し寄せた後に、揺り戻しの波（逆転の波）があると指摘していた（Huntington 1991）。民主化の揺り戻しという言葉は、体制移行は成功したが、民主主義が定着しなかった事例や、一見すると、体制移行は成功したようにみえるが、実は、失敗した事例などを一括りにしており、民主化の成功や失敗を判断する際に、どの段階を指しているのかを明らかにはしていない。そのため、民主化の成功にも失敗にも、さまざまなパターンがあり得ることを見逃すことになりかねない。

　表 5-1 で示したように、民主化の段階とアクターという点から、民主化の成功や失敗をどのように捉えるのかについて検討してきたが、これだけでは十分とはいえない。さらに、以下に挙げるような要因が、民主化の成否に影響を及ぼす可能性のあることを念頭に入れておく必要がある。

　まず、経済成長が民主化の成否に密接なかかわりをもっているという見方がある。民主化と経済成長との関連性に注目したのは、古くはリプセット（Seymour M. Lipset）に代表される（Lipset 1959）。リプセットは、民主主義と経済的発展段階が関連しているという点を、富、工業化、教育、都市化という四つの指標を用いて説明した。彼によれば、これらの指標により、民主主義の水準が高い国と低い国とに分けることができる。

　彼の提示した指標のうちで、まず、富の指標は、1 人当たりの所得、自動車 1 台当たりの人数、医師 1 人当たりの 1,000 人単位の人数、1,000 人当たりのラジオ数、1,000 人当たりの電話数、1,000 人当たりの新聞部数によって示される。工業化の指標は、農業において雇用された男性百分率、その国において使用されている 1 人当たりのエネルギー消費量によって示されるものである。教育の指標は、読み書きできる者の百分率、1,000 人当たりの初等教育登録者、1,000 人当たりの初等以上の教育を受けた者、1,000 人当たりの高等教育を受けた者からなる。都市化の指標は、2 万人以上の都市の百分率、10 万

人以上の都市の百分率，大都市地区の百分率である。

　リプセットによれば，四つの指標によって示される数値がいずれも高い場合は，民主主義の水準が高い国とされ，数値が低い場合には，民主主義の水準が低い国とされる。この点から，民主化と経済成長とは関連しており，民主化には経済成長が欠かせないとされ，民主化の失敗と経済成長の失敗とが併せて論じられるようになった。民主化と経済成長に関しては，実際にみられた各国の民主化とも重ね合わせて論じられ，現在に至るまで両者の関連性が確実なものであるか否かをめぐり，さまざまな議論が展開されている。しかし，誰もが納得できるような結論が導き出されたわけではなく，未解決のままとなっている論点の一つである。

国家性と民主化

　次に挙げることができる点は，リンスとステパンがいう「国家性」（stateness）の問題に関連している。すなわち，一つの国家において，複数の民族が存在する場合に，いかに多民族の共存を図るのかという問題である。レイプハルト（Arend Lijphart）が論じたように（Lijphart 1984; Lijphart 1999），政治制度によって多民族共存が実現すればいいが，実際は，レイプハルトが描いたようにはいかない。多民族国家では，民族対立ないし民族紛争が原因となり，民主化に失敗する事例がいくつもみられる。

　もちろん，多民族国家における民主化がすべて失敗に終わるのではないし，多民族の存在が民主主義にとって負の影響をもたらすとは限らない。ただ，多民族であるがゆえに，民族間の対立や紛争が引き起こされやすく，その結果として，民主化が進展しなかったり，民主主義が定着しなかったり，あるいは，脆弱な民主主義しか根づかなかったりする。ときには，激しい民族紛争が発生し，民主化とは逆の方向へと進む場合もある。

　多民族共存の成否が民主化の成否ともかかわりをもつという見方は，これまでも多くの事例を念頭に置いて議論されてきたし，引き続き今後も論じられていくと思われる。これまでのところ，民主化と多民族共存の問題に関して，万能な方策は存在せず，少しでも実現可能な解決方法が模索され続けている。

　多民族共存への解決策の一つとして，制度工学による対応が挙げられるが，

第 5 章　民主化

民主化に際し，どのような政治制度を採用するかという問題は，民主化の成否にも深くかかわっている。制度工学においては，民主主義が定着するような制度をいかに設計し，導入するかが重要になる。政治学では基本的に，制度設計という発想が希薄であったが，民主化を考えるには，必要な視点となる。たとえば，大統領制は，大統領が強いリーダーシップを発揮することで迅速な決定作成や政策の実施が可能になるかもしれないが，ときには，独裁的な権力行使が顕在化する。民主化したにもかかわらず，結果的に，大統領に権力が集中したことで，民主主義の質が問われたり，民主化の揺り戻しが危惧されたりすることがある。

民主化に際し，大統領制を導入するか，それとも議院内閣制を導入するかによって，その後の民主主義の特徴は大きく異なる。民主化の成功事例では，新たに導入された制度による正の効果がもたらされるとともに，制度を受け容れる土壌ないし政治文化が存在したと考えることができる。それに対して，民主化の失敗事例については，新しい制度が馴染まず，結果的に，逆機能を引き起こしたと考えることができる。

民主化の失敗事例を思い起こすと，民主化後に大統領制を導入したが，軍部のクーデタにより，独裁的な大統領が誕生し，民主化が進展しなかった事例もある。もちろん，大統領制が民主化と馴染まないとか，大統領制が民主主義の定着にとって阻害要因になるというのではない。先進民主主義諸国において，大統領制が採用されているのは一目瞭然であるし，他方で，民主主義とはいえない国においても議院内閣制が採用されていることがある（→ 第 10 章）。

また，選挙制度も重要な政治制度の一つである。単純化していえば，まず，多数代表制か，それとも比例代表制かという代表制の問題が挙げられるし，他にも，小選挙区制か，それとも大選挙区制かという選挙区制の問題も挙げられる。どのような選挙制度を採用するかによって，民意の反映の程度や，政権の形態に影響を及ぼすことになるため，各国の実情に見合った制度を選択する必要がある（→ 第 7 章）。

たとえば，多民族国家において，小選挙区制を導入した場合には，選挙区割りにも関連するが，マイノリティの代表が選出されにくくなる可能性がある。その場合には，多数派の専制が常態化することも考えられるし，多民族の平和

的な共存が困難になるかもしれない。そのため，多民族国家では，比例代表制を採用し，多党制を尊重し，連立政権による政権運営となることが多い。

その他の要因

　このように考えてくると，民主化という政治現象の特徴は，一つのことが原因となり成功がもたらされたり，あるいは，失敗が引き起こされたりするのではなく，複合的な要因によって，成功や失敗へとつながることが明らかになる。ここまでみてきたように，民主化の段階という時間軸，各段階において登場し役割を果たすアクター，さらに，経済成長，国家性，政治制度などの要因を取り扱ったが，まだ言及していない点がいくつもある。

　たとえば，ICT（Information and Communications Technology）が体制移行の段階において果たした役割や，民主化支援の多様な形態などは，民主化の成否に大きくかかわっている。世界各国における民主化の事例が増えることによって，民主化の成功や失敗を考えるための手がかりは蓄積され続ける。何が成功の決め手となったのか，あるいは何が失敗の原因となったのかについて，常に情報を精査し，検討していく必要がある。その点からいえることであるが，民主化の成功と失敗について考えることは，民主主義の条件とは何かを考えることにもなるように思われる。

第 II 部　現代世界の民主主義論

第6章　民主主義
Democracy

6.1　民主主義とは何か

民主主義をめぐる対立

　民主主義とは何か。この問いかけに対して，すべての人が納得するような定義は，残念ながら存在しない。そのため，十人の政治学者がいたら，十人とも異なる定義を示す可能性があるし，結果的に，十通りの民主主義の定義が乱立することもある。ある政治学者による次のような指摘は，いかに民主主義を定義することが困難であり，各人が異なるイメージを抱いているのかを端的に物語っている。

　「民主主義」(デモクラシー) という言葉は，ある種の魔法の言葉である。誰も「民主主義」に反対することはできない。すべての人びとが「民主主義」に賛成する。だが，同時に，人びとはすべて，他の人が賛成し，受けいれている「民主主義」が，自分の「民主主義」と同じ内容をもっていると考えている。私とあなたが「民主主義」に賛成するとき，私の「民主主義」とあなたの「民主主義」とが，まるで違った内容をもっているとは夢にも考えない。
　だが，現実には，すべての人びとが考えている「民主主義」の内容は，ひとによってまったく異なっている。だから，同じように「民主主義」に賛成している人びとのうちのひとりが，「これが私の民主主義だ」と叫ぶと，とたんに隣の人が「それは誤りだ，本当の民主主義はこれだ」と叫ぶことにな

る。こうして，すべての人びとが「民主主義」に賛成しながら，すべての人びとが「民主主義」をめぐって対立することになる（白鳥 1984: 1）。

　日本には，いくつかの政党が存在しているが，いずれも日本の民主主義を支えようとしている。たとえば，自由民主党，民主党，日本共産党の結党宣言や綱領などでは，どの政党も民主主義について言及している。

　自由民主党は，「民主政治の本義に立脚して」結成した政党であり，「民主主義の理念を基調として諸般の制度，機構を刷新改善し，文化的民主国家の完成を期する」ことが 1955 年の結党時点で綱領に明記されていた。

　民主党は，「1988 年綱領（基本理念）」で民主中道の新しい道を創造するという立場を示し，2013 年の「民主党綱領」では，「自由と民主主義に立脚した真の立憲主義を確立する」ことなどが謳われている。

　日本共産党も，2004 年に改訂された「日本共産党綱領」で「現在，日本社会が必要としている変革は，社会主義革命ではなく，異常な対米従属と大企業・財界の横暴な支配の打破——日本の真の独立の確保と政治・経済・社会の民主主義的な改革の実現を内容とする民主主義革命である」と明記している。

　現実に，これらの政党がいずれも民主主義を叫びながらも対立しているのは，各党の考える民主主義に違いがあるからであり，ある政党が「これが民主主義だ」と主張すると，とたんに他の政党が「それは誤りだ，本当の民主主義はこれだ」と叫ぶことになる。日本の民主主義のために各党が政策を打ち出したとしても，政策の中身は異なっている。それぞれの考える民主主義の内容が異なり，民主主義をめぐって対立が引き起こされるのは，このためである。

　したがって，民主主義とは何かという問題を考える際に，民主主義の中身に焦点を向けて議論を行っている限り，議論が決着することはなく，そこには対立しか残らない。民主主義の中身とは，社会が何を実現するべきかという論点にかかわってくる。具体的には，「何を行うか」という問題であり，政党の綱領やイデオロギー，政策の内容によって示される。

民主主義の捉え方

　社会が実現するべき一連の価値の体系や信念の体系，あるいは思想として

6.1 民主主義とは何か

民主主義を考えるとき，たとえば，一方で，徹底した平等の実現を追求する立場がみられるとしても，他方では，平等よりも，むしろ徹底した自由の追求を重視する立場もみられることがある。平等を重視するのか，それとも自由を重視するのかという違いは，価値や信念の体系，あるいは思想に基づくものであり，全く異なる社会を思い描いている。各政党が提示する社会の未来像は，それらを反映したものであり，その違いは，イデオロギーによって示されている（たとえば，平等を重視するイデオロギーは共産主義などであり，それに対して，自由を重視するのは自由主義などである）。

通常，イデオロギーは，「〜主義」や「〜イズム」(-ism) という言葉をともなっている。しばしば，民主主義が「主義」という言葉を用いていることから，一つのイデオロギーとして捉えられることがある。しかし，民主主義は，英語で表現すると，「デモクラシー」であり，「デモクラシズム」とはいわない。民主主義の語源は，ギリシア語の「デーモス」(dēmos＝多数者) による「クラティア」(kratia＝支配) であり，「デーモス」と「クラティア」とが一つの単語の「デーモクラティア」(dēmokratia) となり，現在の英語の「デモクラシー」となった。民主主義の本来の意味は，デーモスによるクラティア，すなわち，多数者による支配という意味が含まれている。

その意味からすると，価値や信念の体系，あるいは思想として民主主義を捉えるよりも，多数者の支配という点を重視して，決定のシステム，社会構造ないし制度として民主主義を捉えることにより，民主主義の内容ではなく，民主主義の外見なり，かたちに目を向けることができる。それによって民主主義の内容をめぐる対立を避けられるようになるし，民主主義を制度的に捉えるのであれば，対立が引き起こされることにはならない。

さまざまな政党が異なるイデオロギーをもち，独自の綱領に基づいて政策を提示して対立するのは，民主主義だからこそ可能なのかもしれない。つまり，民主主義においては，差異の存在が前提となっており，異なる主義や主張の存在が民主主義を支えている。それだからこそ，両極端の主義や主張が同時に存在し得るのである。民主主義においては，常に多数者が正しいというのではない。正しいことは，多数者が理解するであろうという楽観的な見方がある。少数者は，現在の多数者とは異なる立場をとっているが，多数者に対する代替的

な選択肢として，いつでも代わり得る存在である。いつまでも多数者がそのままであるとは限らない。現在の少数者が未来の多数者になるかもしれない。

この点は，民主主義における競合性（competitiveness）という論点に結びついている。たとえば，ある国が民主主義の国かどうかを判断する際に，選挙が行われていたり，複数の政党が競合していたりするかどうかが一つの基準として考えられる。現代の民主主義諸国においては，どの国でも自由選挙が実施されており，複数政党制が導入されている。民主化についても，競合的選挙の実施が重視されるし，一党支配から複数政党による競合への転換が求められる。決定のシステム，社会構造ないし制度として民主主義を理解することは，これらに注目することになる。民主主義の理論をみると，現代においては，いかに選挙や政党が必要不可欠な存在であるのかが明らかになる。民主主義は，いくつもの異なる選択肢が同時に存在するからこそ機能するのであり，競合性という論点を切り離すことはできない。

6.2 競合的民主主義の理論

民主主義理論の系譜

民主主義の系譜をたどると，まず，古代ギリシアの都市国家における民主主義と，近代以降の国民国家における民主主義とに分けられる。さらに，近代以降の民主主義は，近代のものと，20世紀以降のものとに細分化できる。さしあたり，古典的民主主義，近代民主主義，現代民主主義というように三つに区分して，民主主義理論の系譜を概観する。

古典的民主主義は，現代の民主主義の起源として位置づけることができるが，古代ギリシアの都市国家における民主主義にまでさかのぼる。古代の都市国家アテネの民主主義は，クレイステネスの改革（紀元前508年）からペリクレス時代（紀元前461～429年）に最盛期を迎えたとされる。アテネの民主主義は，政治権力が民衆の手中になければならないという点を主張していた（白鳥1965）。

アテネの都市国家では，自己統治の過程に市民が積極的に関与するという考え方をとっており，統治者は被治者でなければならなかった。すべての市民が

集まり，法について議論し，決定し，制定していた。そこでは，統治の原理が生活形態の原理となっており，直接参加による民主主義が実践されていたのである。

都市国家における民主主義は，すべての市民がすべての決定作成に参加するところに特色がある。この点は，現代民主主義と大きく異なっている。多数者による支配は，それ自体に矛盾を内包していた。多数者による支配が，多数者による少数者の支配を目指すものでない限り，常に支配される多数者が同時に支配する多数者になってしまうのである（白鳥 1965）。実際に支配するのは少数者であり，支配されるのは多数者である。このような矛盾を解消するために考えられたのが自治の原理であった。自治の原理は，支配される多数者が自らを支配することになり，多数者による多数者の支配は合理化される。そこでの決定作成は，多数者によってなされ，決定された結果もまた多数者に対して課されることになる。

1648 年には，ウェストファリア講和条約が締結され，その後，近代国民国家の時代が到来した。この時点で，民主主義は，古典的民主主義から近代民主主義へと歩み始めることになった。近代においては，国家が主権をもっており，民主主義は国家の枠組みの中で実践された。国家は，一定の領域をもっており，そこに住む人びとを国民として取り扱った。国家には，領域内の統治を行うための統治機構が存在し，民主主義国家においては，民主主義を実現するための制度が採用されていた。

シュンペーターの民主主義理論

シュンペーター（Joseph A. Schumpeter）は，古典的民主主義に対置するものとして，次のような 18 世紀型の民主主義を提示している（Schumpeter 1942）。彼のいう 18 世紀型の民主主義とは，換言すれば，近代民主主義のことを示している。

「民主主義的方法とは，政治的決定に到達するための一つの制度的装置であって，人民の意志を具現するために集めらるべき代表者を選出することによって人民自らが問題の決定をなし，それによって公益を実現せんとするものである（Schumpeter 1942 邦訳 465）」。この定義は，原則上すべての人びとの意見が

一致することを念頭に置いている。したがって，すべての人びとに共通した意志が存在するという前提に立っている。

シュンペーターは名前を明らかにしなかったが，18世紀型の民主主義を論じた理論家としては，ルソー（Jean-Jacques Rousseau）をはじめ，ベンサム（Jeremy Bentham），J. ミル（James Mill），J. S. ミル（John Stuart Mill）らの名前を想起できる（Pateman 1970 邦訳 31-32）。シュンペーターは，彼らの議論に対して批判的な立場をとっている。

シュンペーターによれば，すべての人びとが一致しうるか，あるいは合理的な議論の説得力をもって一致させうるような一義的に規定された公益などは存在しない。たとえ十分に明確な公益の存在が万人に承認しうるものだと立証されたとしても，個々の問題について等しく明確な回答が得られるという意味ではない。一般意志や人びとの意志は，功利主義が自分勝手にでっち上げたものであり，空中に霧散してしまうと述べている（Schumpeter 1942 邦訳 468-469）。

確かに，シュンペーターの指摘のように，実際に，あらゆる人びとに共通した意志などは存在しにくい。また，人びとが自らに関する問題の決定を行うことは，より小規模で緊密な共同体では可能であるかもしれないが，20世紀以降の民主主義においては，規模の面で必ずしも現実的ではない。

現代において，人びとは緊密な共同体で暮らしているのではない。古代の都市国家でもない。メトロポリスに住んでいるというのも不十分であり，今や人びとはメガロポリスに住んでいるというべきだという指摘もある（Sartori 1962: 20-21）。そうだとすれば，民主主義が実践される規模の問題は無視できない。この点に関して，民主主義を支える構成員の人数や，民主主義を実践する空間など多くの問題がある（Dahl and Tufte 1973）。

近代民主主義（シュンペーターの表現を借りると，18世紀型の民主主義）は，選挙での代表選出と，議会における決定作成を重視している点で，古典的民主主義とは大きく異なっている。さらにいえば，近代民主主義と現代民主主義との間にも大きな違いがある。両者とも選挙を中心に位置づけ，議会制民主主義の枠組みを視野に入れて議論を展開している点は共通しているが，選挙の性格は決定的に異なっている。

近代民主主義においては，制限選挙の下で，名望家など一部の政治的エリー

トを中心として統治がなされていた。たとえば，選挙権は特権的な地位にある成人男子に限られ，政党は主に保守主義の政党や自由主義の政党であり，幹部政党ないしエリート政党と呼ばれるような特徴をもっていた。それに対して，19～20世紀にかけて普通選挙制が普及し，大衆の政治参加が実現した状況が現代民主主義の出発点である。新たに社会主義政党や共産主義政党などが誕生したが，これらの政党は大衆政党と呼ばれる性格をもつものであった（→第8章）。現代民主主義の理論は，選挙の際に，複数の政党が互いに異なるイデオロギーや政策を提示して競合し，有権者は自らの選好に見合った政党を選択するため，選挙結果に民意が反映され，結果的に，議会へ選出される代表も民意にもとづいた勢力分布になると考え，議会の決定にも選挙結果（＝民意）が反映されるという前提に立つ。

とりわけ，シュンペーターに代表される「競合的エリート民主主義」（competitive elitist democracy）モデルは，その点を重視した議論を展開している。競合的エリート民主主義のモデルにおいては，少数のエリートからなる統治者と，多数の一般大衆からなる被治者との間に明確な区別が存在し，両者は「分業」関係にあるとされる。

シュンペーターは，1942年に『資本主義・社会主義・民主主義』（*Capitalism, Socialism, and Democracy*）を発表し，現代民主主義の最初の理論家として位置づけられている（曽根1984）。シュンペーターの民主主義理論の最大の特色は，現代民主主義を政治的決定に到達するための制度的装置として位置づけ，競争的指導者選出という主張をしたところにある。彼は，18世紀型の民主主義とは異なる民主主義として，「いま一つの民主主義理論」（another theory of democracy）を提起した。

彼によれば，「民主主義的方法とは，政治決定に到達するために，個々人が人民の投票を獲得するための競争的闘争を行なうことにより決定力を得るような制度的装置である（Shumpeter 1942 邦訳 503）」。

これまでの民主主義理論では，民主主義の第一義的な目的が人びとに政治的問題の決定権を帰属させることにあり，第二義的な目的が人びとの代表を選出することであった。それに対して，「いま一つの民主主義理論」は，二つの目的を逆転させたところに新しさがある。政治的決定に到達する制度的装置に

おいて，まず，有権者は自らの代表を選出し，選出された代表には政治的問題に関する決定権を帰属させる。ここで重要なのは，シュンペーターの民主主義理論が「競合的エリート民主主義」モデルと表現されることから明らかなように，代表選出の過程に大衆を参加させることで，民主主義を実現しようという発想であり，何よりも民主主義におけるリーダーシップを重視している点である。

競合的民主主義理論の系譜

　シュンペーターのように，「競争的指導者選出の過程」として民主主義を捉える立場に対する批判があるとしても，競合的エリート民主主義は，他の多くの民主主義の理論家たちによって支持されてきた。たとえば，サルトーリ(Giovanni Sartori) も民主主義におけるリーダーシップに注目した一人である。

　サルトーリは，政治が究極的には，「統治する者（統治者）」と「統治される者（被治者）」との関係であると考えていた。この二分法が有効であるとすれば，現代民主主義においては，選挙の際の指導者選出が重要となる。多数者である「統治される者」は，少数の「統治する者」によって，いかに統治されるのかが重要になる。統治される多数者は，民主的に統治されるのであり，現代民主主義は，「統治された民主主義」(governed democracy) と表現される (Sartori 1962)。

　サルトーリは，主権者たる多数者によって政治的決定がなされるのではなく，少数の統治者によって決定されたことに多数者が従うべきだという。彼の表現によれば，コンサートに集まった聴衆が名曲を奏でるわけではなく，読者が優れた文学作品を書くのでもないのと同様に，選挙における多数者によって良い政策がつくられるわけでもない (Sartori 1962: 77)。そのため，選挙に際して，有権者は，統治する者を選ぶだけであり，選挙で選ばれた少数のエリートが多数者を統治することになる。

　サルトーリによれば，現代民主主義は，「選挙によるポリアーキー」(elective polyarchy) と表現される (Sartori 1962: 124)。この定義は，現代民主主義が選挙を中心に位置づけており，選挙で選ばれた少数のエリートが主たる役割を果たすことを前提としている。その意味で，サルトーリの定義は，シュンペー

ターの定義にみられるエリート主義的な性格を色濃くしたものだという印象を与える。

さらに，リプセット（Seymour M. Lipset）は，彼自身が認めているように，シュンペーターによる民主主義理論を受けて，次のように民主主義を定義している。

「複合的社会におけるデモクラシーは，定期的に為政者を交替させる憲法できめられた機会をそなえている政治体制として，また，国民の最大可能な部分が，政治的公職をもとめて競合している人たちの中から選択することによって，主要な諸決定に影響をおよぼすことを許されている社会機構と定義されえよう（Lipset 1960 邦訳 50）」。

リプセットによる定義は，①(すべての人びとから妥当だと認められている) 正統な制度（たとえば，政党，自由な言論機関など）を明らかにする「政治図式」，ないし信条体系，②公職にある一組の政治指導者，③公職を得ようと努力している一組ないしそれ以上の承認された指導者たちが存在することを条件としている。彼は，このように民主主義を定義した後，安定した民主主義に関して，経済発展と正統性という点から考察を行っている。

彼はまた，民主主義の安定性が経済発展以外にも，その政治体制の有効性と正統性にも依存していると指摘している。「有効性とは，実績達成度，すなわち政治体制が，住民の大部分と，大企業ないし軍隊のような体制内部の強力な諸集団が期待している基本的な統治機構を充足する程度を意味している。正統性は，現行政治諸制度がその社会にとって最も適切なものであるという信念を生ぜしめ，また持続せしめるその体制の能力を含んでいる（Lipset 1960 邦訳 74）」。

リプセットの議論においては，シュンペーター以来の競合的指導者選出の過程こそ民主主義であるという立場が一貫して流れているが，それに加えて，民主主義における正統性の問題にも言及がなされている点に特徴がある。これまでの競合的エリート民主主義理論では，選挙による選出が統治者に正統性を付与すると考えられていた。そこで意識されている点は，民主主義における選挙の位置づけであり，統治者そのものに対して，主権者たる一般大衆の手によって正統性が付与されるという手続き的な側面にのみ注目していることである。

しかし，リプセットは，そこから視野を広げ，民主主義そのものがもつ正統性までを意識している。

ダールのポリアーキー (polyarchy) 論の枠組みは，競合的エリート民主主義を前提としている (Dahl 1971)。ダールのポリアーキー論においても選挙が重要な位置を占めており，エリートと大衆との分業を明確にしている。一方で，選挙に際して，大衆が投票によって要求を表明し，他方では，少数のエリートが選挙で選ばれるとともに，その結果によって政府が形成される。ポリアーキーは，そのメカニズムが作動している政治体制を示したものである。

ダールの議論からは，シュンペーターやサルトーリの議論で受けたようなエリート主義的な印象を受けることはない。その点は，ダールがエリートと大衆との分業を念頭に置きながらも，いずれか一方の役割を過度に強調することなく，ポリアーキーの図式化を行っているからである。図式化に際しては，「自由」と「平等」という民主主義の基本原理をそれぞれ別の次元に配している。「公的異議申し立て」は「自由」に対応し，「包括性」は「平等」に対応しており，両者が高い程度で実現されているときをポリアーキーとした。それにより，議論そのものが価値中立的な色彩を醸し出すことになった。

明示的か黙示的かを問わず，競合的エリート民主主義理論の系譜には，さらに，ダウンズ (Anthony Downs) や，ハンティントン (Samuel P. Huntington) などの議論も位置づけられる。いずれの議論も民主主義をシュンペーター流に捉えている。

ダウンズは，民主主義を八つの条件から規定している。そこから引き出される結論は，民主主義国家における選挙の主要目的が政府の選択であるということであり，選挙は競争的指導者選出の過程を支えるものとして扱われている (Downs 1957)。ハンティントンは，民主主義の統治能力に関する議論において，大衆の政治的能力の低さや，大衆の政治参加に対する不信感について述べている (Crozier, Huntington and Watanuki 1975)。その意味で，彼も競合的エリート民主主義の立場に位置しているといえる。さらに，20世紀最後の四半世紀にみられた世界的な規模での民主化を論じた『第三の波』(*The Third Wave*) において，ハンティントンは，民主主義とは何かという基準を説明する際に，シュンペーター流に民主主義を捉える立場を支持している。

参加民主主義

　競合的エリート民主主義に対しては，参加民主主義理論の立場のペイトマン (Carole Pateman) によって批判がなされている (Pateman 1970)。とりわけ，彼女は，シュンペーターの議論が過度にエリート主義的であると批判している。シュンペーターの議論においては，主権者たる大衆が実際に政治参加を行うのは，指導者選出のときだけである。そのため，民主主義とはいえ，選挙のときだけ大衆が主役（=主権者）ということになる。

　たとえ公正で民主的な代表が選出されたとしても，有権者に解放されている唯一の参加手段は，指導者選出のための投票と討議のときだけである。それだけでは，参加者が何ら特別の，あるいは中心的な役割をもたないと，ペイトマンは批判した。彼女は，政策決定者の選択へ多数者が参加することよりも，むしろ政策決定への多数者の参加を主張した。

　ペイトマンはまた，サルトーリが大衆の能力を過小評価している点にも言及している (Pateman 1970 邦訳 18-20)。彼女によれば，サルトーリの議論の根底には，政治過程への大衆の活発な参加がストレートに全体主義に帰着する可能性をもつのではないかという恐怖感が流れているという。そのため，大衆は，受動的に反応するだけにして，能動的に行動すべきではないというのである。シュンペーターやサルトーリらの議論を概観した後，ペイトマンは次のように述べている (Pateman 1970 邦訳 37)。

　「民主主義の現代理論の定式づくりをしてきた人びとはまた，参加をもっぱら一種の防御的な装置として見なしている。彼らの見解によれば，政治システムの『民主的』性格は主として国の『制度的仕組』の形態，とりわけ投票獲得をめざすリーダー（潜在的な代表者）の競争に依拠している。その結果，参加の役割についてこうした見解を持つ理論家は代議政治の理論家の先頭に立っている。このことはもちろん，民主主義理論の一つの重要な側面である」。

　「しかしながら問題のポイントは，最近の多くの研究が示唆しうるように，代議政治理論が民主主義理論のすべてではないということにある」と，彼女は続けている。ペイトマンは，競合的エリート民主主義理論に批判的な立場をとり，政治的有効感と職場参加といった論点を視野に入れて，参加民主主義理論の立場を明らかにしたのであった。

第6章 民主主義

非国家主義的民主主義

今日に至るまで，競合的エリート民主主義理論は命脈を保っている。それに対して，参加民主主義理論のように，競合的エリート民主主義理論に批判的な立場もある。また，討論民主主義ないし熟議民主主義のように，必ずしも選挙競合に重点を置くのではなく，大衆の討論や熟慮の過程に重点を置く議論も存在する。

各民主主義理論の決定的な違いは，選挙や議会といった民主主義の制度的枠組みや，民主主義の手続き的な側面を重視しているか否かという点にある。競合的エリート民主主義理論が議会制民主主義における選挙での代表選出と議会での決定作成という部分を重視しているのに対し，他方の民主主義理論は，選挙以外の政治参加を重視し，議会外での民主主義の実現を模索している。

競合的エリート民主主義理論が国家における公式的な統治機構に重きを置いているとすれば，他の民主主義理論は非公式的な部分を尊重する。たとえば，1960年代からみられた「新しい社会運動」は，既存の国家の統治機構や統治者を批判したものであった。近年，各地でみられるようになった住民投票や，住民投票の実施請求へ向けた動き，NPOやNGOの活動などは，単なる批判勢力というよりも，市民社会における市民の多様な活動の意義を主張し，民主主義における積極的な参加を目指したものである。このような動きを捉え，「非国家主義的民主主義」という表現によって，市民社会と民主主義との関連を説明している議論もある。

民主主義について考える際に，これまでの民主主義理論がたどってきた論争を理解することは重要であるが，論争に新たに参戦するのではなく，今の現実に見合ったかたちで既存の理論を昇華するべきである。確かに，競合的エリート民主主義か参加民主主義かという論争は，それらが登場した時代的な背景を考えると，一定程度の意味があるとしても，今なお論争を引き継ぐことは必ずしも建設的だとはいえない。

たとえば，民主主義の実現が議会の内か外かというように，論者ごとに重点の置き方が異なっている。国家の公式的な統治機構を重視する立場と，非国家主義的民主主義という立場との対置もある。また，国家と社会という区分によって立場の違いを示すこともある。しかし，ここで考えるべきは，二者択一的

に民主主義理論の立場を捉えることではない。国家から離れて民主主義が実現すると考えるのは，非現実的である。もちろん，国家や統治機構だけに焦点を向けていても，今や現実を的確に説明しにくくなっているのも明らかである。そう考えると，これから先に目を向ける必要があるのは，現実の民主主義を把握するのにより適した民主主義理論だということになる。

6.3 民主主義の二つのモデル

レイプハルトによる二つのモデル

レイプハルト（Arend Lijphart）は，多極共存型民主主義（consociational democracy）の理論で一躍有名になったが（Lijphart 1977），さらに，1984年には『デモクラシーズ』（*Democracies*）において，「多数代表型民主主義モデル」（majoritarian model of democracy）と「合意形成型民主主義モデル」（consensus model of democracy）という民主主義の二つのモデルを提示し，現実の民主主義がどのように機能しているのかという点に目を向けた（Lijphart 1984）。彼は，人びとの選好を公共政策へと変換する公式的および非公式的な制度に目を向けて，制度の違い，パターンや規則性を発見しようとした。当初は，21か国の事例を対象として取り扱っていたが，1999年には，同書を改訂して『民主主義のパターン』（*Patterns of Democracy*）を刊行し，対象となる事例を36か国にまで拡大して，モデルの有効性を検証した（Lijphart 1999）。

二つのモデルの違いは，それぞれが適しているとされる事例をみると明白である。多数代表型民主主義モデルは，ウェストミンスター（Westminster）型モデルとも表現されるが，この点は，イギリスの民主主義を念頭に置いてモデルが考案されたからである。レイプハルトは，多数代表型民主主義モデルを説明する際に，イギリスやニュージーランドの事例を挙げている。合意形成型民主主義モデルでは，ベルギーとスイスの事例が挙げられている。イギリスやニュージーランドのような国々と，ベルギーとスイスのような国々の大きな違いは，社会が同質的か否かという点である。前者は同質的な社会であり，後者は非同質的な社会である。レイプハルトによる多極共存型民主主義の理論は，後者のような非同質的社会での民主主義について論じていた。民主主義の二つ

のモデルは，その延長線上にあるといえるが，同質的社会には多数代表型民主主義，非同質的社会には合意形成型民主主義がそれぞれ適用可能であることが各々の特徴をみると明らかになる。

多数代表型モデルの本質的な特徴とは，多数者による支配という点である。人びとの意見の違いや，異なる選好が存在するとき，誰が統治し，誰の利益に対して政府が応答的であるべきかという問題が生じる。多数代表型民主主義は，「誰が」，「誰の」という問いに対する一つの回答を提示するものであり，その回答によれば，「誰」とは人びとのうちの多数者を示す。

それに対して，合意形成型民主主義モデルは，他の回答を用意しており，「誰」とは可能な限り多数の人びとを示す。合意形成型モデルは，統治への広範な参加と，政府が実行すべき政策に関する広範な同意を目的としており，さまざまな方法によって政治権力を共有したり，拡散したり，制限したりしようとするところに特徴がある。多数代表型民主主義が排他的，競争的，敵対的であるのに対し，合意形成型民主主義は，包括的，交渉的，妥協的なものである。

10の変数と二つの次元

二つのモデルは，それぞれの基本理念から導き出された10項目にわたる制度上の違いによって特徴づけられている。10項目は相互に関連しているが，二つの異なる次元に分けられる。第一の次元は，政府・政党次元であり，執行権，政党システム，選挙制度，利益媒介システムなどにかかわる五つの特徴を集めたものである。第二の次元は，連邦制次元と呼ばれ，連邦制と単一政府制・中央集権制との対比にかかわる五つの特徴を集めたものである。各次元を構成している10項目の特徴（10の変数とも呼ばれる）とは，以下の通りである。

〈政府・政党次元の五つの変数〔ウェストミンスターモデルの第一次元〕〉

1. 単独過半数による内閣への執行権の集中　対　広範な多党連立内閣による執行権の共有
2. 執政府長が圧倒的な権力をもつ執政府と立法府との関係　対　均衡した

執政府と立法府との関係
3. 二党制　対　多党制
4. 単純多数制　対　比例代表制
5. 集団間の自由な競争による多元主義的な利益媒介システム　対　妥協と協調を目指した「コーポラティズム」的な利益媒介システム

〈連邦制次元の五つの変数〔ウェストミンスターモデルの第二次元〕〉

1. 単一かつ中央集権的な政府　対　連邦制・地方分権的な政府
2. 一院制議会への立法権の集中　対　異なる選挙基盤から選出される二院制議会への立法権の分割
3. 相対多数による改正可能な軟性憲法　対　特別多数によってのみ改正可能な硬性憲法
4. 立法活動に関して立法府が最終権限をもつシステム　対　立法の合憲性に関して最高裁判所ないし憲法裁判所の違憲審査に最終権限があるシステム
5. 政府に依存した中央銀行　対　政府から独立した中央銀行

　レイプハルトによれば，現実の民主主義諸国のほとんどが合意形成型であり，多数代表型の事例は非常に限られているという（Lijphart 1999）。彼自身は，多数代表型民主主義よりも合意形成型民主主義の方が民主的であるという主張の持ち主であり，効果的な統治という点では，両者に違いがみられないとはいえ，民主主義の質に関する指標をみると，多くの点で合意形成型民主主義が優れているという結論が示されている。さらに，彼は，民主主義の二つのモデルをふまえつつ，新たに民主化した国々に対する政策提言も行っている。

　もともとレイプハルトは，多極共存型民主主義の理論がそうであったように，現実の民主主義国を分析することにより，新たな民主主義のモデルを構築しようとするスタイルをとる政治学者であり，さらに，自らのモデルを他国にも適用して検証しようとするスタイルをとってきた。この点は，彼自身の出身国オランダをはじめ，ベルギーやスイス，オーストリアの民主主義から経験的に導き出したモデル，すなわち，多極共存型民主主義をレバノンや北アイルラ

ンド，インドに適用して議論を行ってきたことからも明らかである。同様に，民主主義の二つのモデルも21か国から36か国へと対象を拡大して検証したり，新興の民主化諸国への政策提言を行ったりしたことなどから，彼が一貫して，民主主義の現実と理論との両者に目を向けた姿勢をとり続けていることが理解できる。

6.4 一国民主主義の限界

　従来，民主主義は，一つの国家で実現されると考えられてきた。一国内部でのみ民主主義が機能するのであれば，民主主義には，国家という領域的な制限が常に付随することになる。歴史上，民主主義の国家もあれば，そうでない国家も数多くみられた。あくまでも民主主義の実践の場が国家であって，国家でありさえすれば，いかなる国家も民主主義になるというのではない。

　世界中で，今もなお一国民主主義は続いている。先進国であれ途上国であれ，一つの国家で民主主義が実現している事例は数多く存在する。そのため，現代民主主義理論においては，これまでも，これからも一国民主主義を前提として議論がなされる可能性がある。しかし，国際化ないしグローバル化とも相俟って，政治が一国の枠組みに縛られずに動いているのも現実である。必ずしも民主主義が国家という枠にとらわれ続けているわけではないという現実と，新たなかたちを模索している民主主義に関する理論とが目の前には存在する。今や，国家という枠組みに則って現代の民主主義を考えること自体が限界に達しているというべきかもしれない。

　従来の民主主義理論のように，一国民主主義を論じ続ける立場が一方ではみられるとしても，他方においては，新しい民主主義理論が展開されているのを目撃することができる。一国民主主義を超える視点をもつものとして，たとえば，eデモクラシー論は，インターネットが普及した社会における民主主義の問題を取り扱っているし，グローバル・デモクラシー論は，グローバル化にともない，一国民主主義だけでなく，新たに地球的な規模での民主主義の可能性を模索する視点を提供しており，一国民主主義という発想に新たな地平をもたらした。

6.4 一国民主主義の限界

　現在は，民主主義と国家をめぐり，さまざまな現象が複雑に交錯しており，一つの視点や発想に縛られていては，現実を的確に捉えることができなくなっている。これまで以上に，一つの見方が支配的な地位を占め続けるのは困難な状況になっている。20世紀の終わり頃から21世紀にかけて，国家の揺らぎが指摘されたのは記憶に新しい。一国民主主義という発想が転機を迎えていることを考えると，国家と同様に，民主主義も揺らいでいるのである。

第 7 章 選 挙
Election

7.1 民主主義と選挙

多数者による支配の実現

　選挙は，民主主義の根幹をなす。選挙と民主主義とのかかわりは，第一に，多数者の意思にもとづく支配を実現するという点，第二に，正統性の付与と政治責任の追及という機能を果たすという点，第三に，民主主義における決定作成の基盤をなすという点から説明することができる。

　第一の点は，選挙が多数者の意思を反映し，民主主義も多数者による支配を実現することから，両者が多数者の意思を具現化するための一連の手続きであり，相互補完的な関係にあるということである。この点は，多数者の存在を前提とし，多数者にとっての利益を重視する。本来，民主主義は，古代ギリシアの都市国家でみられた民主主義に端を発する。

　民主主義という言葉の語源が多数者による支配を意味しており，選挙が人々の意思表明の機会であり，選挙の結果が多数者による支持を獲得した政党や候補者に当選をもたらす機会であることから，選挙における多数者が，民主主義における支配者となるのは必然的なことである。そのため，選挙と民主主義とのかかわりは，多数者の存在が前提となり，多数者の意思を具現化するための手続きという側面をもつのである。

正統性の付与と政治責任の追及

　しかし，それだけに注目していたのでは，選挙と民主主義とのかかわりにお

ける本質的な特徴を見逃してしまう。両者のかかわりにおいて何よりも重要なのは，選挙が民主主義における政治権力に正統性を付与する機能を果たしている点である。そのために，選挙と民主主義とがかかわりをもつ意味があるのだし，民主主義において，多数者による支配を正統性のあるものとして担保することができる。

さらにいえば，正統性があるからこそ，政治責任がともなうのである。選挙の度に政党や政治家の政治責任が追及され，選挙で勝利した政党や政治家が政治権力を手にすることができる。たとえば，選挙に勝利して，政権を獲得した政党が次の選挙では多数者からの支持を獲得できずに大敗し，結果的に政権を手放すような場合がある。選挙は，政治責任を追及する機能を果たし，これまで正統性をもっていた政権ではなく，別の新しい政党が獲得した政権に正統性を付与することになる。

選挙が正統性付与の機能を果たすのは，政権に対してだけではない。個々の政党はもちろん，個々の政治家に対しても正統性を付与するのが選挙である。選挙に勝利し，議席を獲得すること自体が正統性を与えられることであり，小選挙区制において当選した候補者が正統性を付与されるのと同様に，比例代表制における政党名簿に記載された候補者が当選することも正統性の付与という意味では変わりはない。

したがって，選挙は政党や政治家に対して正統性を付与し，彼らは正統性をもつからこそ政治責任を追及される。この点は，第三の論点につながる。すなわち，選挙と民主主義とのかかわりは，民主主義における決定作成の基盤をなすという点である。

民主主義における決定作成の基盤

選挙によって選ばれた政党や政治家が議会で行う決定もまた，正統性をもつものとして位置づけられる。議院内閣制においては，議会の多数派によって首相が選出され，そこでは首相の正統性も担保される。大統領制においても，選挙で選ばれた大統領は正統性を有しており，大統領自身に政治責任がともなうのは明らかである。

議院内閣制であれ大統領制であれ，選挙によって選ばれた政党や政治家が決

定作成を行うというメカニズムは，現代の民主主義理論が説明しているところである。すべてではないにせよ，現代民主主義理論の多くは，選挙が民主主義の根幹をなしており，選挙によって選出された政治的エリートが決定を行い，決定された内容には正統性があり，非エリートたる大衆は決定にしたがうというように，エリートと大衆との間に分業が存在することを指摘している。

このような見方は，民主主義が決定作成のための制度ないしメカニズムを提供するという理解に立っており，シュンペーター（Joseph A. Schumpeter）を代表的な論者としながら，現在に至るまで脈々と受け継がれている（Schumpeter 1942; 曽根 1984）。シュンペーターに代表される民主主義理論は，競合的エリート民主主義理論ないし民主主義の競合的モデルと呼ばれている。そこでみられるのは，選挙に際して大衆が行うのは，政治的問題に関する決定ではなく，自分たちの代表を誰にするかという決定に過ぎず，選挙で選ばれた代表が政治的問題に関する決定作成を行うという論理である。代表者たるエリートは統治者となり，代表を選出する役割を果たすに過ぎない大衆は被治者となる。そのため，エリートの役割を過度に重視している点や，民主主義における参加の重要性を軽視している点に対して，批判がなされてきたのも事実である。

さまざまな批判を受けたとしても，競合的エリート民主主義理論ないし民主主義の競合的モデルが選挙と民主主義とのかかわりを重視し，選挙を民主主義の根幹に位置づけようとしたのは明らかなことである。現代民主主義において，選挙は定期的に実施される大衆の意思表明の機会に過ぎないというのではなく，民主主義における決定作成の一部を構成しており，選挙結果もまた決定作成過程の一部ともいえる。

したがって，選挙について考えることは，民主主義を考えることになる。民主主義の前提には，一人一票一投票価値（one person, one vote, one value）があり，あらゆる有権者が投票というかたちで決定作成に参加する。各人の投じた一票は，すべて平等に取り扱われる必要があり，制度的な工夫も必要となる。それだからこそ，選挙について考える際には，選挙制度の問題を避けて通ることができないのである。

7.2 選挙制度の類型

多数代表制

選挙制度を大別すると，多数代表制，比例代表制，混合制の三つに分けることができる (Norris 1997)。まず，多数代表制に注目すると，多数代表制は，最も単純な制度であるとともに，最も古い制度であり，世界の多くの国で採用されてきた歴史をもっている。いわゆる「小選挙区制」と呼ばれる選挙制度は，この制度を示している。この制度では，投票総数のうちで最も多くの票を獲得した候補者が当選する。

多数代表制は，ある選挙区における多数派から支持を獲得した候補者や政党を代表として選出する仕組みであり，多数者の代表という意味合いをもつ。多数代表制は，さらに，相対多数代表制と絶対多数代表制とに分けられる。相対多数代表制は，複数の候補者のうちから相対的に最も多くの票を得た者が代表に選出される。絶対多数代表制は，投票総数の過半数を獲得した者が選ばれる。両者の違いは，得票率の違いを重視している点にあるが，多数派の代表のみが選出されるという点では共通している。

相対多数代表制は，第一位当選制としても知られており，たとえば，イギリス，カナダ，インド，アメリカ，多くの英連邦諸国で採用されている。相対多数代表制は，人工的に多数派が形成され，大政党に有利に働くとされる。この制度は，議会において，政権を獲得するのに十分な多数派を占めることができるように，大政党の議席割合を誇張する傾向がある。この点は，少数派にとって不利に作用することを意味しており，全国レベルでみると，得票率と議席率とが比例しておらず，両者の間に著しい差が生じるとされる。勝利した政党は，得票率以上の議席率を確保することができるが，敗北した政党にとっては，得票率よりも少ない議席率となる場合もある。

相対多数代表制では，一つの選挙区につき，議員定数が一となっている。次点以下の候補者の得票は有効な票とはならずに「死票」となる。小選挙区制は，「死票」が多いとされるのは，そのためである。いずれの選挙区も，ほぼ等しい数の有権者を抱えており，国勢調査の結果にしたがって，定期的に選挙

区割りが見直される。場合によっては，政権党が自党や候補者にとって有利な選挙区割りを恣意的に行う可能性があり，ゲリマンダーと呼ばれている。

多数代表制も小選挙区制も同じ意味であるが，小選挙区制という呼び名は，選挙区の面積や有権者の数が物理的に「小さい」ことを意味しているのではなく，一つの選挙区から選出される議員の数が少ないことを意味している。小選挙区制に対して，大選挙区制と呼ばれるものは，一つの選挙区における議員定数が複数名とされているものであり，かつて日本で採用されていた中選挙区制は，大選挙区制のバリエーションの一つである。日本の中選挙区制は，全国で130の選挙区に分けられていた。選挙区ごとの議員定数は異なり，定数は3〜5人とされていた。大選挙区制は，一つの選挙区あたりの議員定数が複数名であることから，理屈の上では，中選挙区制と同じである。しかし，選出される議員の数が少ないことから，日本では大選挙区制ではなく，中選挙区制という表現が使われてきた。

大選挙区制の場合は，投票の際に，投票用紙に一人の候補者のみを記名するのか，それとも複数名を記名するのか，また，複数名を記名する場合には，何名までを記名するのかなど，細分化している。大選挙区制においては，一名のみの記名であれば単記制と呼ばれ，複数名を記名するのであれば連記制と呼ばれる。連記制でも，定数と同じ数を連記する場合は，完全連記制と呼ばれ，定数以下の連記の場合は，制限連記制と呼ばれる。

多数代表制には，二回投票決選投票制 (Second Ballot Majority-runoff Systems) もある。二回投票制は，当選者が投票の過半数を獲得するような仕組みである。たとえば，フランスの大統領選挙において，二回投票「絶対多数決選投票」制が採用されている。一回目の投票では，投票の絶対多数 (51%以上) を獲得した候補者が選ばれるが，誰も絶対多数を獲得できなかった場合には，最多得票者と次点候補者との間で二回目の選挙が行われる。二回目の投票の結果では，相対多数の得票により，当選者が決まる。

さらに，オーストラリア下院とアイルランド大統領選挙では，選択投票制が採用されている。たとえば，オーストラリアの選択投票制においては，投票に際して，有権者が自分の好きな順番に候補者を並べることができる。候補者は，勝つために絶対多数の得票を必要とする。第一回目の選好が集計された

後，誰も 51% の票を得ていない場合には，最下位の候補者が除かれ，その候補者の得票が他の候補者に配分される。この制度では，絶対多数が確保されるまで同様の手続きが続けられる。

比例代表制

多数代表制が人工的な多数派を形成し，統治能力を重視するのに対して，比例代表制は，少数派の声に耳を傾け，少数派の代表を確保することに重点を置いている。比例代表制は基本的に，政党の得票に応じて，議席を比例配分する仕組みであり，得票率と議席率とが比例した関係になる。理論上，比例代表制は，多数派の代表も選出することができるが，同時に，少数派の代表を選出することができる点に大きな特徴がある。比例代表制では，単記移譲式と名簿式の二つの方法により，投票や議席配分が行われている。

まず，単記移譲式とは，投票用紙に記載された候補者名に対して，有権者が順位をつけて投票する方法である。名簿式では，選挙に際して，事前に各政党が独自につくった候補者名簿を提示し，選挙戦を戦い，有権者は，政党の提示した名簿に記載された候補者の順序を認めた上で，投票するか否かを判断する。有権者は，政党の用意した候補者名簿をすべて受け容れるならば，その政党に投票することになるし，候補者の順序や候補者の顔ぶれに納得が行かなければ，投票しなくなる可能性がある。非拘束名簿式の場合は，候補者名簿における候補者の順序がなく，有権者は，政党名，もしくは自分が支持する候補者名のいずれかを投票用紙に記載することができる。開票にあたっては，政党名と候補者名の両者を合わせて，その党が獲得した票として扱われる。候補者名簿が拘束されたものではないため，得票が多い候補者は当選しやすくなり，得票が少ない候補者は，その党の得票が少なければ，当選の可能性が低くなる。

比例代表制には，各党が獲得した票を議席へと換算するための方法がいくつかある。比例代表制は，各党の得票がいかに議席へと比例配分されるのかが重要であり，その点に関して，選挙制度のもつ技術的な特徴が特に示される部分である。名簿式では，まず，当選基数が重要になる。当選基数とは，各党の提示した名簿に記載されている候補者が当選するために必要かつ十分な一定票数のことをいうが，開票に際して，各党の当選基数に得票が達するたびに一議席

ずつ割り当てられる。具体的な議席配分の方法としては，最大剰余法として，ヘアー式，ドループ式，ハーゲンバッハ・ビショップ式などが挙げられる。

それ以外にも，最高平均法として，ドント式，サン・ラグ式，修正サン・ラグ式などがある。ドント式は，日本で採用されている。ドント式とは，ベルギーの法律学者であるドント（V. D'Hondt）が考案した方法であり，各党の得票数を 1, 2, 3……の整数で割り，商の大きい順に議席を配分する。ドント式は，大政党に有利になるとされるが，それに対して，小政党に有利になるとされるのが，サン・ラグ式である。

日本の選挙制度

現在の日本では，衆議院の選挙制度として，小選挙区比例代表並立制が採用されている。1994 年に，政治改革関連四法が成立したのにともない，それまで採用されていた中選挙区制に代わり，小選挙区比例代表並立制が衆議院の新たな選挙制度として採用された。実際に，新しい選挙制度によって選挙が行われたのは，1996 年 10 月 20 日の第 41 回衆議院議員総選挙のときであった。

衆議院議員の定数は，2017 年 10 月の総選挙より 465 名であるが，そのうち小選挙区で 289 名が選出され，比例代表で 176 名が選出されている。比例代表の部分では，全国を 11 のブロックに分けており，ブロックごとに各政党の獲得票数が集計され，ドント式で議席配分される。同制度が導入された当初は，定数 500 名（そのうち小選挙区が 300 名で，比例代表が 200 名）であった。しかし，2000 年 6 月の第 42 回総選挙の際に，比例代表部分の 20 議席が削減され，総定数が 480 名となり，その後，2014 年 12 月の第 47 回総選挙では，小選挙区部分の 5 議席が削減され，総定数 475 名となった。

有権者は，小選挙区と比例代表のそれぞれについて一票ずつもっており，小選挙区では候補者名を，比例代表では政党名を記名する。小選挙区比例代表並立制においては，重複立候補制度が認められており，候補者は，小選挙区にも比例代表にも立候補することができる。たとえば，ある候補者が小選挙区に立候補するとともに，ある政党の候補者名簿に記載されて比例代表にも立候補している場合に，小選挙区で落選したとしても，惜敗率が高ければ，比例代表で当選することが可能になる。惜敗率とは，小選挙区での当選者の得票を分母と

し，当該の落選者の得票を分子とし，それに100をかけたものである。

現在の日本では，衆議院と参議院のそれぞれの選挙制度において，比例代表制が採用されている。まず，1983年6月の第13回参議院議員通常選挙の際に，全国を一つのブロックとして，拘束名簿式比例代表制が導入され，1996年10月の第41回衆議院議員総選挙では，それまでの中選挙区制に代わる新しい選挙制度として導入された小選挙区比例代表並立制において，比例代表の200議席分に用いられた。日本の比例代表制は，衆参いずれにおいてもドント式で議席が配分されている。また，参議院では，2001年の第19回参議院議員通常選挙より拘束名簿式から非拘束名簿式比例代表制への改正が行われるとともに，比例代表部分の議員定数がそれまでの100議席から96議席へと削減された。

日本の選挙制度は，衆議院でも参議院でも「混合制」を採用している。混合制は，世界でもみられ，たとえば，ドイツをはじめ，ニュージーランド，ロシアなどで採用されている。ドイツの選挙制度は，「小選挙区比例代表併用制」として日本では知られている。投票に際して，有権者が小選挙区と比例代表とにそれぞれ一票ずつ投票する点は，日本の並立制と同じである。併用制では，超過議席が認められており，定数一の小選挙区と，政党による名簿式の比例代表とを結びつけているところに特徴がある。

選挙制度の影響力

選挙制度は，民主主義の働きにも影響を及ぼす。ノリス（Pippa Norris）は，どのような選挙制度を採用するのかによって，もたらされる影響が異なっており，民主主義にもかかわってくると考えている（Norris 1997）。ノリスは，選挙制度について考える際の論点として，選挙制度が満たすべき主要な基準に関するものと，強くて責任能力のある政府を形成することや少数派の声を代表することのうち，いずれが重要であるのかという点を明確にする必要性を指摘している。選挙制度は，中立的なものではない。

たとえば，多数代表制を支持する立場からみると，最も重要なのは政府の有効性である。議院内閣制において，第一位当選制は，連立ではなく単独政権という意味で「強く」て，しかも応答性のある政党政治を実現するのであり，古

典的な「ウェストミンスターモデル」をつくり出す。議会の多数派は，連立交渉の必要がなく，単独で公約を実行しようとする。選挙制度によって議会に人工的な多数派がつくられ，そのまま政府の形成にも結びつく。政府には応答性が求められるし，責任能力も求められる。そのため，多数代表制という選挙制度を採用することが政府の有効性をもたらすことになると，この制度の支持者は考える。

　それに対して，比例代表制の提唱者は，少数政党のための選挙結果の公正さや，社会的なマイノリティの代表を尊重しようとする。比例代表制では，得票率が高いにもかかわらず，議席率が低いということがなく，得票率と議席率との関係の比例性の程度が高い。そのため，より多くの有権者が投票する傾向がみられるという指摘もある。さらに，階級，人種，ジェンダーなどの点から少数者の代表を確保しようとするには，比例代表制が役立つとされる。最近では，ジェンダー・クオータ制が各国で導入されつつある。ジェンダー・クオータ制は，候補者数や議員数だけではなく，閣僚や政府委員などの政治的な公的地位の一定割合を女性が占めるように定めることである（三竹 2013）。実際に，多くの国の選挙で何らかのクオータ制が導入されている。この点は，社会的少数者の代表をいかに実現するのかという問題への選挙制度による工夫の一つである。

7.3　選挙制度とデュベルジェの法則

デュベルジェの法則

　1951年に，デュベルジェ（Maurice Duverger）は，政党に関する第二次世界大戦後初の体系的な書物である『政党』（*Les Partis Politiques*）を公刊した（Duverger 1951）。同書は，序論において「政党の起源」を，第一部において「政党の構造」を，第二部において「政党システム」を，結論において「現代民主主義における政党の役割」をそれぞれ取り扱っている。とりわけ，第二部では，選挙制度と政党システムとの関連について議論がなされている。

　デュベルジェは，議論を開始する際に，政党システムを定義づけようとしながらも，明確な定義づけを行ってはいない。「政党システムは，その国のさま

ざまの複雑な要因の産物である（Duverger 1951 邦訳 226）」としていることから明らかなように，世界各国の政党システムにみられる何らかの普遍的な特徴を見出そうとしているのではない。その意味で，彼の議論は，政党システムの普遍的な定義を明示しようとしているわけでもない。その点は，デュベルジェの議論の弱点である。

デュベルジェによれば，複雑な要因として，第一に挙げられているのは，「伝統と歴史，社会および経済構造，宗教上の信仰，人種的構成，民族的な対立」などである。具体的には，右翼政党と左翼政党の違いや，貴族に基礎を置いた保守党に対し，農民党やキリスト教政党の誕生，商業や工業に従事する階層を代表する政党の存在などが歴史的に目撃されたことから，第一の要因が取り扱われている。

次に彼が目を向けたのは，選挙制度である。デュベルジェによれば，選挙制度は，政党システムにおいて一要素を構成しており，「それゆえに，投票方法のいかんが，同じような意味において，その国のあらゆる政党構造を形作る（Duverger 1951 邦訳 227）」ことになる。「党員数や，政党の規模，政党間の同盟および議員選挙に対する選挙制度の効果は重要である」とされ，「逆に言えば」，政党システムは，「選挙制度の上に活き活きとした影響を及ぼすのである」。

デュベルジェによれば，政党システムと選挙制度の二つは，永久に結び合わされており，しばしば分析によっては分離できないところの二つの現実なのだという（Duverger 1951 邦訳 227）。そこで彼は，次のような点を指摘している。

1. 比例代表制は，多党制的で，強固で，自立的でかつ安定した政党システムを促進する。
2. 二回投票による多数決制は，多党制的で，柔軟性があり，非自立的でかつ比較的安定した政党システムを促進する。
3. 単純多数一回投票制は，主要な独立した政党間の権力の交替をもった二党制を助長することになる。

選挙制度と政党システムとの三つの組み合わせを単純化すると，1は，比例代表制が多党制を促進すること，2は，フランスでみられるような二回投票に

7.3 選挙制度とデュベルジェの法則

よる多数決制が多党制を促進すること，3は，単純多数一回投票制（すなわち，多数代表制ないし小選挙区制）が二党制を助長することを説明している。

デュベルジェは，単純多数一回投票制と二党制との関係を「もっとも精密な，一つの真実の社会学的法則への接近」や，「ほとんど完全な相互関係」といった言葉で表現している。彼自身が，政治を二元主義的なものであると捉えていることから彼が二党制への関心に重点を置いているといえるかもしれない。

それに対して，比例代表制と多党制との関係は，あまり力説されていない。デュベルジェは，「比例代表制と多党制とは常に一致するということは確実である（Duverger 1951 邦訳 269）」と述べている。彼によれば，比例代表制で二党制や一党独裁という国は，世界中を捜しても存在しないという。彼は，それほどまでに比例代表制と多党制との関係を決定的なものとして捉えているのである。

まず，デュベルジェは，比例代表制が二党制に向かう一定の傾向へ終止符を打つと指摘する（Duverger 1951 邦訳 272）。比例代表制は，同じ傾向の政党を合同させるようなことはせず，政党内部の分裂を阻止するようなこともないという。そのため，ある国の政党システムが多党制であり，選挙制度が比例代表制であるならば，多党制はそのまま存続すると考えられる。次いで，比例代表制は，その採用時に存在していた「諸政党の構造をほとんどそっくりそのまま維持」する（Duverger 1951 邦訳 275）。そうだとすれば，多党制の国で比例代表制が採用されると，そのときの状況がそのまま存続すると考えられる。

デュベルジェの議論をよくみると，比例代表制を導入すれば，それがただちに，あらゆる政党システムを多党制へと変えるといっているわけではない。比例代表制と政党システムとの関係について，デュベルジェはさほど大胆な指摘を行っているわけではない。実際のところは，むしろ慎重な指摘をしている。この点は，意外と見落とされがちな指摘であり，比例代表制が必然的に多党制をもたらすと，デュベルジェは論じていない。

比例代表制は，多党制の国で採用されている。比例代表制が二党制への傾向に終止符を打つという点からすれば，比例代表制による政党システムの政党数の削減効果はみられない。さらに，比例代表制が制度導入時の諸政党の構造を

そのまま維持するのだとすれば，比例代表制の導入による政党数の増加や，政党システムの多党制への変化をもたらすわけではない。

デュベルジェは，政党システムの一つの構成要素として選挙制度を位置づけており，政党システムの規定要因には選挙制度以外のものがあることを認めている。デュベルジェの議論が発表されてから大分時間が経ち，現在では，選挙制度が政党システムに影響を及ぼしたり，逆に，政党システムが選挙制度に影響を及ぼしたりすることも明らかになっている。選挙制度以外の要因が他に考えられるとしても，政党システムを規定する制度的な要因として，選挙制度が無視できないことは衆目の一致するところである。デュベルジェの『政党』において，選挙制度と政党システムとの関係が正面から取り扱われたことにより，一つの重要な論点が提起されたことは明らかである。その後，選挙制度と政党システムというテーマ自体がさまざまな研究で注目されているが，議論の前提には，ほとんどいつもといっていいほどに，デュベルジェの議論が存在している。

デュベルジェの法則への修正や批判

デュベルジェの法則は，選挙制度が政党システムを二党制もしくは多党制へと導く傾向があることを指摘しており，選挙制度が政党システムの「原因」となるという立場を示していた。デュベルジェは，いかなる選挙制度も政党システムに影響を及ぼすと考えていたが，実際には，必ずしもデュベルジェの法則を適用することができない事例もあり，その後，いろいろな点から法則の修正や批判がなされるようになった。

たとえば，ライカー（William H. Riker）は，小選挙区制と二党制との組み合わせを「法則」とし，比例代表制と多党制との組み合わせを「仮説」としている。まず，ライカーは，デュベルジェの法則には該当しない事例があることから修正が必要であると指摘している。カナダやインドでは，小選挙区制が採用されているにもかかわらず，二党制というよりは多党制である。カナダでは，特定の州や地域だけに候補者を立てて選挙運動を行うような地域政党が一定の勢力を保っている。全国レベルの選挙結果をみると，地域政党が第二党ないし第三党の地位を占めることがある。したがって，カナダでは，小選挙区制と二

党制という組み合わせはみられない。インドでは、国民会議派のように、一つの政党が長期にわたって政権に就いていたことから、一党優位政党制とされてきた。国民会議派が政権党であるのに対し、他にも複数の野党が存在した。インドもまた、小選挙区制を採用しているにもかかわらず、二党制ではない事例とされた。そのため、世界には、デュベルジェが考えたような、小選挙区制が二党制を助長するとはいえない事例がいくつもみられる。

　比例代表制と多党制との組み合わせは、オーストリアの事例をみると、デュベルジェの議論が仮説に過ぎなかったということが判明する。オーストリアでは、比例代表制が採用され、二大政党と一つの付属物のような政党がみられた。ときには、二党制とされることもある。この点からライカーは、オーストリアの事例にデュベルジェの法則を適用することはできず、デュベルジェの議論は法則というよりも、仮説であると述べている。

　それ以外にも、デュベルジェの法則に対しては、さまざまな議論がみられる。ヨーロッパ諸国において、比例代表制を採用している事例をみると、もともと多党制であった国が比例代表制を採用しているという事実を無視することはできない。ヨーロッパでは、宗教や言語、民族などによる社会的亀裂が存在し、多様な社会構造となっている。政党は、社会的亀裂に沿って形成されており、政党システムも多様な亀裂を反映し、多党制となる。多党制において示される多様な利益や価値は、比例代表制によって政治の場へと表出されるため、多党制の下では比例代表制が採用されたという経緯がある。比例代表制と政党システムとの関係をみると、選挙制度が政党システムを規定するというよりも、政党システムが選挙制度を規定しているといえる。

40年後のデュベルジェの法則

　デュベルジェは、1986年に「デュベルジェの法則——40年後の再考」という論考を発表した (Duverger 1986)。彼は、1951年の『政党』で示したデュベルジェの法則に対してなされた批判や修正を受け、休眠状態にあった「眠れる森の美女」が目を覚ましたと表現し、「確定的に提示したわけではなかった私の仮説を死守することではなく、仮説の解釈を訂正し、過去40年間の研究に基づき、仮説を述べ直すこと」を目的として、「仮説と矛盾する事柄や、仮説

を弱めたり，仮説を覆すような事柄に主眼を」置いて自らの理論を新たに考察した。

デュベルジェによれば，選挙制度と政党システムとの関係について，発表された時期ごとに彼の呼び方が変わっているという。1945年の論文は，「三つの社会学的法則」という表現であったが，1950年の論文では，「三つの公式」という表現になり，1951年の著書では，「本書で示唆した一般化の中で，最も社会学的法則に近い」という表現になり，1955年には，「三つの社会学的法則」という表現に戻った。デュベルジェ自身の表現は「法則」という表現で落ち着いたようであるが，彼に対する批判や修正などでは，「法則」と「仮説」とに分けて議論がなされる場合もあった。

デュベルジェは，多くの論者が（彼が）命題で用いた正確な用語を無視していると指摘し，彼の命題は，ある選挙制度がある政党システムをもたらす「傾向」があると述べているのであり，必ずしも特定の選挙制度が特定の政党システムをもたらすのではないと強調しているという。さらに，1945年には，特定の選挙制度が特定の政党システムを「導く」であろうと表現していたが，1950年以降は，「導く」とは書かず，「導く傾向がある」と表現し，文脈的にも，ある選挙制度がある政党システムをもたらす原因でしかないということを明確に強調してきたと述べている。

さらに，1955年には，「ある国の政党システムは，第一に，その国の伝統や社会的諸勢力を反映したものである。選挙制度の影響力は，これらの基本的要因によっても相殺される」とされた。1960年には，次のように付け加えられた。「選挙制度と政党システムとの関係は，自動的でも必然的でもない。ある選挙制度が，必ずしもある政党システムをもたらすわけではない。選挙制度は，単にある政党システムへと持続的に圧力をかけ続けるに過ぎない。選挙制度は，いくつかの作要因の一つであり，作用因の中には，反対方向へ作用する傾向のものもある」。

デュベルジェによる40年後の考察は，長年にわたって，彼の議論がいかに誤解されてきたのかを明らかにしようとしたものであることには違いがないが，重箱の隅をつつくような議論に終始しているといえなくもない。40年後につまびらかにするほどの意味をもっているかどうかという点を考えると，評

価が分かれるところである。20世紀半ばに示された彼の議論が今でも選挙制度と政党システムとの関係を考える際に，無視することができないのは明らかである。デュベルジェが提示した選挙制度と政党システムとの組み合わせは，選挙制度が政党システムに影響を及ぼすという点を示したところに価値があるのであり，原因としての選挙制度と，結果としての政党システムという因果関係を明確にした点に彼の功績を見出せるのである。

7.4 選挙制度と政党システム

結果としての選挙制度

　ボクダノア（Vernon Bogdanor）は，政治システムの安定性，政党の数，政党の性質，議員と有権者との関係，選挙運動の戦略，政治的リクルートメントなどに対して，選挙制度が影響力をもっていると指摘し，とりわけ，選挙制度と政党システムとの関係に注目している（Bogdanor 1983）。同じ選挙制度であったとしても，国ごとに選挙制度がもたらす影響力は異なっており，同じ国でも時期が違えば，影響力は異なるとされた。

　ボクダノアによれば，選挙制度が政党システムに影響を及ぼす根本的な要因であるという見方は，ヘルメンス（F. A. Hermens）やデュベルジェらによってなされていた。ヘルメンスは，比例代表制が常に不安定な政権をもたらし，政治的過激主義を導くと主張し，相対多数代表制だけが民主主義的価値を守ると考えた。デュベルジェもまた，相対多数代表制が二党制と政治的安定性をもたらし，比例代表制は小党分立を引き起こし，不安定な政権をつくるという立場であった。彼らの主張に対して，ボクダノアは批判的であり，民主的システムの複雑性と多様性とを十分に考慮していないとし，政党システムを二党制と多党制とに単純に二分化するのも適切ではないという。ヘルメンスもデュベルジェも自国の経験を不当に一般化していたのであり，ヘルメンスは，反ナチズムという関心があり，デュベルジェは，フランス政治の慢性的な不安定さに対する救済策を求めていた。このような見方に対して，選挙制度は結果であって，原因ではないという見方がすぐに提起された。選挙制度は，社会的および歴史的な所産としてもたらされた政党システムに起因するという見方である。政

党システムは，社会的亀裂や政党の数によって特徴づけられ，その特徴をふまえた結果として，そこで採用される選挙制度も決まってくるとされる。当初，政党システムと選挙制度とのこのような因果関係は，ノルウェーの政治学者ロッカン（Stein Rokkan）によって唱えられた（Rokkan 1970）。ロッカンによる選挙制度の理論は後に，ロッカンとリプセット（Seymour M. Lipset）による西欧諸国に関する政治発展論の一部を構成することになった（Lipset and Rokkan 1967）。

ヨーロッパ諸国では，比例代表制の導入が多党制の形成より前ではなく，多党制が形づくられた後のことであった（Bogdanor 1983 邦訳 224）。たとえば，ベルギーでは，カソリック政党と自由党に対する挑戦者として，社会主義的なベルギー労働者党が台頭したことにより，1894年までに三党制が現実のものとなっていた。ベルギーで比例代表制が導入されたのは，1899年のことであった。デンマークでも，1920年の比例代表制の導入よりも前に四党が競合していたし，ノルウェーでも，比例代表制導入以前に主要三党と中小政党との競合がみられた。したがって，ボクダノアによれば，選挙制度は，原因というよりも，結果であり，比例代表制が多党制をもたらすわけではないということになる（Bogdanor 1983 邦訳 226）。

この点に関連して，比例代表制の導入により，政党の数が増加するという見方についても，ボクダノアは批判的である。たとえば，比例代表制には，阻止条項のような敷居によって政党数の増加に対して一定の制限が加えられることがある。選挙に際しては，数多くの政党が競合していたとしても，実際の選挙結果で議席を獲得するのは，いくつかの政党のみという場合もある。ボクダノアは，いったん敷居によって排除された政党が後の選挙で敷居を乗り越えて議席を獲得するという事例はみられないとしながら，比例代表制による政党数の増加に関して，懐疑的な見解を示している。

政党システムが社会的亀裂を反映し，その結果として選挙制度が採用されるという，選挙制度の社会学的アプローチは，普通選挙制導入以来の西欧諸国でみられた政党と有権者との関係が安定していたことを説明しており，途中に第二次世界大戦をはさんでいるとはいえ，20世紀初頭の1920年代から戦後の1960年代までは，政治的安定性がみられたとされる。ボクダノアは，ロッ

表 7-1: 政党システムと選挙制度の組み合わせによる影響
出所　サルトーリ『比較政治学』49頁。

政党システム	選挙制度	
	強	弱
強 (構造化)	(I) 選挙制度の削除効果	(II) 政党システムの相殺-妨害効果
弱 (非構造化)	(III) 選挙区の抑制-削除効果	(IV) 影響なし

カンとリプセットの研究に注目しながら、この点を説明している。彼らによれば、主要な社会的亀裂は、普通選挙制の導入以前につくられており、選挙権の拡大と、新しい主要な政治的支持層の動員の結果により、主要政党からなる選択肢が固まり、凍結したことで政治的安定はもたらされたのである。

原因と結果

選挙制度と政党システムとの組み合わせは、原因として理解するべきか、それとも結果として理解するべきなのか。結論を先取りすれば、いずれか一方だとはいえないのが実際のところである。選挙制度が政党システムの原因なのか、それとも結果なのかという点については、サルトーリ (Giovanni Sartori) が次のような見方を示している (Sartori 1996)。彼は、強い選挙制度か、弱い選挙制度かで選挙制度を二分し、強い政党システムか、弱い政党システムかで政党システムを二分している。強い選挙制度として小選挙区制が挙げられ、弱い選挙制度として比例代表制が挙げられている。政党システムの強弱は、構造化されているか否かという点が基準となる。政党システムが二極化していたり多極化していたりする場合には、構造化されていることになり、構造化されていると「強い」とされ、構造化されていなければ「弱い」とされる。選挙制度と政党システムとの組み合わせとして、四つのパターンが挙げられる。

まず、組み合わせ(I)は、強い選挙制度と強い政党システムとの組み合わせであり、選挙制度による政党数の削除効果がみられる。小選挙区制において二党制がみられる事例がこれに該当する。(II)は、弱い選挙制度と強い政党システムとの組み合わせであり、選挙制度の影響に対して、政党システムによる相殺効

果ないし妨害効果がみられる。比例代表制における多党制や，オーストリアの事例のように，比例代表制における二党制のフォーマットをもたらす。(Ⅲ)は，強い選挙制度と弱い政党システムの組み合わせであり，ここでは，選挙区の抑制ないし削除効果がみられる。選挙制度が全国的に効果をもたらすことはないが，選挙区レベルでの候補者間の競合は促進されるという。(Ⅳ)は，弱い選挙制度と弱い政党システムとの組み合わせであるが，この組み合わせは影響がみられず，特にこれといった特徴をもたない。

　サルトーリによれば，組み合わせ(Ⅰ)において，小選挙区制が政党システムを制約し，結果的に，政党数を減らす効果を及ぼすという (Sartori 1996)。組み合わせ(Ⅱ)では，比例代表制が弱い選挙制度であるため，政党システムが選挙制度に影響を及ぼすという。これまでみてきたことから明らかなように，ヘルメンスやデュベルジェは，選挙制度が政党システムに影響を及ぼす「原因」であると考えたのに対し，ロッカンは，政党システムが選挙制度に影響を及ぼすと考え，選挙制度を「結果」として位置づけていた。しかし，サルトーリは，選挙制度と政党システムとの組み合わせについて，一方向的に「原因」か「結果」のいずれかであるとは結論づけられないと指摘した。この点は，ボクダノアを含め，これまでに主張されてきた見方をふまえ，議論の整理を行うことになったし，一方向的に単純な見方を採用するべきではないことを明らかにすることになった。

第8章 政　党
Political Party

8.1 政党とは何か

政党の定義

　かつて，政党は，「現代政治の生命線」と表現された (Neumann 1956)。政党は，現代政治の単なる付属物ではなく，現代政治の核心に位置しており，決定的かつ創造的な役割を果たしているものとして捉えられた (Schattschneider 1942)。政党の登場そのものは，数世紀前のことであるとはいえ，政治における主要なアクターとして政党が存在感を示し，重要な地位を占めてきたのは，20世紀になってからのことである。

　それでは，政党とは何か。政治学の他の概念と同様に，政党の定義もまた数多く存在している。政党研究において，政党をどのように捉えるのかという問題は，他の概念についてもみられるように，それだけで一つの大きな論争の的となってきた。しかし，何名かの代表的な政党研究者による政党の定義をみれば明らかなように，政党が現代政治における主要なアクターであることや，権力を追求している集団であることなど，いくつかの定義には共通点がみられる。

　たとえば，バーク (Edmund Burke) による政党の定義は，「政党とは，全員が同意しているある特定の原理に基づき，共同の努力によって国家的利益を推進するために集まった人びとの集合体である」というものである (Sartori 1976 邦訳 15)。

　シャットシュナイダー (E. E. Schattschneider) によれば，政党とは，まず第

一に，権力を獲得しようとする組織化された企図であるという（Schattschneider 1942 邦訳 41）。

エプスタイン（Leon D. Epstein）によれば，政党とは，所与のラベルの下で政府の公職保持者を当選させようとしているすべての集団のことである（Epstein 1967: 9）。

サルトーリ（Giovanni Sartori）は，「政党とは，選挙に際して提出される公式のラベルによって身元が確認され，選挙（自由選挙であれ，制限選挙であれ）を通じて候補者を公職に就けさせることができるすべての政治集団である（Sartori 1976 邦訳 111）」という定義を行っている。

ここに挙げた定義をみるだけでも，政党という政治集団がどのような特徴をもっているのかを把握することができる。これらの定義から理解できるのは，政党とは，一つの集団であること，集団には何らかの目的があること，それだからこそ一つの集団としてまとまることができるという点である。集団としてのまとまりには，イデオロギーや政党綱領，政策などについて，メンバー間の合意が必要になる。集団の目的とは，政治権力を獲得することである。そのためには，選挙で自分たちの政党に所属する候補者を一人でも多く当選させなければならず，政党にとっては，選挙が重要な活動の舞台となる。

政党は，選挙で多くの議席を獲得することができれば，政権を獲得できるし，自分たちのイデオロギーや綱領に沿って，政策などを実施できるようになる。政党が権力を手に入れようとするのは，ある理想的な社会を実現するためにとか，具体的な政策を実現するためにといったように，自分たちが何かを行うための手段として，権力を求めるともいえるが，権力を得ることにより，自らの存在が正統性を帯びることになるのだから，権力獲得そのものが目的にもなる。つまり，政党にとって，権力獲得は手段であるだけでなく，目的でもある。この点は，政党と他の政治集団との決定的な違いとなる。

政党と利益集団

現代政治における主要なアクターは，政党だけではない。他にも，国家をはじめ，内閣，首相，閣僚，官僚，議会，政治家，裁判所，地方自治体などの公式的なアクターはもちろんのこと，利益集団（圧力団体），NGO，NPO なども

政治的アクターに含まれる。さらに，国外に目を向けると，外国の政府や国際機関，各国の首脳（首相や大統領など）をはじめ，さまざまなレベルでアクターがみられる。

　ここでは，特に，利益集団に注目し，政党との違いを確認しておく。政党と利益集団とは似て非なるものである。ともすれば，両者には，いくつかの共通点がみられるため，相違点が不明確になりかねない。しかし，両者は決定的に異なっている。まず，共通点を挙げると，政党も利益集団も選挙で活動しており，特定の候補者を支持するために選挙運動に大きくかかわっている。政党だけが候補者を擁立するのではなく，特定の利益集団が自分たちの利益を代表するような候補者を立てたり，自分たちの代表が当選できるように支援したりして，票の動員を行うこともある。

　また，政党も利益集団もともに，政策の作成や実施において重要な役割を果たしている。政党が自らの政策を形成したり，実施しようとしたりすることは容易に理解できるが，利益集団は自分たちの利益になるような政策がつくられたり，実施されるように政策決定過程に圧力をかけるなどして影響力を行使する。ほとんどの政党は，特定の政策だけを主張するのではなく，社会のありとあらゆる場面にかかわるような政策を提示しようとするが，利益集団は，自分たちに直接的にかかわるような特定の分野の政策だけに関与する。

　両者の違いは，主に利益集団が自分たちの利益を表明するのに対して，政党は，社会における多様な利益を集約しようとする。機能という表現を使うと，利益集団が利益表出機能を果たし，政党は利益集約機能を果たすことになる。利益集団は，選挙での支援や政策過程に関与するなど，常に政治権力の周辺で行動しているが，政治権力そのものを手に入れようとしないところに特徴がある。利益集団は，政治権力を獲得するのではなく，政治権力に影響力を及ぼそうとするだけであるのに対し，政党は，政治権力の獲得を目的としており，常に政治権力の中心に位置している。

　さらに，その点からいえることは，両者の性格の違いである。利益集団は，あくまでも私的な領域で活動しており，一貫して，私的な動機にもとづいて私的な利益を追求している。しかし，政党は，たとえば，個々の政治家が私的動機によって立候補するなど，そもそもの出発点に私的動機が含まれていたと

しても，ひとたび選挙で当選し，正統性を付与された時点で，私的なアクターというよりも，むしろ公的なアクターという性格を帯びることになる。それだからこそ，政党と利益集団とは大きく異なり，より主要な政治的アクターとして，政党への注目度が高いといえる。

8.2 政党の機能

政党の機能低下

それほど重要な存在であったとしても，政党は具体的にどのような役割を果たしているのか，次に，政党の機能に注目する。従来，政党は，①大衆の教育，②投票への動員と構造化，③利益の集約と利益の表出，④政策形成，⑤政府の組織化，⑥リーダーシップの補充と候補者に対する選挙運動での支持という六つの機能を果たしてきた（Scott and Hrebenar 1984）。

まず，大衆の教育とは，政治的社会化の機能のことである。政治的社会化は，政党のもつ潜在的な機能の一つであり，かつては，政党が独占的に果たしていた機能である（Sorauf 1984）。具体的には，政党が大衆に対して，どのような政治を行うのかという情報を提供したり，大衆の政治的態度の形成を促進したりすることである。しかし，マスメディアの発達により，大衆教育を行うのは政党ではなく，主にマスメディアへと変わってきた。そのため，現在では，政党の主要な機能として大衆の教育を挙げることは必ずしも適切ではなくなってしまった。

次に，投票への動員と構造化とは，選挙における政党の機能を示したものである。選挙に際して，政党は，得票の最大化を目指して他の政党と競合している（Downs 1957）。そのために政党は，広範な支持を獲得しなければならないし，流動的な支持よりも安定した支持を確保する必要がある。そうすることで，投票への動員が一過性のものではなく，構造化され，支持基盤が安定する。しかし，現在では，無党派層が増加し，多くの有権者は，一貫して特定の政党を支持するのではなく，選挙ごとに政党支持を変えるようになっている。たとえば，最近の日本の世論調査の結果をみると，最も多いのが特定の政党を支持していないと回答する割合であり，その次に，既存の政党が順位づけられ

るようになっている。

　第三に挙げることができるのは，利益集約と利益表出の機能である（Almond and Powell 1966）。政党が利益集約を行い，利益集団が利益表出を行うというように，二種類の政治集団が異なる機能を果たしているという説明であるが，実際には，政党が二つの機能を果たしていることもある。いずれか一方が利益集約機能のみを果たしているとか利益表出機能のみを果たしているというわけではない。単純化すると，政党が主に果たしているのは利益集約機能であり，利益集団が主に果たしているのは利益表出機能であるという程度のことである。

　第四に，政策形成は，政党が独占的に担っている機能ではないが，政党とのかかわりという点では欠かせない機能の一つである。政党は，独自の立場から政策をつくり，選挙の際に，それを掲げ，政権に就いたら自分たちの政策を実施しようとする。しかし，政策は，政党だけがつくることができるのではない。政策は，多様なアクターが関与しながら，一連の政策過程を通じて形成され，決定され，実施される。したがって，政策形成の機能は，政党の機能の一つであるとはいえ，他のアクターも果たしている機能なのである。

　第五に，政府の組織化は，選挙で勝利を収めた政党が果たす機能である。選挙結果を受け，政権を手に入れた政党は，政府を形成する。単独政権が成立する場合もあれば，いくつかの政党が連立を組むことで連立政権が成立する場合もある。とりわけ，連立交渉において，政党が果たす役割は，政府の組織化でもある。

　最後に挙げられるのは，リーダーシップの補充と候補者に対する選挙運動での支持という機能である。政党は，選挙で候補者を擁立し，候補者の当選に向けて支援活動を行う。利益集団が同様の活動を行っているとしても，政党の比ではない。政党は，政治権力を獲得するために，一定数の候補者を自前で擁立し，当選のために支援する。政党が選挙活動を行うのと，利益集団が局所的に影響力を行使するのとは大きく異なる。政党が選挙運動を行うことは，政党の存立基盤にかかわることであり，政党が存続するためには欠かせない機能の一つである。

　政党の六つの機能のうち，今でも政党が果たしているのは，投票の動員と構

第8章 政党

造化，リーダーシップの補充と候補者に対する選挙運動での支持という機能ぐらいである。これらは，いずれも選挙で政党が果たす機能であり，それ以外の機能は，選挙以外の場面でもみられ，政党以外のアクターも果たしていたり，他のアクターが今では担っていたりする。今や，政党は従来の機能を独占的に果たすことができなくなったのであり，政党の機能が低下していることを物語っている。現在の政党は，選挙のときにだけ機能を果たしているという見方もできなくはない。そうだとすれば，政党は，選挙に際して，有権者の最終的な選択を数人の候補者に絞り込むという「ゲートキーパー」の機能を果たしているだけなのかもしれない (Scott and Hrebenar 1984)。

統治能力の低下

政党の機能低下は，さらに，統治能力の低下という点からも説明できる (Crozier, Huntington and Watanuki 1975)。政党の六つの機能は，政権政党であろうとなかろうと，ほとんどの政党が果たすとされてきた機能を問題としていた。しかし，政党の統治能力は，政権担当政党が果たす機能に限定される問題である。

統治能力の低下は，第二次世界大戦後の欧米諸国において，増大する国民の要求に政府が対処できず，信頼を失っていくことにより顕著になった。たとえば，1960～1970年代には，政府に対する国民の要求が増大し続け，各国の政府は過重負担に陥った。その結果，政府は国民の要求に応えられなくなり，政府に対する国民の信頼感は低下し，政府の権限や権威も低下した。しかし，ひとたび拡大した政府の活動はそのままであり，政府は肥大化したまま，統治能力を低下させていった。

このような状況によって，統治能力が低下したが，政党もまた統治の担い手であったのであり，政党が政府を形成していると考えると，統治能力の低下は，政府だけの問題ではなく，政党の統治能力の低下である。したがって，統治能力の低下という問題は，政党の機能低下とも関連づけられる。

従来，政党は，政府と有権者との間を結びつける「連結構造」の役割を果たしてきた (Eldersveld 1982)。しかし，有権者の党派心が衰退してきたことにより，政党が果たしてきた連結構造としての機能も低下し，これまで政党が占め

てきた地位の低下を示すことになった。有権者の党派心は，特定の政党に対して持続することなく，徐々に衰退してきた。政党と有権者との関係は，かつてのように，密接で一体化したものではなく，選挙ごとに支持政党が変わるのは当たり前であるかのように，緩やかな関係へと変化した。有権者の多くは，無党派層と呼ばれ，政党と有権者との関係が流動化するようになった。

　政党の地位低下は，有権者の投票行動によって明らかになった。統治能力の低下という現象に関連して，ハンティントン (Samuel P. Huntington) は，政党の地位低下に言及している (Crozier, Huntington and Watanuki 1975)。ハンティントンは，第一に，政党支持が急激に低下し，支持政党なしとする有権者の割合が著しく増加したこと，第二に，政党への投票が減少し，候補者個人への投票が一般的な現象となったこと，第三に，有権者のもつ党派心の一貫性が薄れ，ある選挙で支持した政党に執着することなく，次の選挙では他党に票を投じる傾向が増えてきたことなどから政党の地位低下について指摘している。

　政党の機能低下は，地位の低下にもつながり，現在に至っている (Wolinetz 1988)。政党にとって旗色の悪い状況が続き，政党が衰退しているのではないかという指摘がなされるようになった。1970年代以降，政党の衰退についての見方が次々と提起された。一方で，政党衰退論が声高に叫ばれたとしても，他方では，政党は今なお健在であるとか，政党が不可欠であるとかというような，政党繁栄論ともいえる見方もみられる。

　政党を取り巻く状況は時代とともに変化している。たとえば，19世紀の政党と20世紀の政党とでは性格が異なるし，役割も違っている。20世紀前半と後半とに分けても政党の性格や役割は異なっている。20世紀の後半に政党衰退論が登場し，それから数十年が経過しているとはいえ，政党は今でも存在している。政党が選挙で果たしている役割を無視することはできないし，政党が主要な政治的アクターであることは紛れもない事実である。かといって，政党が万能だという見方に与するのはあまりに偏っているし，非現実的である。今必要なのは，目の前にある政党をどのように捉えるのかという視点であり，時代の変化を考慮に入れた見方である。

8.3 政党組織

政党組織論のルーツ

　政党研究における一つの柱として，政党組織の研究を挙げることができる。政党組織論は，政党研究における最も古い分野の一つであり，古くは，オストロゴルスキー（Moisei Ostrogorski）やミヘルス（Robert Michels）の業績にまでたどりつく（Ostrogorski 1902; Michels 1959）。20世紀初頭の彼らの議論は，政党に対する否定的な見方が支配的であった当時の状況を反映しており，反政党時代の政党組織論といえるような内容であった。

　オストロゴルスキーは，英米2か国に目を向け，民主主義と政党とが相容れないものであると主張した。彼によれば，英米の政党には，①永続性，②黒幕による支配，③政党支持者には宗教的な信念と忠誠心が要求されること，④政府における真の権力の中心を発達させようとする傾向などの四つの共通した特徴があるとされた。

　まず，永続性について説明する。政党は，特定の争点を推進するためにつくられる一時的な組織ではなく，権力をつくり出したり，維持したりすることを目的とした組織であることから，永続性が重視される。

　次に，黒幕による支配とは，政党組織がメンバー全員の参加によって運営されるのではなく，少数の指導者からなる小さな集団によって支配される傾向があることと関連する。この点は，ミヘルスが後に「寡頭制の鉄則」と表現したことである。一つの集団とはいえ，実際の運営は一部のメンバーに限られており，組織が事実上は黒幕の支配によって動くことさえあると考えられたのである。

　第三に，政党の支持者には，教会と信者との関係のように，政党との非常に強い結びつきがみられる。とりわけ，政党支持者は，政党に対する忠誠心や党派心の強さが求められる。

　第四に，政府における真の権力の中心を発達させようとする傾向とは，政府の外側に政党によって権力の中心がつくられ，政党の指導者による支配が行われることを意味している。当時は，政府と政党との関係が今とは異なってお

8.3 政党組織

り，政党が政治にかかわることに対して否定的な見方がとられていたことが明らかである。

オストロゴルスキーは，政党がこのような特徴をもつため，英米の民主主義に対して悪影響を及ぼすと考えたのであった。彼が否定的であったのは，二党制において，有権者が一方の政党を悪い政党であると感じると，もう一方の政党を支持することにより，悪い政党を選挙で敗北に追い込もうとするという点であった。オストロゴルスキーは，政党の存在そのものを悪とみなしており，民主主義と政党とが相容れないため，特定の目的に限定した特別な組織が必要であると指摘した。特別な組織とは，永続性をもたず，メンバーを抑圧することもなく，さまざまな争点に対応して緩やかに組織されるような「単一争点政党」のことであった。20世紀初頭の時点で，既に単一争点政党が想起されていたという点は注目に値する。

その後，彼の指摘があったにもかかわらず，単一争点政党が正面から論じられることもなく，政党はますます組織化が進み，ミヘルスの政党組織論へとつながっていった (Michels 1959)。ミヘルスもまた，政党に対して否定的な立場であった。彼は，政党組織内部の「寡頭制の傾向」が民主主義の障害物であり，組織が不可避的に陥りやすく，完全に克服することのできない傾向であると考えたのであった。

表面上，政党の活動は民主的であるため，あらゆる政党組織が内在的にもっている寡頭制への傾向を覆い隠し，内に秘めることになる。ミヘルスは，寡頭制の傾向を解明するためには，民主的な政党のうちでも，とりわけ，社会革命的な労働者政党の内部構造に注目することが有意義であると考えた。保守政党の場合には，選挙期間を除き，寡頭制への傾向が組織原理となっており，あえて注目するまでもない。しかし，ミヘルスがドイツ社会民主党の内部組織に注目したところ，革命による現状打破を訴える政党においても寡頭制の傾向が観察されたのであった。革命政党は，成立の時点において，組織における寡頭制的な傾向を否定したものであったにもかかわらず，実際には，既存の保守政党の組織が示す傾向と同様の特徴がみられたことについて，観察する価値があるとされた。ある目的を達成しようとするような，あらゆる人間組織には，寡頭制への傾向が内在しており，革命政党の内部にも同じような傾向がみられるの

は当然のことであった。

　社会革命的で民主的な政党は，本来，寡頭制との戦いを本質的な目的としていたにもかかわらず，自らの組織内部に攻撃対象ともいうべき寡頭制の傾向を抱えるだけでなく，組織そのものが寡頭制の傾向を発達させた。ミヘルスは，ドイツ社会民主党の組織を分析することにより，寡頭制の鉄則を発見し，民主主義と政党とが結果的に矛盾した関係になるという見方を示したのである。

デュベルジェによる政党組織の類型

　オストロゴルスキーやミヘルスがある特定の政党に注目し，そこから導き出された知見を一般化へとつなげたのに対し，デュベルジェ（Maurice Duverger）は，政党組織の歴史的な発展形態をふまえて，政党組織を類型化した（Duverger 1951）。1951年当時，デュベルジェは，「ある特殊な構造をもった一つの団体」として政党を表現しており，政党の綱領や党員の階級による区別ではなく，組織の性質による区別を考えていた。

　デュベルジェによれば，オストロゴルスキーは，政党組織の分析方法を明らかにしようとした最初の人物であり，多くの賞賛を手にしたが，英米2か国の政党のみを取り扱い，しかも中産階級の政党に注目したに過ぎなかった。また，ミヘルスも社会主義政党の発達により，大衆組織の寡頭制的な傾向を記述したに過ぎないという。デュベルジェによる政党組織の類型がなされるまでは，両者の業績を除き，政党の組織構造の比較という視点からの研究はみられなかった。彼らの先駆的な業績があったからこそ，それに続くかたちで，デュベルジェによって政党組織の比較が可能となる類型化が行われたといえる。

　デュベルジェによる政党組織論は，ヨーロッパにおける議会制民主主義の登場と関連づけながら，政党組織の異なるタイプを示したところに特徴がある。政党組織をつくり上げている基本的な要素，つまり，政党の基底要素は，歴史的な登場順に，①地方幹部会（caucus），②支部組織（branch），③細胞組織（cell），④民兵組織（militia）という四つに分類される（Duverger 1951）。これらは四つの政党のタイプに対応している。政党のタイプには，①中産階級型，②社会主義政党型，③共産党型，④ファシスト政党型がある。

　まず，中産階級型の政党は，地方幹部会という基底要素にもとづく組織であ

り，19世紀型のタイプである。このようなタイプの政党は，幹部政党とも呼ばれるが，選挙のときだけ活動し，地方幹部会を構成する名望家の影響力によって権力の獲得に集中する。

次に，社会主義政党型は，20世紀になってから登場したタイプであり，大衆政党と呼ばれる。大衆政党は，幹部政党が議員のクラブのような色彩が強かったのに対して，できるだけ多くの大衆を組織し，多くの支持を獲得しようとする。そのため，基底要素は，支部の形態を採用し，選挙のときだけ活動するのではなく，常に政党活動を通して大衆の組織化を図っている。

大衆政党が登場した背景には，普通選挙制の導入がある。それ以前の選挙では，選挙権も被選挙権も，一定金額を納税しているとか，貴族や僧侶，公務員や教師など特定の職業に就いているとか，一定の条件を満たしているか否かで制限されていた。制限選挙においては，一部の少数者だけが有権者であり，幹部政党とか名望家政党と呼ばれるような，エリートの，エリートによる，エリートのための政党が活動していた。しかし，普通選挙権の拡大にともない，有権者の数が増大し，大衆政党は，独自のイデオロギーや綱領を示して有権者から支持を獲得し，選挙で勝利することを目的として活動するようになった。

その後も，大衆政党は得票最大化のために，政党間競合を繰り広げた。キルヒハイマー（Otto Kirchheimer）の包括政党（catch-all party）論は，大衆政党が選挙での勝利を何よりも優先的に考えて行動するようになったことからイデオロギー志向ではなくなり，特定の立場を代表するのではなく，広範囲にわたる支持層を確保するために包括化したという点を1960年代に論じたものである（Kirchheimer 1966）。大衆政党が登場した頃は，それぞれの政党のイデオロギーが明確に異なっており，イデオロギー対立を前提として政党間競合がみられた。しかし，第二次世界大戦後の高度経済成長期になると，「イデオロギーの終焉」とも表現されたように，イデオロギー対立が徐々に弱体化し，政党がイデオロギーを通じて有権者を引きつけ続けることは困難になった。

さて，話を戻すと，第三のタイプの共産党は細胞組織という基底要素に対応し，第四のファシスト政党は民兵組織に対応している（Duverger 1951）。共産党もファシスト政党も，より強固で集権的な機構であり，組織内では，水平的な結びつきよりも垂直的な命令系統を強調する。歴史的にみると，共産党は

1920年代に登場し，ファシスト政党は1930年代に台頭した。

　四つのタイプを概観すると，歴史的に新しくなるほど，厳格な官僚機構的な構造となっていることがわかる。共産党とファシスト政党の活動は，必ずしも議会に比重を置いたものではなく，議会で議席を獲得することよりも，直接的な行動により政治を動かそうとするところに活動の中心が置かれていた。そのため，議会制民主主義においては，幹部政党と大衆政党との二つのタイプに注目することが必要となる。

　その後，幹部政党と大衆政党という二分法は，政党組織のさまざまなモデルに影響を及ぼした。たとえば，ライト（William E. Wright）による「合理的―効率的モデル」と「政党デモクラシーモデル」との対置，ノイマン（Sigmund Neumann）による「個人代表の政党」と「社会統合の政党」との対置，さらに，パネビアンコ（Angelo Panebianco）による「大衆官僚政党」と「選挙専門政党」との対置など，政党組織の二類型は，デュベルジェが提示した幹部政党と大衆政党という二つのタイプに原型をみることができる（Wright 1970; Neumann 1956; Panebianco 1988）。

国家と社会

　幹部政党は，登場の背景から明らかなように，社会の中から発生したのであり，社会の側に位置していた。幹部政党の登場から大衆政党の登場へと時代が移っていくときには，社会と国家との間には重複部分がみられた（図8-1を参照）。政党は，社会側に位置しながらも，重複部分と接しており，社会と国家との両側に接点をもつ存在であった。そもそも政党の起源は私的な結社であり，政党の性質が私的なものであると理解されるのは，そのためである。

　大衆政党の台頭期には，社会と国家とは接点をもたず，政党が両側を橋渡しするものとして位置づけられた。一方に社会が存在し，もう一方に国家が存在し，両者を結びつける役割を政党が果たした（図8-2）。当時，政党は「現代政治の生命線」とされ，主要な連結構造であるとされたのであった。

　大衆政党が競合を繰り広げている時期に，新たに選挙市場に参入したのは，包括政党であった。従来，政党は左右のイデオロギー軸上に位置して競合していたが，伝統的な立場に留まり続けるのではなく，得票最大化のために大衆政

8.3 政党組織

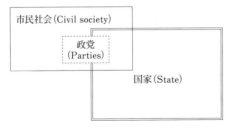

図 8-1: 幹部政党ないしコーカス政党
出所 Katz and Mair, 'Changing Models of Party Organization and Party Democracy,' p. 10.

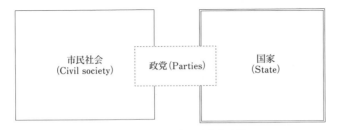

図 8-2: 国家と市民社会とを結びつける役割を果たす大衆政党
出所 Katz and Mair, 'Changing Models of Party Organization and Party Democracy,' p. 11.

党は包括政党へと変貌を遂げていった。包括政党にも独自のメンバーが所属していたとはいえ、もはや厳格にメンバーシップが定められているのではなく、そのときそのときに、政党の提示する政策を支持する有権者が政党のメンバーであるというように、政党と有権者との関係は緩やかな結びつきとなった。党派心は衰退し、一貫して特定の政党を支持するのではなく、ある政党の特定の政策に同意するからそのときは支持するようになった。政党もまた、自らを包括化することにより、より広範な利益を政策に反映し、選挙で戦うようになった。そのため、政党の選挙戦略は政党活動において重要になった。

包括政党の台頭期には、マスコミュニケーションの手段に大きな変化が生じた。特に、ラジオやテレビの発達は、政治的な情報を提供するソースとして広く用いられるようになり、政党の選挙活動を大きく変えた。政党は、従来型の草の根的な選挙運動に頼るだけではなく、マスメディアを通じて直接的に有権

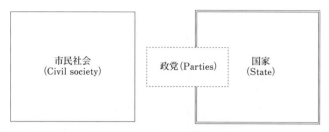

図 8-3: 国家と市民社会との仲介役としての役割を果たす政党
出所　Katz and Mair, 'Changing Models of Party Organization and Party Democracy,' p. 13.

者に支持を求めることができるようになった。政党が相手にしたのは，不特定多数の有権者であり，それまでのように，特定の立場を代表していたのでは，さらに多くの支持を獲得することはできず，政党そのものが生き残れなくなった。

　政党は，それまで果たしてきた役割を変え，仲介役（ブローカー）の役割を果たすようになった（Katz and Mair 1995）。政党は，国家に働きかけたり，国家に浸透したりする社会側の機関ではなく，社会と国家との間に位置する仲介役になった。一方で，政党は，社会側から国家側への要求を集約したり代表したりするが，他方では，国家の一機関として，政策を形成し実施する一翼を担うようになった（図 8-3）。

　政党が国家の側へと自らの位置を移していく過程において，政党は大きな危機に直面することになった。それは，政党に対する有権者の党派心の低下と，政党の機能の低下という二つの点で明らかになった。その結果，政党の衰退や終焉をめぐり，さまざまな議論が提出された。1970～80 年代以降，しばしば，もはや政党が政治的アクターとしては無能であるかのような議論がみられるようになった。

カルテル政党モデル

　カッツ（Richard S. Katz）とメア（Peter Mair）は，現実的に考えると，政党の衰退や終焉という可能性を指摘するのは誤りであり，政党は，リソースの点でも，スタッフの点でも，政党財政の収支の点でも，以前にもまして充実し

てきたと指摘している（Katz and Mair 1995: 5-7）。政党を取り巻く状況は，衰退や終焉ではなく，政党の変化（change）と適応（adaptation）として理解できるというのである。1995年に新しく創刊された政党研究の専門誌『政党政治』(*Party Politics*) において，カッツとメアは，新しい政党組織のモデルとして，カルテル政党（cartel party）モデルを提起した。カルテル政党モデルでは，包括政党の登場後にみられたように，社会と国家との間において，政党の位置がこれまでよりも国家側に移行し，政党は国家の一部になったと考えられている（Katz and Mair 1995: 8）。

カルテル政党は，国家への政党の浸透によって特徴づけられるとともに，政党間の共謀によっても特徴づけられる（Katz and Mair 1995: 17）。表面上，政党同士は競争相手であるが，共謀と協力を行うことにより，新しいタイプの政党モデルが発達することになった。このような変化は，全体としての政党システムにも関係するとはいえ，カルテルを形成している政党の個々の組織形態にも大きな影響を及ぼす。

カルテル政党の出現を促進する条件がみられるのは，国家が政党に対する助成を行ったり，政党を支持したりするような場合であり，このような国では，国家と政党との関係が恩顧関係となり，政党への利益供与の機会が設けられ，政党に対する統制の程度も高まってくる。政党間の協力と協調の伝統をもつ政治文化が存在する場合には，容易にカルテル政党が出現する。たとえば，オーストリア，デンマーク，ドイツ，フィンランド，ノルウェー，スウェーデンなどでは，政党間協力の伝統があり，国家による政党助成という現在の状況とが結びついている（Katz and Mair 1995: 17）。それに対して，イギリスのような国では，対決の政治という伝統が政党に対する国家の支持を制限し，恩顧関係の助長を阻んでいる。

カッツとメアは，カルテル政党の特徴をいくつかの点から説明している。幹部政党，大衆政党，包括政党，カルテル政党などを分ける大きな基準は，議会制民主主義の発展における時期区分とともに，国家と社会との関係において，政党がどのように位置づけられるのかという点にかかわる（Katz and Mair 1995: 17-18）。社会と国家との間における政党の位置づけは，次のように変遷してきた。幹部政党は，社会側と国家側との境界が不明確な時期に登場した

が，政党は両側の重複部分に存在した。大衆政党が登場した時期は，社会側に政党が存在し，市民社会のさまざまなブロックを代表した。包括政党が登場した時期は，政党が国家側と社会側との中間に位置し，両者の仲介者としての役割を果たした。カルテル政党は，国家の一部となり，国家の機関として位置づけられるようになった。代表の様式という点からも変遷がみられ，幹部政党は受託者（Trustee）と，大衆政党は代理人（Delegate）と，包括政党は企業家（Entrepreneur）と表現され，カルテル政党は国家機関（Agent of State）と表現された。

カッツとメアは，政党が国家の一部となり，国家機関であると主張する理由の一つとして，政党に対する公的助成の存在を挙げている（Katz and Mair 1995: 8-9）。カルテル政党に至るまでのさまざまな政党組織は，いずれも社会側との接点をもっており，リソースの調達を社会側から行ってきた。しかし，カルテル政党は，国家側に位置しており，国家からリソースを調達しているところに大きな違いがみられる。幹部政党は，名望家個人による政党ともいえる性格をもち，限られたメンバーの私財や縁故関係からリソースを調達した。大衆政党は，党員から徴収する党費や，政党活動に対する党員の協力に依存していた。包括政党も大衆政党に続いて支持を拡大し，社会の広い範囲からリソースを獲得した。それに対して，カルテル政党は，社会側ではなく国家側に位置し，国家からの公的助成に頼っている。カルテル政党モデルは，この点に注目し，政党がもはや私的な存在ではなく，公的な存在であると考えるのである。

さらに，カッツとメアは，政党が使用するコミュニケーション手段という点からも，政党が国家機関であると説明している。今日の政党活動は，日常の政治活動にしても選挙運動にしても非常に多くの有権者に対して膨大な情報を提供するようになっており，情報発信に重点が置かれている。幹部政党が個人同士の人的ネットワークによるコミュニケーションで済んでいたのに対し，大衆政党は，政党メンバーから党費を集めて政党の機関誌やビラなどの印刷物を配布し，集会を通じてコミュニケーションをとってきた。包括政党が台頭した時期には，テレビやラジオなどのメディアが発達し，政党独自のコミュニケーション手段を利用しなくても，放送を通じて不特定多数の人々に対して訴えかけることが可能となった。

しかし，メディアを使った活動には，政党間の財政力の格差が大きな壁となる。コミュニケーション手段を利用する機会は，すべての政党に対して用意されているとはいえ，利用にともなうコストの負担は，財政力のある政党にとっては容易なことであるとしても，あらゆる政党にとって容易だというのではない。放送のようなメディアは，国家の規制やルールによる拘束を受けた手段であり，公的な性格を帯びたコミュニケーションの手段である以上，社会側に位置し，私的な結社である政党が完全に自由に利用できるとは限らない。カルテル政党は，国家の一機関という立場になったことで，国家の規制を受けつつも，容易にメディアを利用できる地位に就いたのである。

少なくとも，カルテル政党モデルは，政党組織論をめぐる現在の状況を論じつつ，20世紀後半からの政党衰退論とは一線を画す議論を提供することになった。もちろん，カルテル政党モデルに対する批判は，カッツとメアの議論が発表された直後から現在まで数多く出されている。たとえば，カルテル政党という概念に対して曖昧であるとか，理論的な精緻化がなされていないとか，他の概念との違いが不明確であるとか，批判の中には，さまざまな論点がみられる。それ以外にも，現実の事例に適用して，カルテル政党モデルの妥当性を検証しようとしたり，いくつかの国の経済政策との関連でカルテル政党モデルを検証しようと試みたりする研究もなされている。

今もなおカルテル政党モデルは，論争中のテーマであるが，興味深いことに，政党組織論において，カルテル政党論という一つの分野を形成してきているのも事実である。かつて，デュベルジェによる幹部政党と大衆政党という二つの類型がその後の政党組織論に影響を及ぼしたときのように，現在は，カッツとメアによるカルテル政党論が政党組織論の進行中のテーマであるといえる。

8.4 政党の将来

政党の衰退や終焉が叫ばれてから半世紀近くが経過したにもかかわらず，政党は今も存在している。一方で，政党は，生命力の強さを誇示しているともいえる。他方で，カルテル政党論をみると，政党は，社会側から国家側への立場を変え，カルテル政党化し，国家の一機関として足場を築き上げたからこそ生

き長らえることができたともいえる。

　政党を取り巻く現在の状況は，厳しいものがある。政治不信，政治家不信，選挙での低投票率，若者の政治離れ，政党支持の低下，党派心の衰退，無党派層の増大，選挙での有権者の流動化など，政党にとっては，旗色の悪いことばかりが挙げられる。政党は，20世紀後半からずっと危機に直面したまま過ごしてきたといえるのであろうか。それとも，折々に直面した危機を乗り越えたり，回避したりすることで，現在まで生き延びてきたといえるのであろうか。

　19～20世紀にかけての政党の歴史と，20世紀後半から現在までの政党の歴史とを結びつけて考えると，政党が常に平坦な道のりを歩んできたのではないことが明らかになる。19世紀の制限選挙において，初めて政党が選挙に登場した頃は，政党に対する否定的な立場がみられ，民主主義と政党とは相容れないとされていた。ともすれば，政党は悪者扱いされていたのであり，茨の道を歩み出すところから政党の歴史は始まったといえる。その後，政党が舞台の中心に位置し，主要な政治的アクターになったとしても，常に批判の的であったことに変わりはないし，過去数十年の選挙結果であれ，新聞記事などメディアの情報であれ，政党が褒められることなど，ほとんど皆無に等しい。

　政党が常に批判の的にされながらも，現在まで生き延びられたのは，単に生命力が強かっただけではなく，漸進的に変化してきたからなのかもしれない。現時点で，政党の機能が何かを考えようとすると，政党が以前に果たしていた機能が何であったのか，現在はどのような機能を果たしているのかという点から判断し，政党の機能低下を指摘し，政党衰退論を展開するのが最も手早い方法である。政党組織についても同様に，大衆政党や包括政党の頃をモデル化し，そこから逸脱してしまった政党を問題視するのは容易な見方である。

　しかし，たえず現実政治が変化し続けている以上，政党もまた変化し続けることは当然である。過去のある時点に提起された分析の枠組みのまま現在の政党や政党を取り巻く環境を観察して，政党政治に対する悲観的な見方を繰り返しているだけでは，政党研究に発展は望めない。政党が今もなお存在し，中心でみられることも事実である。ただ，かつてのように，選挙での政党間競合のみが民主主義の行方を左右した時代とは異なっているのは確かであるし，選挙以外にも，国民投票や住民投票などのレファレンダムの普及，討論型世論調

査でみられるような熟議や討論による民主主義の模索，ICT（Information and Communications Technology）の発達によるeデモクラシーの可能性など，民主主義と政党を取り巻く環境は劇的に変化した。

　カルテル政党論をふまえると，今や政党は私的な結社ではなく，公的な存在となってしまったかのようである。これまでの立場を政党は捨ててしまったのであろうか。それとも，今もなお政党の変化と適応の過程が続いているのであろうか。政党はどこへ行くのであろうか。政党は，明示的にも黙示的にも，漸進的な変化を遂げつつあり，この先数十年後にはまた，新たなモデルによって捉えられるようになっているのかもしれない。

第9章 政党システム
Party System

9.1 政党システムとは何か

政党システムの定義

　政党とは何かをめぐっては，多くの議論が展開されてきた。政党という概念については，数多くの定義がみられるのに対し，政党システムについては，ほとんどみられない。政党システムという概念は，多くの場合に，政党に関連づけられてきたし，政党と政党システムとの区別が明確にされないまま，二つの言葉が用いられることも多かった。

　デュベルジェ（Maurice Duverger）も政党システムを明確に定義づけなかったが，「政党システムは，その国のさまざまの複雑な要因の産物である（Duverger 1951 邦訳 226）」という指摘を行っている。複雑な要因として，第一に挙げられたのは，歴史的にみられた対立を示しており，具体的には，右翼政党と左翼政党の違いや，貴族に基礎を置いた保守党に対して，農民党やキリスト教政党の誕生，商業や工業に従事する階層を代表する政党の存在などである。次に，彼が挙げた複雑な要因には，選挙制度が挙げられる。デュベルジェによれば，選挙制度は，政党システムにおいて一要素を構成しており，選挙制度と政党システムとのかかわりに言及したのであった。デュベルジェは，政党システムそのものを定義づけることはしなかったが，政党システムには，複雑な要因との関連で，多様な政党が存在することや，複数の政党による競合がみられることを示した。

　それに対して，サルトーリ（Giovanni Sartori）は，政党だけでなく，政党シ

ステムも定義した。彼は，政党が複数の部分であるときに限り，システムの形成や作動に役立つと考えた。政党システムを一つのシステムとして捉えると，個々の政党はシステムを構成する要素であり，構成要素間の相互作用がシステムを形づくり，動かすことになる。

サルトーリによれば，政党システムとは，政党間競合から生まれる「相互作用のシステム」である（Sartori 1976 邦訳 76）。この定義から明らかなのは，政党システムには少なくとも二つ以上の政党が存在しており，競合することが前提となる。政党間競合は，選挙だけでなく，議会や政府においてもみられるし，政党が主要な政治的アクターであることから，現代において，民主主義と政党システムとが密接なかかわりをもっていることは容易に想像できる。

政党国家

民主主義国家であるにもかかわらず，一党制であるという事例をみかけることはない。かつて，ノイマン（Sigmund Neumann）が「一党制はそれ自体において矛盾である」と指摘したことがある（Neumann 1956）。政党が一つしか存在しなければ，政党間競合はみられないし，相互作用のシステムがもたらされることはない。一党制では，一つの政党が政権を担当し続ける可能性があり，一党制は同時に政党国家となる。一つの政党が国家を支配し，国家全体にオーバーラップした存在となるため，一党制を政党システムとして捉えることは適切ではないということになる。

サルトーリも政党国家システムという表現によって一党制の事例を説明している。ノイマンもサルトーリも，ナチス党の事例を念頭に置いて政党国家について論じた（Sartori 1976）。本来，政党が「部分」をなすものであり，一つの政党だけでどのように相互作用のシステムをつくり出すことができるのかという問題につながる。単一政党が独裁的に支配を行う場合には，自党だけの存続を試みる。政党システムは，複数の構成要素からなる相互作用のシステムであり，一つの政党だけでシステムを形成することはできない。

この点は，政党システムの研究において，政党システムの類型化に関する議論に多くの注目が集まったことを理解するのに役立つ。政党システムのタイプを分けることにより，何が政党システムであり，何が政党システムと呼ぶには

適さないのかという判別基準を考えることになった。その結果として，政党システムという概念の定義づけが論争の的になるのではなく，政党システムのタイポロジーが一つのテーマになった。さらに，民主主義と政党システムとのかかわりは自明のこととなり，政党間競合が前提となり，複数政党の相互作用のシステムがどのように形成され，どのようなタイプとなり，どのように変化がみられるのかという点が政党システム論の主要なテーマとなったのである。

9.2 政党システムの形成

政党システムの凍結仮説

リプセット（Seymour M. Lipset）とロッカン（Stein Rokkan）は，社会的亀裂（social cleavage）に注目し，政党システムがどのように形成され，政党システムと有権者との関係がつくられるのかについて，歴史的な視点から論じた。社会的亀裂とは，ある社会において歴史的に形成されてきたような，さまざまな対立軸を反映したものである。たとえば，階級，宗教，地理的条件，ナショナリズム，民族，言語などがある。

リプセットとロッカンらは，共編著『政党システムと有権者の編成——クロスナショナルな展望』(*Party Systems and Voter Alignments: Cross-National Perspectives*) において，社会的亀裂と政党システムとの関係に注目している（Lipset and Rokkan 1967）。彼らによれば，政党は，歴史的に形成されてきた社会的亀裂を反映して誕生し，社会的亀裂に沿って投票行動を行う有権者の代表として活動する。政党システムは，社会的亀裂に沿った政党と有権者との編成を反映する。彼らは，ヨーロッパの政党システムが，どのような社会的亀裂によって，どのように規定されているかという点を論じている。そこで導き出されたのが，有名な「凍結仮説」(freezing hypothesis) である。

「凍結仮説」とは，「1960年代の政党システムは，わずかではあるが，重要な例外はあるものの，1920年代の亀裂構造を反映している（Lipset and Rokkan 1967: 50）」というものである。

第 9 章　政党システム

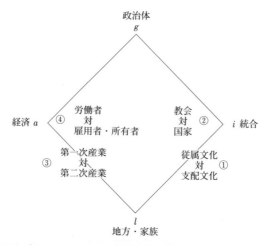

図 9-1: *agil* パラダイムにおける四つの決定的亀裂の位置づけ
　　出所　Lipset and Rokkan, *Party Systems and Voter Alignments*, p. 14.

二つの革命と四つの亀裂

　彼らは，パーソンズ（Talcott Parsons）の *agil* モデルを引用し，まず，ヨーロッパの近代化でもたらされた二つの革命に目を向けた。二つの革命とは，「国民革命」と「産業革命」であり，これらが四つの決定的亀裂をもたらした。*agil* モデルのうち縦軸に位置する g―l 軸は，領土的および文化的な次元を構成している。g が領土的な意味での中心と文化的な意味での中心を示し，l が領土的な意味での周辺と文化的な意味での周辺を示している。g―l 軸は，国民革命の後に重点が置かれるようになった。

　それに対して，a―i 軸は，産業革命以降に重点が移ったとされる。横軸に位置づけられる a―i 軸は，機能的な次元を構成している。a 側は経済的な機能を意味し，i 側は政治的な機能を意味している。

　国民革命は，「中心―周辺」の対立による亀裂と，「国家―教会」の対立による亀裂を生み出した。「中心―周辺」亀裂は，地理的および文化的な意味での中心と，地理的および文化的な意味での周辺との対立による亀裂である。「国家―教会」亀裂は，国家が中央集権化し，標準化し，国民の動員を行うように

なった際に，従来の支配勢力であった教会と，新たに統治権力をもつようになった新興の国家との間で生じた対立によるものである。

産業革命は，「土地―産業」による亀裂と，「所有者―労働者」による亀裂を生み出した。「土地―産業」亀裂は，第一次産業に属する土地所有者の利益と，第二次産業の新興企業家の利益との間の対立による亀裂である。「所有者―労働者」亀裂は，雇用者や生産手段の私的所有者と，被雇用者ないし労働者との間の対立であり，資本家と労働者との対立といいかえることもできる。歴史の流れにおいて，有権者は，さまざまな社会的亀裂の発生を経験し，それらに沿って行動してきた。政党もまた，社会的亀裂に沿って誕生し，有権者を取り込みつつ，有権者の代表としての役割を担ってきた。

敷 居

リプセットとロッカンによれば，政党システムと社会的亀裂は，社会における抗議の表明と利益代表に対する敷居（threshold）の高さの程度に関連している（Lipset and Rokkan 1967: 27-29）。ある亀裂をめぐり対立する状況になったとき，エリートや，ある集団が社会に対する抗議の表明を行い，利益の代表を行うのに成功すれば，敷居を越えることになり，政党と有権者が編成される。つまり，敷居を越えられない限り，社会的亀裂と政党システムとの関連は注目に値しないのである。その敷居としては，正統性（legitimacy），編入（incorporation），代表（representation），多数派の権力（majority power）の四つが挙げられる。

正統性の敷居とは，あらゆる抗議が陰謀によるものとして拒絶されるか，それとも嘆願，批判，抵抗の権利がある程度まで認められているかという点である。あるエリートや集団にとって，あらゆる抗議が拒絶されたり，さまざまな権利が認められていなかったりする場合は，正統性の敷居が高すぎるということであり，この敷居を越えること自体が大きな課題となる。

第二に，編入の敷居とは，運動の支持者が代表選出に関与できないのか，それとも体制派と同等の政治的権利が与えられているのかという点である。この敷居は，新しい亀裂によって生まれた新たな勢力が政治に参加できるか否かという点を意味している。

第9章 政党システム

　第三に、代表の敷居は、新しい運動勢力が代表機関への接近を確実なものとするために、より大規模な古い運動勢力と一緒にならなければならないのか、それとも新勢力自体で独自の代表を獲得できるのかという点である。新興勢力が代表を送り込む際に、敷居が高いか低いか、独自の代表を送り込むことができるか否かという点は、代表のあり方を考えるときには大きな問題となる。

　歴史的にみると、普通選挙制の導入は、それ以前よりも代表の敷居を低下させた。それにともない、一般大衆の政治参加が実現し、新しい政治勢力が政治の表舞台に登場した。大衆政党の登場により、政党システムで競合する政党の数や種類、政党の組織形態も多様化した。たとえば、労働党や社会党などは、資本家と労働者との対立がみられたとき、大衆政党として労働者の利益を代表する役割を担ったのである。

　第四に、多数派の権力の敷居とは、体制内部に多数決原理に反対する内在的な妨害や敵対勢力が存在するか、また、選挙に勝利した政党や同盟に対して、一国の構造改革を行うほどの権力を与えるのかという点に関連する。選挙により議会の多数派となった勢力が政権を獲得し、政策を決定し実施できるように保障されているか否かは、民主主義における政権の形成や政権の交替にとって重要な問題だからである。

　このような四つの敷居の存在こそが、社会的亀裂による政党と有権者との編成をもたらした。20世紀初頭の西欧諸国では、その時期に代表の敷居が低下したことで、四つの社会的亀裂に沿った政党と有権者との編成がみられるようになった。政党システムが亀裂構造を反映するという「凍結仮説」は、そこから導き出されたものである。1960年代の政党システムに反映されているという、「中心―周辺」、「国家―教会」、「土地―産業」、「所有者―労働者」の四つの社会的亀裂は、1920年代には一通り出揃っていた。そのため、「凍結仮説」においては、1960年代の政党システムが1920年代の亀裂構造を反映するという表現になっていた。

　リプセットとロッカンによる「凍結仮説」は、政党システムと社会的亀裂とのかかわりを論じているが、とりわけ、政党システムの形成要因として、社会的亀裂を明確に位置づけている。彼らの議論では、社会的亀裂という、いわば非制度的な要因を政党システムの規定要因として取り扱っていた。

9.3 政党システムのタイポロジー

政党システムの三類型

　デュベルジェにせよ，リプセットとロッカンにせよ，第二次世界大戦後から1980年代初頭までの政党システム研究は主に，政党システムの形成要因を取り扱ってきた。それらの議論は，制度的ないし非制度的な要因が政党システムの形成に何らかの影響を及ぼすことを明らかにした。

　それらに共通してみられるのは，ひとたび政党システムが形成されたら，それがそのまま固定化し，一定の形状のまま存続するという前提である。いいかえるなら，政党システムが変化するという視点は，ほとんどみられない。もちろん，政党システムの形状が普遍的なものと考えられていたとはいえないとしても，少なくとも議論の力点が置かれていたのは，政党システムの形成という側面であり，主に政党システムの形成要因に関する検討がなされていた。

　戦後の「民主化の波」が押し寄せた時期とも重なり，この時期の政党システム研究は，競合的な政党システムの形成が主たる研究テーマとして，多くの関心を集めていた。戦後の欧米諸国において民主主義が定着し，競合的な政党システムの形成も一段落した頃，政党システムのタイポロジーが盛んに論じられるようになった。

　政党システムのタイポロジーは，さまざまな要因によって形成された政党システムがどのようなものであるかという点を取り扱っており，世界に存在する多様な政党システムの鳥瞰図を提示したという意味で，政党システム研究の一つの到達点である。その代表的なものとして，1976年の『政党と政党システム』(*Parties and Party Systems*) において，サルトーリが提起した政党システムのタイポロジーを挙げることができる (Sartori 1976)。

　その際，彼は政党システムの七類型を示した。サルトーリは，1976年の著書で政党や政党システムに関する体系的な議論をまとめようと試みた。彼は，第一部において「政党論・なぜ政党なのか」を，第二部においては「政党システム」を取り扱っている。未完であるとはいえ，それに続く第三部以降の内容も構想が練られていた。

第9章 政党システム

　サルトーリの七類型が提起されるまで、政党システムのタイポロジーは、デュベルジェの議論のように、一党制、二党制、多党制という三類型が主流であった。サルトーリは、それまでのタイポロジーに関する議論が、政党の数が一つか、二つか、三つ以上というように、政党の数を基準に行われていた点を批判した。彼は、政党システムを一党制、二党制、多党制というように分ける方法が、全く不適切なものになってしまったと考えていたからである。

政党の数

　サルトーリは、政党間競合から生まれる相互作用のシステムとして、政党システムを捉えている。そのため、政党システムにおける政党の数にこだわるよりも、政党の勢力を考慮に入れる必要がある。それなりに意味のある勢力をもつ政党を考慮に入れて、意味がないほど弱体の政党は無視する。つまり、政党の有意性が問われることになる。党勢自体は、選挙での力を意味するため、選挙結果をもとに政党の有意性を判断することができる。また、有意性の基準を全議席数に対して5％に設定する方法もある。サルトーリは、一定の一貫したルールが必要であると指摘し、次のような計算ルールを示している（Sartori 1976 邦訳 213-214）。

- ルール1　長期にわたって不必要な小党（実現可能な過半数連合から必要と評価されておらず、加入を要請されることもない党）は有意性のない党として無視できる。逆に、どんなに党勢が小さくとも、どうしても計算に入れねばならない小党もある。たとえば、過半数与党を作り上げるさまざまな組み合わせのうち、少なくとも一つのパターンを決定する位置を長期にわたって、また、ある時点で、享受している場合には、その小党は、当然、計算の対象になる。

　　このルールには制約条件が一つある。なぜなら、このルールは政権担当地位を指向し、他の連合パートナーからイデオロギー的に認められている政党に限ってあてはまるからである。これでは、いくつかの比較的大きな万年野党（たとえば、反体制政党）を排除してしまうことになるかもしれない。それ故、特殊な状況の下では、〈有意性の基準〉によって私たちの

9.3 政党システムのタイポロジー

〈無意基準〉を補完していく必要がある。そこで，問題を次のように改めることができる。「連合形成の可能性を不問にすれば，どれくらいの規模，大きさを持つ政党が考察の対象になる政党であるのか」。たとえば，イタリアやフランスの共産党を考えてみよう。全投票数の四分の一，多い時には三分の一の票を獲得している。しかし，連合政権を形成する可能性はここ 25 年間について言えば事実上ゼロであった。だが，それだからといって，共産党を無視することはできないはずである。そこで，野党指向政党の威嚇力，より正確に言えば〈脅迫の可能性 blackmail potential〉を基礎にして，第二の（補助）計算ルールを公式化することができる。

- ルール 2　存在そのものによって政党間競合の戦術に影響を与えることのできる政党は考察・計算の対象となる。特に，政権指向政党が繰り広げる競合の〈方向 direction〉を変更するだけの力を持つ政党は，当然のことながら，考察・計算の対象になる。競合の方向を変更するためには，その党が求心的競合から遠心的競合に切り換える決定を下すだけでよい。左へ向けた変更の場合も，右に向けた変更の場合もあるし，左右双方に向けた変更でもよい。

要するに，(1) 連合形成の可能性も，(2) 威嚇・脅迫の可能性も，持たない政党は無視することができる。逆に，連合形成領域で統治権力の帰趨に関連してくる政党や，野党陣営の領域で真の政党間競合に関連してくる政党はすべて計算・考察の対象にしなければならない。

サルトーリは，政党の数を基準にするのではなく，有意味な政党の存在を対象とすることで，より現実への妥当性をもった政党システムのタイポロジーを示そうとした。サルトーリ自身は，政党の数が重要であるのかという問題を真の問題として捉えていたのではない。彼のタイポロジーでは，存在そのものに意味がある政党こそが検討の対象として取り扱われた。連合形成の可能性や，威嚇，脅迫の可能性をもたないような政党は，計算ルールから除外される。計算ルールを設けたとはいえ，政党の数だけでは不十分である。

サルトーリによる計算ルールは，政党の数を考えるときには有用な基準であり，二つのルールを公式化したことには意味がある。後に，ラークソー

(Markku Laakso) とターガペラ (Rein Taagepera) は,「有効政党数」(effective number of parties) の測定方法を提起し, どのように政党を数えることができるのかという点について客観的な基準を示した (Laakso and Taagepera 1979)。

政党システムの七類型

さらに追加された基準は,「イデオロギー距離」である。イデオロギー距離とは, 左右の連続体上における政党の位置に関連している。政党システムが求心的か, それとも遠心的か, あるいは分極的か, それとも穏健かという基準である。これらを把握するには, イデオロギー距離が役に立つ。それをふまえて, サルトーリは, 次のような政党システムの七類型を提起した (Sartori 1976 邦訳 218-219)。

1. 一党制 (one party)
2. ヘゲモニー政党制 (hegemonic party)
3. 一党優位政党制 (predominant party)
4. 二党制 (two party)
5. 限定的多党制 (limited party)
6. 極端な多党制 (extreme party)
7. 原子化政党制 (atomised)

このようなタイポロジーにおいて特徴的なのは, まず従来のタイポロジーでは, 一党制, 二党制, 多党制という分け方であったものが, さらに細分化された点である。とりわけ, 一党制のカテゴリーは, 一党制, ヘゲモニー政党制, 一党優位政党制という三つに分けられた。二党制は二党制のままとされた。多党制のカテゴリーは, 限定的多党制, 極端な多党制, 原子化政党制という三つに分けられた。

サルトーリの議論において, 従来の一党制や多党制のカテゴリーを細分化できたのは, 有意政党を判別するための計算ルールが導入されたからである。さらに, 多党制については, 政党間の左右のイデオロギー距離を考慮に入れることで, 政党システムの分裂度 (すなわち, 分節状況や, 分極化の状況など) の違いを反映して細分化される。その場合に, 多党制のうち限定的多党制は「穏健な

多党制」に，極端な多党制は「分極的多党制」に置き換えられる。

政党の数を基準にすると，政党数が3〜5の場合は限定的多党制とされ，政党数が5以上の場合は極端な多党制とされていたが，政党システムの分裂度を基準にすると，それらのタイプは異なる。分裂していても分極化していない場合は，イデオロギー的に穏健な多党制となる。分裂し分極化している場合は，イデオロギー的に分極的多党制になる。したがって，最初に示された七類型は修正され，以下のようになる。

1. 一党制
2. ヘゲモニー政党制
3. 一党優位政党制
4. 二党制
5. 穏健な多党制
6. 分極的多党制
7. 原子化政党制

七類型は，政党システムの競合性という点からも特徴づけられる。競合性の有無で区別すると，一党制とヘゲモニー政党制は，競合性のない「非競合的」な政党システムであり，一党優位政党制から原子化政党制までの五つは，「競合的」な政党システムとして位置づけられる。

政権交代については，一党制から一党優位政党制までは，政権交代の可能性が全く存在しないか，あるいは低いと考えられる。二党制から原子化政党制までは，政権交代の可能性が常に存在する。

政権形態という点も，単独政権か連立政権かで分けることができる。一党制から二党制までの四つは，基本的に単独政権であることが多い。それに対して，穏健な多党制から原子化政党制までの三つは，連立政権を形成する可能性が高い。もちろん，一党優位政党制でも連立政権となる場合があるとはいえ，サルトーリの七類型は，基本的に七つを単独政権と連立政権とに大別して捉えることができる。

それでは次に，個々の政党システムの特徴を概観する。

まず，一党制とは，文字通り，たった一つの政党だけが存在し，存在するこ

とを許されている政党システムのことである (Sartori 1976 邦訳 367)。さらに，法律上も事実上も，一つしか政党が存在しない政治システムの抑圧の程度によって，一党制は「全体主義一党制」，「権威主義一党制」，「プラグマティック一党制」という三つのサブタイプに分けられる。

　ヘゲモニー政党制とは，公式上も事実上も，権力をめぐる競合を許さない，覇権を握ったヘゲモニー政党が存在しており，それ以外には，敵対的ないし同等に競合できるような政党がみられず，セカンドクラスの政党のみが存在するような政党システムである (Sartori 1976 邦訳 383)。ヘゲモニー政党制のサブタイプには，「イデオロギー指向ヘゲモニー政党制」と「プラグマティズム指向ヘゲモニー政党制」がある。

　一党制とヘゲモニー政党制は非競合的なシステムとされる。それに対して，競合的システムの一番端に位置しているのは，一党優位政党制である。一党優位政党制とは，その主要政党が一貫して有権者の多数派（絶対多数議席）に支持されているような政党システムのことである (Sartori 1976 邦訳 328)。ここでいう「多数派」とは，議会における議席の多数派を意味している。有権者の多くが特定の政党を一貫して支持し続けることにより，その政党が長きにわたって議会の多数派を維持し続けることに成功すると，一党優位の状況がもたらされる。その結果として形成された政党システムこそが一党優位政党制である。

　次に挙げることができるのは，二党制である。二党制とは，二つの政党が絶対多数議席の獲得を目指して競合しており，二党のうちのいずれか一方が議会の過半数議席を獲得するのに実際に成功し，その結果，過半数議席をもつ政党が進んで単独政権を形成しようとすると同時に，政権交代の確かな可能性が存在するという条件を満たしているような政党システムである (Sartori 1976 邦訳 314)。二党制は，二つの政党のうち一方が議会における過半数勢力を確保し，単独で政権を担当するところに特徴がある。

　多党制のカテゴリーには，次に挙げる三つのタイプの政党システムが含まれる。

　穏健な多党制では，有意な政党が三党から五党は存在する。穏健な多党制は，その政党システムの存在する政治システムが分裂しても分極化していないことから，イデオロギー的には穏健な政党システムであるため，「穏健な」多

党制ということになる。政党間のイデオロギー距離は比較的に小さく，二極化した連立政権指向の政党配置となる。各政党は求心的な競合を行う（Sartori 1976 邦訳 299）。

次に，分極的多党制は，分裂し分極化した政治システムに存在する。そのため，以下のような特徴がみられる（Sartori 1976 邦訳 229-243）。第一に，有意な反体制政党が存在すること，第二に，右派と左派の双系野党の存在，第三に，中央に一つの政党ないし政党群が存在すること，すなわち，中間勢力が存在すること，第四に，これらの特徴から明らかなように，分極化していること，第五に，求心的な競合よりも遠心的な競合を示す傾向がみられること，第六に，イデオロギーのパターンがより根本的であること，第七に，無責任野党が存在すること，第八に，政治システムが「せり上がりの政治」あるいは「過剰公約の政治」に陥る傾向が強いことである。

最後に，原子化政党制は，これまで取り扱ってきた六つの政党システムとは異なり，経済における原子的競争のように，他に抜きん出た実績を上げている存在が一つもない状況のことを意味する（Sartori 1976 邦訳 219）。しかし，実際に，原子化政党制はほとんどみられない。たとえ存在したとしても，非常に不安定な政党システムである可能性がある。また，競合性という点から考えても，継続的で安定的な統治が実現するような状況とかけ離れている。そう考えると，原子化政党制は，競合的な政党システムの一つのタイプとして，理論的には存在しうるとしても，現実的には存在しにくい。

政党システムの七類型は，その後，他の研究者によって，さらなる精緻化が進められた。たとえば，多党制のさらなる精緻化がなされた。穏健な多党制が，連立政権を形成することなく政権交代を行うタイプ，連立政権が形成されるタイプ，いくつかの主要な中道政党が連立を組み政権に就くことや，少数派内閣の形成などがみられるタイプに分けられる。それ以外にも，現実の政党システムへの妥当性が問われ続けた。

サルトーリによる政党システムのタイポロジーは，政党システムにおける数やイデオロギー距離という点から多様な政党システムを類型化した。戦後の政党システム研究をふりかえると，デュベルジェに代表される政党システムの三類型からサルトーリによる七類型への精緻化は，現実政治に対して妥当性をも

ったタイポロジーの構築へとつながったという意味で評価できる。政党システム研究の蓄積という点から考えると，デュベルジェ，リプセットとロッカンらの業績は，政党システムがどのような要因によって影響を受け，形成されるのかという問題意識を内包していた。サルトーリの業績は，それらをふまえて，形成された後の政党システムにはどのようなものがあるのか，それらの相互の関係はどうなっているのか，さまざまな政党システムにおける政党の配置はどうなっているのかという点から，政党システムの形状に関する鳥瞰図を提示したいという点で，当時の政党システム研究の理論的な到達点を示すものとして捉えることができる。

9.4 政党システムの変容

政党システム変化の可能性

　サルトーリによる政党システムのタイポロジーの提起と，それをめぐる批判や修正は，1980年代まで一つの論点となった。その後，政党システム論は，それまでの政党システムの形成にかかわる議論から視点を移し，政党システムが変化するのか否か，変化しないならば，なぜなのか，変化するならば，どのように変化するのか，変化の指標や，変化の方向性，変化のパターンなどが論じられるようになった。

　発表時期が若干さかのぼるとはいえ，政党システムは変化していないという立場をとっていたのが，ローズ（Richard Rose）とアーウィン（Derek W. Urwin）らである。彼らは，「1945年以降の西欧における政党システムの持続と変容」と題する論文において，西欧諸国における選挙結果のデータを用いて，凍結仮説の有効性を検証した（Rose and Urwin 1970）。

　彼らの論文は，1945年以来，西欧諸国の政党システムで生じた変化や，変化が起こらなかった場合には，変化がないことについて調査することを目的としていた。調査では，1945年5月9日〜1969年12月31日までの約25年間が対象となった。この時期が対象となったのには，それなりの理由がある。25年という四半世紀の期間は，進化論的な変化が堆積されるのに十分な時間であるとともに，戦後の社会的な変化が1960年代後半までに実体のあるもの

となったからである。彼らは、理論的にも実際的にも25年間を時系列的にみることに意味を見出していた。

ここでいう「変化」とは、傾向、選挙での強さの変動、あるいは二つの組み合わせについて言及したものである。傾向とは、政党への投票が上昇したり、下降したり、三回ないしそれ以上の選挙で、選挙ごとに交代がなかったことを示す。選挙での強さの変動は、より複雑なものである。そこで彼らは、西欧19か国の政党システムにおける変化に注目した。その結果として引き出されたのは「凍結仮説」を支持する内容であった。彼らによれば、第二次世界大戦後の西欧諸国において、大部分の政党の選挙での強さは、選挙ごと、十年ごとでもほとんど変化していないとされた。

選挙ヴォラティリティ

特に1960年代以降、西欧の政党システムは過去の社会的亀裂による構造を反映し、一貫して安定した構造を保っているという見方が広く共有されていた。1970年代後半〜1980年代にかけて、政党システムの安定性や不変性を適切ではないとする指摘がみられるようになった。1980年代に入ると、政党システム変化は、当然視されるようになった。

1967年に、リプセットとロッカンが政党システムの凍結仮説を提示し、1970年には、ローズとアーウィンが凍結仮説を支持した。リプセットとロッカンの議論は、ヨーロッパの歴史から導き出されたものである。内容的には、社会的亀裂による政党と有権者との関係が編成され、凍結仮説に示されるように、普遍化ないし理論化を志向したものであった。ローズとアーウィンは、第二次世界大戦後のヨーロッパにおける選挙結果を用いて、凍結仮説の検証を行ったのであり、実証研究を志向していた。そのあたりから政党システム研究は、体系的かつ理論的な研究を志向するのではなく、実証的な研究を志向するようになってきた。1980年代以降の政党システム研究の多くが、主に政党システム変化を主題としているのも、全く無関係ではない。

現実の政党システム変化が先行し、政党システム研究は、現実の分析に追われてしまい、結果的に、政党システムに関する体系的かつ理論的な業績が出にくい状況になってしまったのかもしれない。たえず政党システムが変化してい

る状況では、体系的かつ理論的に、政党システムについて研究することなど、困難な作業になってしまったといえる。それだからこそ、戦後の早い時期は、理論志向の政党システム研究が比較的に多くみられたにもかかわらず、時間が経つと徐々に、実証研究が蓄積されるようになったのではないかと思われる。

1970〜80年代にかけて、欧米の先進民主主義諸国では、現実の政治が大きく変化した。政権交代はもちろんのこと、新しい政党の誕生、政策課題の大幅な変更、有権者の投票行動の変化、有権者の価値観や政治意識の変化、政治腐敗、政府に対する国民の信頼低下など、現在に至る政治的な変化は、この時期からつながっている。いいかえるなら、当時に起こった政治的な出来事が現在では日常的に目撃できるようになり、政治は常に変化をともなうものとして捉えられるようになったのである。

ペデルセン（Mogens N. Pedersen）もまた、ヨーロッパにおける現実政治の変化をふまえ、実証的に政党システム変化を説明した一人である。ペデルセンは、政党システム変化を説明する指標として、「選挙ヴォラティリティ」（electoral volatility）という概念を提起した（Pedersen 1983）。

ペデルセンによれば、政党システム変化は、議会と政府のレベル、政党組織のレベル、有権者のレベルという三つのレベルでなされる政党間の相互作用と競合のパターンにおけるすべての変化にかかわることを意味する。選挙ヴォラティリティに関する議論は特に、有権者のレベルに焦点を合わせる。

選挙ヴォラティリティとは、個々人の投票が変化して引き起こされる選挙の際の政党システムにおける正味の変化のことである。つまり、選挙の際に、個々の有権者が支持する政党を変えることによりもたらされる変化の中身を数値化したものである。そのため、選挙ヴォラティリティのことを、有権者の政党選好の変化を装飾的に表現しただけだという指摘もみられる。

選挙ヴォラティリティは、投票のレベルで「ネット・ヴォラティリティ」（net volatility）と「総体的ヴォラティリティ」（overall volatility）とに分けられる。まず、ネット・ヴォラティリティは、選挙区、地域、あるいは全国レベルの選挙で明らかになるものであり、各党の変化に言及している。測定に際しては、ペデルセンの考案した「ペデルセン指標」（Pedersen Index）が用いられる。

9.4 政党システムの変容

ペデルセン指標は，以下のように説明される。

まず，Pi, t は，得票率を示している。それは，政党 i が選挙 t で獲得した得票率のことである。そこで前回の選挙からの政党 i の勢力は，$\Delta Pi, t - Pi, t-1$ という式で示される。そして政党システムとの関係は，次のような式で示される。

$$\text{選挙 } t \text{ での全体の正味の変化 } (TNCt) = \sum_{i=1}^{n} |\Delta Pi, t|;$$

(Total Net Change)

$$0 \leqq NCt \leqq 200$$

n は，二回の選挙で競合している政党の総数を示している。勝利した政党が獲得する正味は，数字でみると，選挙で負けた政党が失った総数と等しくなる。

また，

$$\text{Volatility}(Vt) = \frac{1}{2} TNCt$$

$$0 \leqq Vt \leqq 100$$

Vt とは，勝利政党が獲得したものを単に累積したものである。いいかえれば，負けた政党が失った数の累積でもある。

総体的ヴォラティリティは，グロス・ヴォラティリティ (gross volatility) とも呼ばれる。全国での大規模なサンプル調査によって明らかになる個人の投票行動における変化の総量を説明する (Crewe and Denver 1985)。この場合には，パネル調査が理想的な測定方法とされる。

ペデルセンは，1948～77 年までに行われた選挙を対象に，西欧 13 か国の政党システムでみられたネット・ヴォラティリティを調査した。この期間は，1948～59 年，1960～69 年，1970～77 年に分けられ，各期間の選挙ヴォラティリティの平均値が計算されている。

まず，1948～59 年の選挙ヴォラティリティの平均は，7.8 であり，続く 1960～69 年は 7.3 である。これら二つの期間の数値はあまり変わりがない。これらの期間は，凍結仮説が提起された時期とも重なり，ローズとアーウィン

が凍結仮説の有効性を支持した時期とも重なる。その意味で，政党システムの安定性が確認できた時期だといえる。この時期の議論は，政党システムの安定性や不変性が主な論点であった。1970〜79年には，選挙ヴォラティリティの平均が9.2に上昇した。この点から，政党システムが不安定であることや，変化しているという指摘がなされるようになった。また，選挙ヴォラティリティが有権者の政党支持とも関連していることから，有権者の投票行動が変化もしくは流動化しているという見方が出されるようになった。

その後，選挙ヴォラティリティは，政党システム変化を捉えるための指標の一つとして用いられるようになり，現在に至っている（Lane and Ersson 1987; Pennings and Lane 1998）。選挙ヴォラティリティは，ある選挙と，その前の選挙との間に生じた政党間の勢力変化の総和を示している。角度を変えてみると，政党に対する有権者の支持の変化によってもたらされた結果を示している。

しかし，その数値だけみても，有権者の政党支持がどのように変化したかは明らかにならない。選挙ヴォラティリティの数値が高いときには，政党システムが変化したとしても，政党システムの何が変化したのか，どのように変化したのかについては，選挙ヴォラティリティによって理解することはできない。それは，あくまでも変化を示す指標の一つでしかないことに留意しなければならない。さらにいえば，政党システム変化の要因が何かを捉えることもできないのである。

政党システムの競合構造

メア（Peter Mair）は，政党システム変化をめぐる議論では比較的に慎重な立場をとりつつ，理論志向の研究を積み重ねてきた。彼の政党システムに関する体系的な業績としては，1997年に刊行された『政党システムの変容』（*Party System Change*）を挙げることができる（Mair 1997）。彼は，政党システム変化に関して，「競合の構造」（structures of competition）という概念を使いながら，新たな視角を提示している。彼は，政党間競合を政府の形成をめぐる競合として捉え，相互に関連した三つの要因を挙げている。

第一に，所与のすべての政党システムにおける政権交代の有力なパターンに

関する問題である。第二に，どの政党が政権党になり得るかという政権担当の選択肢に関する安定性や一貫性の問題である。第三に，誰が統治するかという単純な問題である。これら三つの問題は，競合の構造を考えるのに役立つ。

まず，政権交代のパターンは，第一に，完全な政権交代，第二に，部分的な政権交代，第三に，政権交代の完全な欠如という三つに大別される。完全な政権交代は，最もわかりやすい政権交代のパターンであり，現在の政権党が野党によって完全に取って代わられる場合のことである。代表的な事例として，イギリスの政権交代が挙げられる。第二次世界大戦後のイギリスでは二大政党による完全な政権交代が行われてきた。同様の事例として，ニュージーランドも挙げられる。

イギリスにせよ，ニュージーランドにせよ，二つの政党が競合し，いずれか一方が政権を獲得し，政権交代が起きている。二党制の場合には，いずれか一方の勢力が政権に就くという点で，完全な政権交代が実現している事例である。多党制の場合にも，野党連合により単独与党が政権の座から引きずり降ろされ，完全な政権交代が実現した事例がある。たとえば，ノルウェーやフランスでみられた事例である。第二に，部分的な政権交代は，現政権において，前政権を構成していた政党が少なくとも一つは含まれている場合のことである。たとえば，ドイツやイタリア，オランダにおける政権交代のパターンは，部分的な政権交代である。

第三に，政権交代の完全な欠如は，文字通り，政権交代がみられない場合である。このパターンは，サルトーリのいう「一党優位政党制」の特徴と重なりをもつ。同一の政党，あるいは同じ複数の政党が長期にわたって政権の座に留まっている場合には，完全な政権交代が起こらず，部分的な政権交代さえ起こらない。

たとえば，第二次世界大戦後のスイスでは，四つの同じ政党が長期間にわたり政権を担当していた時期がある。1955年以降の日本も，この事例として取り扱うことができる。インドの国民会議派も1977年に最初の敗北を喫するまでは，この事例に該当する。

次に，競合の構造に関する第二の要因は，政権を担当する政党についての選択肢の問題である。メアは，「代替政権の公式」（alternative governing formulae）

と表現している。政権担当政党が「ありふれた (familiar) もの」か、それとも「革新的な (innovative) もの」かによって、政党システムは異なる。

　たとえば、二党制においては、たえず一方の勢力が政権に就くと予想できる。政権交代は、二党の間で行われる。そのため、「ありふれた」公式によって政権が形成されているといえる。それに対して、「革新的」な公式とは、これまで政権に就いたことがない政党が政権に就くことであり、この場合は明らかに「革新的」だという。また、以前に政権担当の経験がある政党が政権に返り咲く場合や、政権を構成する勢力の組み合わせが新しい場合も、革新的な公式となる。

　次に挙げられるのは、誰が統治するかという問題である (Mair 1997: 210-211)。つまり、どの政党が政権を担当するかということである。メアによれば、競合している政党同士が政権へ接近できるか否かという点は、政党システムの特徴を分けることになる。政権への接近が広範囲に分散されているか、それとも狭い範囲に限定されているかによって、それは異なる。

　このような区分は、サルトーリによる「分極的多党制」とも関連している。分極的多党制では、統治をめぐる競合から排除され、左右のイデオロギー軸の両極に反体制政党が存在するため、政権形成は主に中道で行われる。政権形成のためのパートナーとして、特定の政党が受け入れられずに常に除外されているか否かが問題になる。実際に、アウトサイダーとして取り扱われている政党が存在するか否かが重要になる。ある政党システムにおいて、他の政党からパートナーとして考えられることなく、常に排除される政党が存在するか否かが、この点を考える際の基準である。

　これまで述べてきた三つの基準（政権交代の有力なパターン、政権担当政党の選択肢、政権政党）を組み合わせることにより、政党間競合について、二つの対照的なパターンが導き出される (Mair 1997: 211)。一つは、相対的に「閉鎖的」であり、高度に予測可能な競合の構造である。もう一つは、相対的に「開放的」であり、全く予測不可能な競合の構造である。

　メアによれば、閉鎖的競合構造の具体例として、イギリスや、1990年代半ばまでのニュージーランドの政党システムが挙げられる。それ以外にも、1955～93年までの日本、1948～89年までのアイルランドがある。イギリスやニ

ュージーランドの事例は，完全な政権交代が起こり，代替政権の公式がありふれたものであり，さらに，与党と，政権担当能力のある野党という二つの政党の存在が特徴的である。

それに対して，開放的競合構造については，オランダやデンマークの政党システムを具体例として挙げることができる。オランダの場合は，カトリック人民党やキリスト教民主アピールが長期にわたって政権内に留まっていたため，予測可能性が高まった。その点についていえば，オランダの政党システムは，部分的に閉鎖的競合構造であった。デンマークの場合は，進歩党と社会主義人民党が政権から永続的に排除されてきた結果として，予測可能性がやや高かった。そのため，デンマークも部分的に閉鎖的構造であった。閉鎖的競合構造は，伝統的な二党制の特徴をもつ（Mair 1997: 213）。開放的競合構造は，むしろ多党制の特徴をもっている。前者の閉鎖的競合構造において，完全な政権交代が起こるときには，政権担当政党も政策も，それまでとは全く異なる劇的な変化を経験する可能性がある。しかし，政権交代が欠如する可能性もあり，全く変化しない状態が続く場合もあり得る。かりに政権交代があったとしても，二党制であれば，これまでの野党が与党になり，旧政権を担当していた与党が野党になるだけである。それだからこそ，「ありふれた」統治の公式ということになる。政権交代により変化がもたらされたとはいえ，予測可能な範囲内のことである。

後者の開放的競合構造は，多党制でみられるが，部分的な政権交代が起こったとしても，いつ，どのような政党が連立を組むことになるかという点については予測しにくい。そのため，閉鎖的競合構造と比べると，開放的競合構造は，予測可能性が著しく低くなる。多党制であることから，さまざまな連立の組み合わせが予想され，統治の公式は「革新的」なものとなる。

オランダやデンマーク以外に，新興の民主化諸国における政党システムでも開放的競合構造がみられるという。新興民主化諸国の政党システムでは，民主主義の歴史そのものが比較的に浅いため，政党間競合がなされていたとしても，政党間の勢力分布は，まだ定着していない可能性がある。

メアが具体的な事例として挙げている国をみると，閉鎖的競合構造の場合は，ニュージーランドにせよ，日本にせよ，アイルランドにせよ，過去の事例

ばかりである。閉鎖的競合構造は二党制の特徴をもっているとされるが、世界の民主主義諸国における政党システムを一瞥すると、二党制の事例は驚くほど少ない。二党制の代表的な事例として挙げられるイギリスでさえも、今や必ずしも二党制とはいえない。そう考えると、メアによる閉鎖的競合構造と二党制との関係は、実際には、限られた事例のみに該当する。それに対して、開放的競合構造と多党制との関係は、世界の多くの国が多党制であることをふまえると、多くの事例が該当する。

　多党制の場合には、政党間競合において変化がみえやすい。たとえば、政党間競合において、既存政党の衰退や新政党の台頭が顕在化する。多党制では、連立政権が形成されることが多いため、連立のさまざまな組み合わせがある。さらに、新興民主化諸国が開放的競合構造の新たな事例を数多くもたらす可能性もある。このように考えてくると、政党システム変化は、選挙ヴォラティリティの数値の増減で示されるように、有権者の政党支持の変化という点だけではなく、政党間競合の構造という点からも捉えることができる。政党システムを構成する政党同士で繰り広げられる競合は、競合構造の違いによっても大きく影響を受けるからである。

　競合構造の違いに注目することでみえてくるのは、政党システム変化という問題である。政党側に焦点を絞ると、政権交代や政党システムの流動化という現象に示されるような、政党システム変化の背景には、政党間競合が影響を及ぼしていることが明らかになる。政党に注目することは、政党システムの構造と、そこで引き起こされた変化についても把握することができる。

　この点は、角度を変えると、政党と有権者との関係に注目することになる。有権者側に焦点を向けることにより、有権者と政党との関係がどのように変化したか、有権者の政党選択がどのように変化したかを明らかにできる。そうすることで、政党システム変化は、政党側と有権者側との二つの側から説明できる。メアによる政党システムの競合構造という視点は、政党システム変化という現象における本質的な部分、とりわけ、政党システムそのものに目を向けて、変化を捉えようとしているのである。

政党システム変化をめぐる視点

政党システム変化をめぐる視点は数多く存在する。これらに共通しているのは，必ずしも理論志向ではなく，欧米の現実から抽出されたものであるため，各国の実際の状況に規定される部分が少なくないという点である。たとえば，第二次世界大戦後の社会は，戦後の貧しい社会を出発点とし，徐々に復興を遂げ，豊かな社会へと移り変わっていった。大量消費や大量生産を経験し，豊かな社会となった後は，ポスト豊かな社会ともいうべき時代を迎えた。西欧諸国においては，それまでの物質主義的価値から脱物質主義的価値への価値観の変動がみられるという指摘がなされた。イングルハート（Ronald Inglehart）のいう「静かなる革命」（Silent Revolution）が起こったのである（Inglehart 1977）。

社会の変化にともなう，脱物質主義的価値観の登場は，有権者の政党支持や投票行動，新しい政党の登場などをもたらした。戦後生まれの有権者が成人し，政治に参加するようになると，有権者の間に価値観の違いが現れてくる。戦後生まれの有権者は，そもそも戦後の平和な時代に生まれたこと，高学歴化していること，職業がホワイトカラーであること，都市部に住んでいることなどの点で，それ以前の世代の有権者と異なる属性をもつ。そのため，政治に対する有権者の意識や態度に変化が生じる。

同時に，政党側にも変化が生じる。個々の政党の変化としては，環境保護政党のような単一争点政党が誕生したことや，既存の政党が新たに登場した政党によって地位を脅かされるようになったことが挙げられる。有権者の政党支持や投票行動の変化により，政党間の勢力変化が起こり，選挙ヴォラティリティの数値が上昇した。その結果として，政党システムが変化したという説明が可能になる。

また，スミス（Gordon Smith）は，このような過程を経て，政党システムが変化したことを説明している（Smith 1990）。スミスによれば，戦後の先進諸国では，政党システムが三段階にわたって変化を遂げてきた。その際に基準となるのは，政党間競合の方向性と，有権者の投票行動の安定性という二つである。時期は，1945～60年代までの第一段階と，1960～70年代までの第二段階，1970年代以降の第三段階に分けられるが，特に第三段階では，変化が顕著になったとされる。

それ以外にも，ドールトン (Russell J. Dalton)，フラナガン (Scott C. Flanagan)，ベック (Paul Allen Beck) らは，戦後の社会の変化と，政党システム変化とを関連づけている (Dalton, Flanagan and Beck 1984)。彼らは，政党システムと有権者の編成に注目し，「再編成」(realignment) や「脱編成」(dealignment) といった新しい概念を提起している。彼らによれば，従来からの政党システムと有権者の編成は，社会の変化や有権者の価値観の変化により，大きな影響を受けたのである。ある国では，既存の編成が崩れ，新たな編成がつくられた。他のある国では，編成自体が意味をなさなくなった。フラナガンは，政党支持の変化と政党の得票の変化とが，再編成をもたらすと指摘している (Dalton, Flanagan and Beck 1984: 95)。従来からみられる特定の政党と有権者との結びつきが変化し，これまでとは異なる政党と有権者との組み合わせがもたらされる場合は，再編成といえる。それに対して，脱編成は，政党と有権者との関係そのものが崩れてしまう場合を意味している。ベックによれば，脱編成とは，従来から編成されてきた政党支持の基盤が衰退している場合のことである (Dalton, Flanagan and Beck 1984: 233)。

もちろん，政党システム変化が再編成なのか，脱編成なのか，それとも変化自体がみられずに従来の編成のままなのかは，国ごとに異なっている。1980年代以降，各国の政党システムが変化を経験したことにより，さまざまな変化のパターンが示され，変化の段階があることも明らかになった。

政党システムの規定要因

政党システムの形成に影響を及ぼす要因としては，選挙制度，社会的亀裂，政党の数，イデオロギー距離などが挙げられる。これらのうち，選挙制度は，制度的な要因として位置づけられる。社会的亀裂は，非制度的な要因として位置づけられる。政党の数は，制度的および非制度的要因のいずれにも関係している。そのため，いずれか一方に区分けすることはできない。イデオロギー距離は，非制度的要因に含まれる。

そう考えると，政党システムの形成要因には，制度的要因と非制度的要因とがあり，いずれか一方のみで，政党システムが形成されるのではないといえる。二種類の形成要因がそれぞれの側面から政党システムの形成に影響を及ぼ

9.4 政党システムの変容

すことによって,政党システムの形状は規定される。

　政党システムの変化に影響を及ぼす（いいかえると,変化をもたらす）要因,つまり,変化の要因が何かという解明はあまりなされていない。政党システム変化の研究では,変化の尺度や,変化の測定,変化のパターンなどが主たる論点として取り扱われてきた。そこでの議論は,政党システムの変化がみられること,その変化をどのような尺度で把握したらよいかということ,変化の測定を行うにはどのような方法があるかということ,変化には多様なバリエーションがあり,それらをパターン化できることなどを取り扱っていた。もちろん,議論の中身はそれだけでなく,変化をもたらす要因が何であるかを示唆する内容が全くみられなかったわけではない。

　先進諸国において,政党システム変化が生じた際に,社会的な変化による影響に注目が集まった。社会的変化こそ,第二次世界大戦後の社会が徐々に豊かになっていくことと,そこでもたらされる変化の過程を意味している。社会的変化は,有権者の価値観の変化を引き起こし,さらに,政党システム変化と結びついたものとして捉えられている。リプセットとロッカンによる凍結仮説の有効性が問われはじめたのも,このような変化を受けてのことである（Bartolini and Mair 1990）。社会の変化により,既存の凍結状態が溶け,従来からの政党と有権者との関係が変化したとされたのである。この点は,凍結仮説が考えているような政党システムと有権者の編成が過去のものとなり,政党システムの再編成や脱編成が引き起こされたという議論につながる。

　社会の変化,有権者の価値観,さらに,社会的亀裂も変化にかかわる要因として挙げることができる。これらは,いずれも非制度的な要因である。スミスの議論において,三段階を区分する基準として用いられていたのは,政党間競合と有権者の投票行動という二つであった。その点をふまえると,変化は,政党間競合によって何らかの影響を受けるといえるし,有権者の投票行動によっても影響を受けるといえる。その意味で,これら二つの基準も政党システム変化の要因として捉えることができる。

　政党同士の競合が変化すると,そこで繰り広げられている相互作用には何らかの変化が生じ,結果的に,政党間競合の方向性なり,政党システムそのものの形状に変化が生じる。政党間競合は,政党システム内部の構造を形成してい

る。たとえば，穏健な多党制や分極的多党制をみれば明らかなように，政党間競合が政党システムの性格を大きく規定する。そのため，政党システム内部の構造にも目を向ける必要がある。政党の勢力は，有権者の政党支持を反映している。政党間競合は，有権者の政党支持や投票行動を反映しており，政党と有権者との関係が政党システムを規定しているのは明らかである。

　メアが提起した「競合の構造」という概念は，政党システム変化を考える際に役立つ。メアの議論は，政党間でなされる競合の構造がどのようなものであるかによって，政党システム変化に及ぼす影響が異なると考えており，政党システム変化の要因として，政党間競合を位置づけている。したがって，政党システム変化は，社会的亀裂，政党間競合，有権者の投票行動などが要因となっているといえる。これらの要因は，政党システムの形成要因とも関連している。

　政党システムの形成も変化も，時間の経過と無縁ではない。社会的亀裂が政党システムを規定するという議論は，長い歴史的な時間軸から説明可能である。政党間競合は，政党システムの形成要因で言及した政党数やイデオロギー距離と重なり合う内容である。有権者の投票行動は，選挙制度の影響を受ける。そう考えると，政党システム変化の要因が政党システムの形成要因とも重複しているように思われる。これらの要因は，制度的な要因と非制度的要因とに分けられるが，両者の相互作用により，政党システムの形成や変容が生じることを忘れてはならない。

第 10 章　大統領制と議院内閣制
Presidential System and Parliamentary System

10.1 大統領制と議院内閣制との対置

二つの統治形態

　大統領制と議院内閣制という二つの統治形態は，いずれも行政と立法との関係にかかわる制度である。統治形態は，大別すると三つに分けられ，大統領制と議院内閣制に加え，両者の混合型のような，半大統領制（Semi-Presidential System）も挙げることができる。半大統領制が注目されるようになったのは，20世紀後半以降のことであり，事例の数も限られているため，基本的に二つの統治形態について，かなり昔から多くの議論がなされてきた。

　古くは，1748年のモンテスキュー（Charles-Louis de Montesquieu）による『法の精神』（*De l'Esprit des Lois*）や，1787〜1788年の『ザ・フェデラリスト』（*The Federalist Papers*）でみられるように，18世紀ないし19世紀から政治学の中心的な研究対象として統治形態は注目を集めてきた。当時は，三権分立が主な論点であったが，三権の担い手をどのように規定し，三権の関係がどのようなものであるかという議論とのかかわりにおいて，統治形態が考慮に入れられた。たとえば，モンテスキューは，国民に政治的な自由がある国家を念頭に置いて，「イギリスの国制について」という章で三権について論じている。

　モンテスキューは，三権分立について，「各国家には三種の権力，つまり，立法権力（la puissance législative），万民法に属する事項の執行権力および公民法に属する事項の執行権力がある」とし，それぞれの権力の違いを説明している。「第一の権力によって，君公または役人は一時的もしくは永続的に法律を

定め，また，すでに作られている法律を修正もしくは廃止する。第二の権力によって，彼は講和または戦争をし，外交使節を派遣または接受し，安全を確立し，侵略を予防する。第三の権力によって，彼は犯罪を罰し，あるいは，諸個人間の紛争を裁く。この最後の権力を人は裁判権力（la puissance de juger）と呼び，他の執行権力を単に国家の執行権力（la puissance exécutrice）と呼ぶであろう」とした（Montesquieu 1748 邦訳 291）。

『ザ・フェデラリスト』においては，英米における三権分立の違いについてのマディソン（James Madison）による言及がみられる。たとえば，『ザ・フェデラリスト』の第47篇で彼は，「イギリス憲法を一瞥しただけでも，立法・行政・司法の各部門がけっして完全に，明確に，分離せしめられているのではないことを認めざるをえない（Madison 1788 邦訳 235-236）」としながら，「自由な政府の神聖なる公理である権力分立の原理を，憲法案は侵害しているとの非難に対し，この公理の創始者によって付与された真の意味からいっても，またこの公理が従来アメリカにおいて理解されてきた意味からいっても，その非難が当を得ていないことを，私としては明らかにしたいと望んできたのである（Madison 1788 邦訳 240）」と述べ，米国憲法の批准を進めるためにも，英米における制度の違いを念頭に置いた記述を行っていた。

政治制度論の変遷

その後も，大統領制と議院内閣制は，異なる統治形態として対置され続けてきた。20世紀前半の政治学において，二つの統治形態は，常に比較され，政治制度論の対象として注目されてきた。とりわけ，アメリカの大統領制とイギリスの議院内閣制との対置は，制度論における大きな関心事であり，大統領制といえばアメリカの事例が，議院内閣制といえばイギリスの事例が，それぞれのモデルとして議論の前提に置かれてきた（Riggs 1997）。

第二次世界大戦後の政治学は，行動科学革命とともに，大きな転機を経験したことにより，それまでの政治学が行っていたように，各国の大統領制や議院内閣制などの制度の記述に終始するのではなく，政治制度から政治過程へと焦点を変えていった。結果的に，従来の政治制度論は後景に退き，統治形態に対する関心は一気に低下したように思われた。

しかし，大統領制と議院内閣制は，最近では，執政（executive）制度として表現され，注目されている。大統領制における執政は大統領であり，議院内閣制における執政は首相である。執政は，選挙を通じて選ばれ，決定作成を行う政治的アクターであり，官僚のように，政治家による決定を執行するだけの役割を担うアクターとは明確に異なる。

執政制度論においては，かつてのように，大統領制と議院内閣制とを対置して比較するというよりも，執政に注目し，執政の選ばれ方や解任のされ方などから制度の違いを解明しようとする姿勢がみられる（建林・曽我・待鳥 2008）。この点は，従来，大統領制と議院内閣制とが対置され，一方の長所が他方の短所であり，一方の短所が他方の長所であるという議論とは一線を画すものである。

10.2　大統領制と議院内閣制の違い

執政の選出と解任

大統領制と議院内閣制との違いは，さまざまな点から指摘されている。ここでは，多くの議論に共通してみられる点について，簡単に説明する。

第一に，大統領制と議院内閣制において，執政がどのように選ばれるのかという点の違いが挙げられる。大統領制では，大統領が直接的に国民から選挙で選ばれるのに対し，議院内閣制では，首相は議会で選ばれるようになっており，議会の多数派から首相が選出される仕組みになっている。

大統領制では，大統領と議会のそれぞれが直接的に選挙で国民から投票によって選ばれる。大統領も議会も別々の選挙で国民からの委任（ないし信託）を受けており，それぞれが国民に対して責任を負う。議院内閣制では，国民は議会選挙で議員を選出し，選挙結果を受けて，議会が首相を選出する。国民は議会に対して（いいかえると，議員に対して）委任（ないし信託）するのであり，議会ないし議員は国民に対して責任を負う。議会は，首相と内閣に対して委任（ないし信託）し，首相と内閣は議会に対して責任を負う。議院内閣制では，国民と議会との関係と，議会と首相および内閣との関係との二つの段階がみられる。

第10章　大統領制と議院内閣制

　この違いは，執政がどのように解任されるのかという第二の点にも結びついている。大統領制では，いったん選出された大統領には定められた任期があり，任期が切れる前に議会によって解任されたり，国民によって罷免が請求されたりすることはない。基本的に，大統領は死去や辞任でもしない限り，任期満了まで大統領職のまま職務を遂行することができる。それに対して，議院内閣制では，議会が首相と内閣を解任できる。議会の多数派が内閣不信任決議をすることにより，自分たちがつくり出した首相や内閣をその地位から引きずり降ろすことができる。

　大統領制では，大統領の任期が固定されており，大統領一人が国民から正統性を付与されている。大統領には，あらゆる権力が集中しており，大統領一人が定められた期間内にすべてを決定し，実行できる。大統領は，自らが解任されるかもしれないという可能性に目を向ける必要はなく，自らの意思にしたがって強いリーダーシップを発揮し，効率的に意思を実現することができる。そのため，国民や議会が大統領の責任を追及することは容易ではない。

　この点は，民主化したとされる国々において，大統領制であるがゆえに，独裁的な大統領が誕生してしまう危険をともなっている。大統領制の特徴は，一歩間違うと，独裁者を生み出す可能性をもつのである。

　それに対して，議院内閣制では，議会の解散や内閣不信任決議の可能性が常にあり，頻繁に選挙が行われたり，首相や内閣が替わったりする可能性もある。首相には議会を解散する権利があり，議会には内閣不信任決議を行う権利があるときには，議会の意向を無視して，首相が強いリーダーシップを発揮したり，自らの意思を実現しようとするために議会における諸手続きを軽視して，効率的な決定作成を行おうとしたりすることは困難である。

　議院内閣制では，選挙を通じて国民が議会の議員を選び，その後に，議会で首相を選び，首相によって内閣が組織されるように，何段階かを経るところに特徴がある。議院内閣制は，効率的な意思の実現よりも，手続きに時間がかかったとしても，政治の質を保証しようとしている。議会は，首相に問題があると判断したら，内閣不信任を決議し，国民は，議会に問題があると判断したら，次の選挙では他の勢力に一票を投じる。首相もまた議会を解散することができるのであり，議会に問題があると判断したり，選挙を行う好機であると

判断したりした場合には，議会を解散する。したがって，議院内閣制は，大統領制と比べると，政治責任の所在が明確になっており，同時に，政治責任を追及することが容易な仕組みである。この点から，議院内閣制が集団的（ないし集合的）な決定作成を行うものであり，大統領制が大統領個人による非集団的（ないし非集合的）な決定作成を行うものであるという違いを理解することができる。

直接民主主義と間接民主主義

さらに，大統領制と議院内閣制は，直接民主主義の発想によるものか，それとも間接民主主義の発想によるものかという点からも特徴づけられる。二つの統治形態は，直接民主主義と間接民主主義という二つの民主主義の考え方をそれぞれの基礎としている。直接民主主義と間接民主主義との違いは，議会の存在による代議制が採用されているか否かという違いにしたがっているのではなく，国民と執政との関係をどのようなものとするかの考えの違いとして理解できる（白鳥 1999: 18-20）。大統領制は，代議制の議会があるとしても，間接民主主義の考えにしたがっているのではなく，あくまで直接民主主義の考えにしたがった仕組みとなっている。

直接民主主義の考え方によれば，国民と執政との間には何の機関も介在すべきではなく，両者が直接的な結びつきをもつべきであり，国民と議会との関係もまた直接的な結びつきをもつべきであるという。執政が国民の期待通りの役割を果たさない場合には，国民が執政の責任を問い，執政を解任することができるという論理になるし，議会が国民の期待通りの役割を果たさない場合には，国民が議会の責任を負い，議会を解任できるという論理になる。大統領制においては，大統領と議会との両方が国民の意思を代表しており，いずれが一方に優越するのかという問題がみられるが，大統領制という名称が示すように，多くの場合は，権力や地位などの点で大統領が優位になっている。

それに対して，間接民主主義の考え方は全く異なり，国民と執政との直接的な結びつきについて，直接民主主義の考え方ほど楽観的ではない。執政に問題があった場合に，国民と執政との直接的な結びつきは，国民が執政を解任するのを困難にする可能性をもつ。たとえば，大統領制において，大統領が問題と

第10章　大統領制と議院内閣制

表10-1：大統領制と議院内閣制の相違点

統治形態	執政	選出	解任	決定作成	特徴	考え方
大統領制	大統領	国民	任期固定	非集団的	効率的な政治意思の実現	直接民主主義
議院内閣制	首相	議会	議会	集団的	政治の質の保障	間接民主主義

なって国民が大統領の責任を追及した場合に，大統領が，「自分を選出したのは国民であり，国民に責任がある」という論理をもち出したとしても，国民が自己の責任を追及することなど現実的ではない。間接民主主義の考え方は，国民が責任をとることが非現実的であり，執政の行った決定が誤っていたり，悪い結果となったりした場合の責任追及の仕掛けとして，議会の存在をみている。

間接民主主義の考え方は，議会制民主主義の虚構性を意識しており，議会が国民の名によって決定を行い，決定の結果に問題がある場合には，国民の決定ではなく，議会が行った決定であるという論理で議会の責任を追及し，議会の解散を求めることになる。つまり，「議会が順調な決定を行っている間は議会制民主主義の虚構を承認し，議会が失政を行った時は議会制民主主義の虚構を現実で暴露し，議会の決定は国民による決定ではないとして，議会の責任を追及する（白鳥 1999: 21）」のである。

直接民主主義と間接民主主義のいずれが優れているのかとか，いずれがより民主的であるのかとか，両者に優劣をつけることは容易ではないし，適切な判断ではない。直接民主主義が重視している部分と，間接民主主義が重視している部分とは全く異なっていることだけは明白であるし，両者の違いがそのまま大統領制と議院内閣制との違いにも反映されていることも明らかである。そのため，大統領制と議院内閣制とのいずれが優れているのかとか，より民主的であるのかとか，二つの統治形態についても優劣をつけることはできない。それぞれが適している条件や効果などの点から大統領制と議院内閣制について考えることが必要なのである。

半大統領制

　半大統領制は，大統領制もしくは議院内閣制のいずれかに含まれるのではなく，それ以外の一つのタイプとして扱われており，代表的なところでは，デュベルジェ（Maurice Duverger）やサルトーリ（Giovanni Sartori）によって検討されている。フランスの事例は，半大統領制として挙げられることが多いが，デュベルジェが自国の経験から導き出したことを1980年の論文で展開したことも無関係ではない。1980年の論文で彼は半大統領制の事例として，フランス，ワイマール共和国，ポルトガル，スリランカ，フィンランド，オーストリア，アイスランド，アイルランドなどを挙げている（Duverger 1980）。デュベルジェは，オーストリア，アイルランド，アイスランドについては，大統領が名目上の元首であり，政治的な実践という点では，議院内閣制であるとしているが，サルトーリは，これらの三つの国を半大統領制の事例から排除すべきだと考えている。

　サルトーリは，半大統領制を次のように定義づけている（Sartori 1996 邦訳 146-147）。「(1) 国の元首（大統領）が，国民一般による選挙によって——直接的あるいは間接的に——一定の任期について選出される」のであり，「(2) 国の元首は執行権を首相と共有し，このようにして二元的な権威構造に参加する」。これらに関して，以下のような三つの基準が挙げられている。すなわち，「(3) 大統領は議会から独立しているが，単独で，あるいは直接に統治を行う権限は与えられておらず，したがって大統領の意思は政府を通じて伝達され，処理されねばならない」し，「(4) 逆に首相とその内閣は，議会に依存しているという点で，大統領から独立している。首相と内閣は議会の信任あるいは不信任（あるいはその両方）に従い，どちらの場合も議会の過半数の支持を必要とする」。さらに，「(5) 半大統領制の二元的な権威構造は，執政府の要素単位の『自治の潜在性』が存続するという厳格な条件のもと，執政府内の権力の異なる均衡状態，またその流行の変遷をも受け入れる」。

　サルトーリは，このような特徴がみられる政治システムが半大統領制であると規定している。彼による補足をみると，純粋な大統領制では，直接的な投票によって大統領が選出されるが，半大統領制では，直接的あるいは間接的な一般投票によって大統領が選出されるところに違いがある。また，二元的な権威

構造については、議会の解散権や立法権との関連で、純粋な大統領制や議院内閣制と半大統領制とが異なる点を特徴づけている。

さらに、サルトーリは、半大統領制が大統領制よりも優れていると主張している。その理由は、半大統領制が大統領制よりも「分割政府」によく対応できるという点と、大統領制を廃止しようとしている国にとって、大統領制から議院内閣制への変更は「全く異なる未知のものへと飛び込むことになる」としても、大統領制から半大統領制への変更は「既知のものの範囲内で、その国のもつ経験と知識の範囲内で機能することを可能にするものである」からという点にある。議院内閣制については、半議院内閣制（宰相システム）を検討する必要があるのか否かというかたちで言及している。彼は、議院内閣制が機能していない事例では、議院内閣制から他のものへと変更しようとすると指摘し、機能不全に対する解決策として、半大統領制を導入しようとすることについても注意点を指摘している（Sartori 1996 邦訳 150-152）。

大統領制への批判と議院内閣制の擁護

大統領制を採用している多くの国が不安定であり、長期にわたって大統領制が存続していないことが明らかであるという指摘もみられる（Linz 1994）。ある調査によれば、少なくとも25年間にわたり、民主主義が継続している状態を安定した民主主義として規定すると、大統領制の国はほとんど該当せず、議院内閣制か半大統領制の国で民主主義が安定して存続しているという。半大統領制の事例が世界的に少数であることを考えると、議院内閣制が圧倒的に多くの民主主義国で採用され、安定して存続しているとされる。同様の指摘は、さまざまな政治学者によってもなされている（Riggs 1994; Warwick 1994; Mainwaring and Shugart 1997）。

リンス（Juan J. Linz）は、大統領制には、二元的な民主的正統性（dual democratic legitimacy）と硬直性（rigidity）という二つの特徴があることを指摘している（Linz 1994）。大統領は、執政府を統制する立場にあり、人民からの直接投票によって選出されるが、議会も選挙によって選ばれた議員から構成されている。大統領と議会は両方とも選挙に当選したのであり、選挙を通じて両者には正統性が付与されているため、そこには正統性が二元化して存在する。大統

領と議会とが対立した場合には，いずれの立場を優先させるべきか，いずれが正統性をもつかという問題が生じる可能性がある。結果的に，両者の対立は，民主主義の安定というよりも停滞を引き起こし，安定的な民主主義を実現することが困難になる。

大統領制の硬直性については，両者の任期と関係している。大統領と議会には，それぞれ一定の任期があり，両者の任期は互いに独立して定められている。大統領は，議会に依存することなく，その任に就き，議会も大統領に依存することなく，任期を全うする。大統領は，議会から独立して任務を遂行できるが，任期が決まっていることから，さまざまな出来事に対応した調整能力を欠きやすく，議院内閣制よりも柔軟性を欠く制度であるというのがリンスの指摘である（Linz 1994: 6-9）。

大統領制の二つの特徴がそのまま大統領制の欠点にもなる。リンスは，大統領制の問題点を挙げながら，大統領制が世界的にあまり採用されていないことや不安定であることを指摘し，世界の多くの国々で議院内閣制が採用され，安定して存続していると主張した。その後，リンスの議論を受け，リッグズ（Fred W. Riggs），メインウォリング（Scott Mainwaring），シュガート（Matthew Soberg Shugart），メッテンハイム（Kurt von Mettenheim）なども大統領制と議院内閣制との比較や，各国の事例の比較を通して大統領制に関する議論を展開した（Riggs 1994; Mainwaring and Shugart 1997; Mettenheim 1997）。大統領制と議院内閣制との比較は，民主化に際して，どのような統治形態を採用すれば，民主主義が安定するのかという問題と関連し，かつてのような英米の制度比較ではなく，民主化後発国における統治形態の問題へと広がりをもつようになった。

10.3　大統領制化

政治の大統領制化

ポグントケ（Thomas Poguntke）とウェブ（Paul Webb）は，民主的な政治システムにおける政治的リーダーへの権力集中という点について，先進工業民主主義諸国における政治の大統領制化（presidentialization）という視点から検討

を行っている（Poguntke and Webb 2005）。彼らの考える「大統領制化」は，これまで大統領制ではなかったものが大統領制になるというのではなく，たとえば，議院内閣制における実際の運用が大統領制的になっていくことを意味しており，具体的な事例としては，ブレア（Tony Blair）英首相やシュレーダー（Gerhard Schröder）独首相などの名前が挙げられ，彼らのようなリーダーの登場が大統領制化の実例として考えられている。

ポグントケとウェブは，大統領制や議院内閣制などの統治形態を体制という言葉で表現しており，統治形態の違いというよりも，体制のタイプの違いと表現している。彼らによれば，大統領制とは，次のような現象であり，彼ら自身の言葉を引用すると，「ほとんどの場合に形式的構造である体制タイプを変えることなく，体制の実際的運用がより大統領制的なものになってゆく過程である（Poguntke and Webb 2005 邦訳 2）」。

彼らの議論を説明するにあたり，まず，彼らがどのように大統領制と議院内閣制，半大統領制を特徴づけているのかについて明らかにしておく必要がある。大統領制の特徴として，政府の長である大統領が公選により選ばれ，三権が分立し，大統領一人に執政権（行政権）が帰せられている点が挙げられている。議院内閣制は，行政と立法との権力融合がみられ，政府が議会に対して正式に責任を負うことになり，政府の責任が内閣という集団に帰せられている点に大きな特徴がある。半大統領制は，大統領制と議院内閣制の中心的要素を組み合わせたものであり，大統領制の局面と議院内閣制の局面とを行き来するものではないし，議院内閣制のバリエーションというのでもない。半大統領制は，大統領の政党と議会で多数派を占める政党とが一致するか否かにより，議院内閣制に近い運用となったり，大統領制に近い運用となったりする。

大統領制は，政府の長にかなりの執政権力資源を提供するとともに，議会政党からかなりの自律性をもたらしている。大統領制が作動する際の固有の論理は，次のような三つの効果をもつとされる（Poguntke and Webb 2005 邦訳 6-7）。

1. リーダーシップの権力資源——大統領制の論理では，政府の長は他に優越する執政権力資源を持つ。大統領制における政府の長は，議会に対して責任を負わず，通常は直接人民によって正統化され，そして他の諸制

度から強い干渉を受けることなく内閣を組織することができるからである。要するに，執政府の長は，政府の執政部門に関しては外部からあまり干渉されずに統治を行うことができるのである。
2. リーダーシップの自律性——これもまた，権力分立の直接的な帰結の一つである。執政府の長は，在職期間中は自党の圧力から十分に保護されている。これは与野党双方に影響を及ぼす。与党には政府支持の拘束がかからず，野党には政権担当能力の顕示という拘束がかからない。このように，執政府の長は自党に対する顕著な自律性を享受する一方で，その指導力は有権者へのアピールの成否により直接的に左右される。つまり，リーダーシップの自律性は指導力の強化をもたらすかもしれないが，それは選挙での成功を条件とする。そして選挙での成功は，政党組織の統制によるものではない。簡単に言えば，リーダーシップの自律性は，政党組織と（与党の場合には）国家の政治的執政府という，二つの異なる行動領域内に現れるであろう。
3. 選挙過程の個人化——これは端的には，最高位の公選職に対して当然向けられる関心によってもたらされる。選挙過程の個人化とは，選挙過程のあらゆる側面が筆頭候補者の人格によって決定的に形成されることを意味する。

ポグントケとウェブは，現実政治における大統領制化が (a) 党内および政治的執政府内におけるリーダーシップの権力資源と自律性の増大，(b) リーダーシップを重視するようになった選挙過程という二点の発展したものであり，これらの変化は，大統領制化の三つの側面に影響を及ぼすという (Poguntke and Webb 2005 邦訳 7-8)。三つの側面とは，民主的統治の中心的な領域にあり，執政府（行政府），政党，選挙である。大統領制化の過程は，憲法改正などのように，憲法構造が直接的に変わるのではなく，それ以外の要因によってもたらされると考えられる。大統領制化は，偶発的および構造的な要因によるものとされる。

大統領制，議院内閣制，半大統領制のいずれのタイプも原則的に，政党主導型の統治形態と大統領制的な統治形態との間を行き来するのであり，一つの

第 10 章　大統領制と議院内閣制

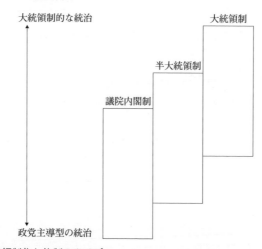

図 10-1：大統領制化と体制のタイプ
　　　出所　ポグントケ ＆ ウェブ『民主政治はなぜ「大統領制化」するのか』9頁。

連続線上のどの極に近づくかは，さまざまな基底構造的要因（社会構造やメディアシステムの変化など）と，偶発的要因（リーダーの人格など）によって決まる。ポグントケとウェブは，統治形態という言葉を使わずに，体制と表現しているが，図 10-1 は，一つの連続線上に三つの体制のタイプ（つまり，三つの統治形態）を位置づけており，両極は大統領制化された統治であるのか，それとも政党主導化された統治であるのかという点が区別できるようになっている。この場合には，「大統領制化された大統領制」のみが，政治の大統領制化の可能性を完全に実現しているという理解になる。

　図 10-1 の水平次元は，公式の法律―憲法的な基準にしたがったものであり，三つの体制のタイプを分けているが，これらの境界線は明確であり，半大統領制が議院内閣制と大統領制との間にあるからといって，単純に両者の中間型として半大統領制を理解することは適切ではない。図 10-1 の垂直的次元は，水平的次元とは異なり，明確な区分けがあるのではなく，一続きの連続体として位置づけられる。垂直的次元は，両端に向かう矢印によって示されており，上端が「大統領制的な統治」で，下端が「政党主導型の統治」を意味している。ここでの位置づけは，公式的な法律―憲法的な規定によるものではなく，構造

的および偶発的な政治的特徴によるものである。具体的にいえば，ある国における政治的リーダーの個人的認知度や自律性，権力資源の度合いを決定するのであり，構造的変化は，政党規則や社会構成の変化などのように，法律―憲法とは異なるレベルでの持続的な変化を意味し，偶発的変化は，特定の政治的アクターや政治的状況に固有の要因によって左右されるものを意味している。

垂直的次元のどこに位置づけられるのかは，大統領制化の三つの側面によって決定づけられるのであり，政党とリーダー個人との関係により決まる。政治的リーダー個人にとって有利になるような権力資源と自律性の変化と，それにともなうような内閣や政党などの集団的アクターの権力と自律性の低下とのかかわりにより，連続線上のどこに位置づけられるかが決まる。リーダーの自律性が高くなるほど，集団的アクターによる抵抗の可能性は小さくなるため，高い自律性をもつリーダーほど外からの干渉を受けることなく，他のアクターを無視できるようになる。このような権力の増大をもたらすのは，次のような二つの過程とされる（Poguntke and Webb 2005 邦訳 10）。

- 自律的な統制領域の増大。これは，求める結果が専らそのような自律的領域内で得られる限り，実質的に権力を行使する必要はないことを意味する。
- 他者の抵抗に対する打開能力の拡大。このためには，起こりうる抵抗を打開するための資源，つまり他者へ権力を行使するための資源の拡大が必要である。

大統領制化の三つの側面について，これらの二つの点をそれぞれ検討すると（Poguntke and Webb 2005 邦訳 10-15），まず，執政府に関しては，政治的リーダー（大統領ないし首相，政党のリーダーなど）に任命権や政策決定権などの公式的な権力が付与されたことにより，自律的な統制領域が拡大する。リーダーは，自律的な支配域の外部に対して，公権力やスタッフ，資金，アジェンダ設定や選択肢を規定する能力などを資源とすることにより，潜在的な抵抗を排除できる。執政府や政党の側面においては，自党に対するリーダーの権力増大が大統領制化の中心的な論点となる。政党の側面では，リーダーが有利になるような党内権力の変動が大統領制化においてみられるが，個人化されたリーダー

シップという傾向は，党機構の統制よりもリーダーの個人的名声を高めるために権力資源が用いられる。選挙は，政党主導からリーダーによる支配へと変化する。選挙キャンペーンでリーダーシップがアピールされ，メディアの政治報道は以前にもましてリーダーに焦点を向けるようになり，結果的に，有権者にも影響を及ぼし，投票行動におけるリーダーシップの効果が重要性をもつようになる。

大統領制化のメカニズム

ポグントケとウェブは，レイプハルト（Arend Lijphart）による民主主義の二つのモデルを挙げ（→第6章），多数代表型民主主義と合意形成型民主主義と，大統領制化に関する「政党主導型」の統治から「大統領制的」な統治への変化に言及している（Poguntke and Webb 2005 邦訳 15-18）。彼らは，民主主義のモデルごとに大統領制化のダイナミズムが異なるのかという点を検討しようとした。

合意形成型システムには，さまざまな拒否権プレイヤーが存在しており（→第11章），政府の自律性の領域が小さく，政治的リーダーが意のままに直接的に行使できる権力は限られている。リーダーは，拒否権プレイヤー間の仲介者という役割を果たすことで権力を行使できる。それに対して，多数代表型システムでは，政府に大きな自律性があり，広範囲にわたっている。リーダーは，合意形成型システムよりも多くの権力をもっている。リーダーは，二極対立的な議会における単独による多数派や多数派連合のトップとなることにより，権力を維持することができる。

大統領制化の要因

大統領制化の要因には，政治的状況やリーダーの人格などの偶発的な要因に加え，以下に挙げるような構造的な要因も含まれる。主な因果関係は，図10-3で要約されているが，構造的要因としては，政治の国際化，国家の肥大化，マスコミュニケーション構造の変化，伝統的な社会的亀裂による政治の衰退という四つが挙げられる（Poguntke and Webb 2005 邦訳 18-24）。

まず，政治の国際化は，今や当たり前のことであり，グローバル化という表

10.3 大統領制化

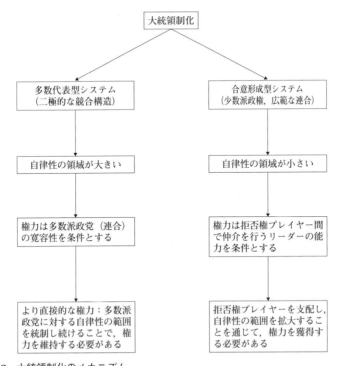

図 10-2: 大統領制化のメカニズム
出所　ポグントケ & ウェブ『民主政治はなぜ「大統領制化」するのか』17 頁。

現も何ら目新しいものではない。たとえば，民族紛争，テロ，環境問題，移民や難民の問題，グローバルな金融市場など，さまざまな政策的な対応が国家間の交渉によってなされている。また，欧州統合により，国内政治のかなりの部分は，国際政治の問題に対する決定のように，各国の政治的リーダーや政府によって行われている。

次に，国家の肥大化は，長期にわたり，官僚制の複雑化と組織的専門化をもたらした。いいかえると，制度的分化と制度的多元化となる。その結果として，政治の大統領制化は，統治能力の欠如を埋め合わせるために採用してきた戦略と相俟って，直接的な統治責任の範囲を狭めようとする一方で，他方においては，戦略的に重要な領域では政府の調整能力を強化しようとしてきた。

第三に，マスコミュニケーション構造の変化は，1960 年代初頭以来のメデ

199

第 10 章　大統領制と議院内閣制

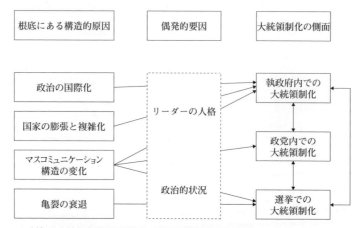

図 10-3：政治の大統領制化を説明する際の主要な因果の流れ
　　出所　ポグントケ & ウェブ『民主政治はなぜ「大統領制化」するのか』22 頁。

ィアの役割拡大を意味している。メディアは，政策よりも政治家個人の人格に焦点を合わせて争点を単純化し，政治家は，政策の中身を説明するよりも象徴化することでメディアの要求に迎合してきた。政治的リーダーもまた，政治的な議題設定を行うためにメディアを利用する。

　第四に，伝統的な社会的亀裂による政治の衰退は，1990 年代以降に数多く指摘されてきたように，西欧諸国における大衆政党と社会集団との伝統的な結びつきが侵食されたという議論にみられる。政党に加入している党員の数が低下し，社会における政党の足場ともいえる支持基盤が傷ついたことで，政党は以前の地位に留まることができなくなった。さまざまな社会集団がイデオロギーにしたがって対立し，政党がその受け皿となっている状況は過去のものとなったため，選挙キャンペーンでは，イデオロギーや政策の対立が争点になるのではなく，政治的リーダーの人格的資質が重要になったのである。

　図 10-3 は，原因となる要素と，従属変数である大統領制化の三つの側面との仮説的な関連性が示されている。大統領制化は，三つの側面で同時に進行するわけではない。原因となる要素は，大統領制化のある側面に対しては他の側面よりも直接的な影響を及ぼすものであり，三つの側面での大統領制化の過程は，それぞれ異なる速度や異なる時間で進行する。ある一つの過程が進行し，

それが他の過程にも影響を及ぼすこともある。

執政府内での大統領制化には，政治の国際化と，国家の肥大化とが直接的に影響を及ぼしており，選挙での大統領制化には，亀裂の衰退が影響を及ぼし，三つの側面すべてに対して，マスコミュニケーション構造の変化が影響を及ぼしていると考えられている（図10-3でマスコミュニケーション構造の変化から三本の矢印が伸びているのは，そのためである）。ポグントケとウェブは，マスコミュニケーション構造の変化が「有権者に影響を及ぼし，選挙での選択においてリーダーの人格的資質を重視させている」こと，「政党リーダーが，政治的な議題設定の場面から他のアクターを外すために利用している」こと，「執政府長官に対して，政権を支配し，自党の頭越しに統治を行うための決定的な権力資源を提供する」ことを指摘しているが，この点は，大統領制化の三つの側面が相互に影響を及ぼしていることを説明することにもなる。そのため，図において，三つの側面の間には双方向の矢印が引かれているのである。

大統領制化の指標

ポグントケとウェブは，先進工業民主主義国とされる14か国の比較研究を行うために，大統領制化の指標として，「執政府内におけるリーダーの権力」，「政党内におけるリーダーの権力」，「候補者中心の選挙過程」という三つの側面のそれぞれについて，指標ともいうべきチェックリストを挙げている（Poguntke and Webb 2005 邦訳 25-28）。

第一に，「執政府内におけるリーダーの権力」という点では，政府内におけるリーダーの権力資源と自律性の変化を明らかにする指標を扱っている。具体的には，以下のような指標が挙げられる。

- 執政府長官が意のままに利用できる資源の増大。
- 政策の選択肢を規定する（望ましい決定を実現するための前提条件である）手段としての総合的なコミュニケーション戦略を執政府長官が統制する傾向。
- 政策決定の統制と調整が執政府長官に集権化されていく傾向。執政府長官の執務室が政策形成過程の調整という役割の拡大を図っている証拠を見出せるか。

- 人物本位の投票へ向かう傾向。首相の執務室が，リーダーの個人的人気や有権者の政策選好を定期的に観測している証拠を見出せるか。
- 執政府長官が，政党政治家ではない実務家を登用したり，党内基盤をもたない政治家をどんどん昇格させるような傾向の拡大。
- 首相がその地位に留まりながら内閣改造を頻繁に行う傾向の拡大。
- 首相が，重要な決定を思うように行うために，選挙での訴求力に基づく個人への統治委任を求めるようになる。

第二に，「政党内におけるリーダーの権力」は，政党リーダーの個人化を示す変化を扱っているが，ここでは，偶発的な変化によるものと構造的な変化によるものとの両方を指標としている。

- 政党リーダーにさらなる公的権限を付与するルール変更。
- リーダーの執務室の資金的および人材的な拡充。
- 自らの政党から自律的に政策を立案するリーダーの能力。
- 政治的コミュニケーションと政治的動員の人民投票的な利用。政策や戦略の問題について，リーダーは，党内の下位リーダーや活動家たちを無視して，直接草の根レベルの人々とコミュニケーションを図ろうとしているか。
- 最も経験のある政党政治家ではない人物が筆頭候補者に選ばれるという意味での個人への統治委任（たとえば，ブラウン（Gordon Brown）ではなくブレア，ラフォンテーヌ（Oskar Lafontaine）ではなくシュレーダー，アマート（Giuliano Amato）ではなくルテリ（Francesco Rutolli）など）。
- リーダーを選ぶための直接選挙の制度化。

第三に，「候補者中心の選挙過程」については，明確な指標が提示されていない。彼らによれば，選挙の大統領制化における三つの側面（選挙キャンペーンの方法，メディアの焦点，有権者の投票行動）すべてに注目すべきであるが，データの制約上，三つの側面のうち少なくとも二つの側面に注目したという。たとえば，メディア放送が焦点をリーダーに向けるようになったことを調べるためには，選挙キャンペーンに関するテレビ放送や新聞報道の内容分析に注目した

り，政党の選挙広報誌や政党による放送などの情報源をはじめ，選挙運動関係者や政治家へのインタビューを行ったりしている。また，各国の投票行動に関する文献をふまえて，政治的リーダーが有権者の投票行動へ及ぼす効果がどのように変化したのかについても検討したという。

このような取り組みにより，彼らは，大統領制化が民主的な統治に対して大きな影響をもたらしたことを明らかにした。さらに，ポグントケとウェブは，ある意味で，大統領制化がシュンペーター（Joseph A. Schumpeter）流の競合的エリート民主主義モデルを想起させると指摘しながらも，実際には全く異なるとしている（Poguntke and Webb 2005 邦訳 502-503）。シュンペーターによれば，公職に就いたエリートが最大限の自律性をもつとされるが，現代のようにメディアが発達した民主主義における政治的エリートの民主的正統性は，党員選挙やレファレンダム，継続的な世論調査などにより，たえずチェックされる。そのため，今では，シュンペーターの考えるように，エリートが最大限の自律性をもつことは困難になっている。そう考えると，現代の民主主義は，シュンペーター流のエリート民主主義モデルと，各種の世論調査や直接民主主義的な手法により，常に国民投票的な洗礼を受ける民主主義のモデルとが融合しつつあるといえるのかもしれない。

10.4 大統領制化をめぐる議論

政治の大統領制化，とりわけ，現代民主主義における政治の大統領制化については，ポグントケとウェブが比較研究を行った14か国だけに限定されるのではない。最初に彼らが念頭に置いていたのは，先進工業民主主義の国々であるが，彼らの研究で扱った14か国に含まれなかった他の先進諸国の事例（日本やオーストラリアなど）はもちろん，東欧諸国やラテンアメリカなどの新興民主主義諸国の事例についても，大統領制化の妥当性を検証する必要があるのは明らかである。

大統領制化をめぐる議論は，彼ら自身の予想をはるかに超えて世界中で注目を集めてきた。賛否両論それぞれの立場から議論が展開されたが，賛成の立場からの議論は，彼らの議論を補強するのに役立つとしても，否定的な立場から

の議論は，大統領制化の議論を別の角度から考えるのに役立つ。主な批判としては，次に挙げるような点がみられた。

まず挙げられるのは，「大統領制化」という用語に対する批判である。英語で表現すると，presidentializationという用語になるが，ポグントケとウェブが観察している政治現象そのものを「大統領制化ないしpresidentialization」という言葉で表現すること自体が適切なのか否かという点である。海外の研究者の間では，presidentializationという言い方は不適切であり，他の用語で表現するべきであるという批判になるし，日本においては，まず，presidentializationという英語を何と訳すかという問題があるし，訳したら訳したで，大統領制化という表現が適切なのか否かとか，大統領化という表現が好ましいのではないかという議論もある。さらに，海外と同様に日本でも，取り扱う政治現象が大統領制化（ないし大統領化）と呼ぶにふさわしいのかどうかという点も批判の的になる。

次に，大統領制化の議論が大統領制と議院内閣制との対置を前提としていることへの批判である。両者が全く異なる性格をもつことから，両者を対置すること，あるいは両者を同等に扱うことに対して疑問視する声もある。たとえば，大統領制と議院内閣制とを対照的なものとして扱うことについては，乱暴な二分法であるという見方がある。一方の長所が他方の短所，あるいは一方の短所が他方の長所とする議論に対して，権力分立ないし権力融合という点から考えると，両者は制度的背景が異なっており，対置することは不適切であるし，議院内閣制において大統領制化と呼ばれる現象がみられることすら論理的におかしいということになる。また，両者を同等に扱うことについては，いずれの体制においても政党リーダーと執政府の長が本質的に同一の地位にあるから両体制には違いがないといえるという議論である。

この点に関連し，ポグントケとウェブの大統領制化論では，議論の前提となる三つの体制（大統領制，議院内閣制，半大統領制）の本質について体系的な検討を行っていないという批判もある。彼らは，三つの特徴をそれぞれ説明しているとはいえ，古典的かつ教科書的な説明しか行っておらず，大統領制に関する研究蓄積が活用されていないという批判である。

さらに，大統領制化の要因に対して，そこで提示されている議論の因果関係

10.4 大統領制化をめぐる議論

が不十分であるという批判もみられる。ポグントケとウェブが挙げた四つの要因は，いずれも第二次世界大戦後の先進工業民主主義諸国において，長期にわたって顕在化してきたものであり，長期的な変化が最近の大統領制化という現象を直接的に説明することができているのか否かという疑問の声が挙げられている。14か国の比較研究においても，1980年代以降の現象にほぼ限定されており，大統領制化と戦後の長期的な変化との因果関係について，説得力のある説明がなされていないというのである。

　大統領制化に対する批判や疑問は，数多く出されており，ここで紹介したもの以外にも，さまざまなものがみられる。これらの議論については，多くの場合に，それぞれ根拠が示されているし，それらを紐解くことも有用であり，大統領制化の議論をさらに深めるためには必要な作業となる。同時に，ポグントケとウェブは，これまでになされてきた数々の批判に対して，一括して回答することもしている（Webb and Poguntke 2013 邦訳 507-519）。

　これまでみてきたことから明らかなように，大統領制と議院内閣制というテーマは，古くて新しいテーマであり，これからも議論が続くであろうことは予想できる。大統領制と議院内閣制との対置にはじまり，両者の比較，大統領制化など，それぞれのテーマは，これまでの蓄積をふまえ，これからも注目に値すると思われる。

第 11 章 政策過程
Policy Process

11.1 政策とは何か

政策と公共政策

　政策とは何か。ここで扱う「政策」とは基本的に，公共政策（public policy）のことを意味している。政策が問題解決の手段であるとしても，あくまで社会における問題の解決のための手段であり，個々人が抱える私的な問題を解決するための手段を対象とするのではない。一個人にとっては，解決しなければならない喫緊の問題であったとしても，それが私的な領域に属する問題であり，公的な領域とは無関係な場合には，政策の問題として取り扱うことはできない。

　そのため，政策は，社会における公的な問題の解決を目的とする公共政策を対象としている。単に政策と表記してあっても，実際には，公共政策という意味で用いている場合もあるし，あえて政策と公共政策とを区別して使用している場合もある。この点は，文脈に応じて理解する必要があるとしても，多くの場合に，両者は置き換え可能な用語として扱われている。

　かつて，山川雄巳は，語源からすると政策とは，政治の方策のことであると指摘し，『広辞苑』による定義にも言及して，政策とは何かを明らかにしようとした。『広辞苑』において，政策は，「①政治の方策。政略。②政府・政党などの方策ないし施政の方針」と説明されている。これについて山川は，次のように述べている。

第11章 政策過程

　政治の方策，政略と，政府・政党などの方策という点に関しては，政策を広義に定義したものであり，政治集団の方策一般を意味するとしても，施政の方針という部分は，政府による公共政策を指しており，政策を狭義に定義したものと捉えられる（山川 1993）。

　山川は，『広辞苑』における「政策」の定義が限定的な内容であることが問題であると指摘している。彼によれば，「それは《政策》という言葉が政治の領域をこえて広く使用されているという事実が反映されていないということ（山川 1993: 4）」である。政策という言葉は，実際には，企業経営などにおいて，「経営政策」などのように用いられており，政策という言葉そのものは本来，政治にかかわるだけではない。山川雄巳の議論では，『広辞苑』第2版を参照しているが，同書第6版においても，「政策」についての説明は，同じ内容のままである。

　参考までに挙げると，『広辞苑』における「公共政策」の説明は，「公共の利益を増進させるための政府の政策」となっている。政府が，公共の利益を増進させるためにどのような施政を行うのかに関する方針を示したものが公共政策ということになる。したがって，公共政策は，公的な問題に対する解決手段であり，政治の領域に限定的な内容のものであることは明らかである。

　政治学において，どのように政策が定義されているかをみると，たとえば，大森彌による次の定義を挙げることができる。

　　政策（policy）は，一般に個人ないし集団が特定の価値（欲求の対象とするモノや状態）を獲得・維持し，増大させるために意図する行動の案・方針・計画である（大森 1981: 130）。

　公共政策についても，「とくに政治社会における政策（public policy）は，社会次元での調整をこえる争点ないし紛争に対して統治活動を施すことによって，その一応の解決をはかる手段であり，この意味で社会の安定に関係づけられる統治活動の内容であると考えることができる（大森 1981: 130）」のであり，「ここでいう統治とは，社会生活における共存関係の形成と維持のために人々

の行動や態度を誘導し制御する活動とその様式である（大森 1981: 130)」とされる。

さらに，公共政策に関しては，「政治社会における政策という場合には，ある決定者の意図や方針が他の決定者によって影響される，ないし制御されるという関係の存在を前提としている（大森 1981: 130)」という。

大森による政策ないし公共政策についての説明をみても明らかなように，社会においては，さまざまな対立が生じる可能性があることを前提としており，対立によってもたらされる問題を解決するための手段として政策が位置づけられている。ここでは，政策と統治とはかかわりあっており，政府の施政方針として政策を捉えようとする立場とも関連している。

政策と政府

ここまでの議論からいえるのは，明示的であれ黙示的であれ，政策の主たる担い手として想定されているのが政府であるという点である。もちろん，政府以外の多様なアクターを無視することはできないが，主要なアクターという意味では，誰よりもまず，政府が挙げられる。

政策過程論においては，政府レベルの意思決定が分析対象となっている（山本 1990: 2)。意思決定論と政策決定論との違いは，単に意思と政策という名目上の違いではなく，個人や集団の意思決定に焦点を向けるのか，それとも政府レベルの意思決定に焦点を向けるのかという本質的な違いに帰する。政策に関する議論においては，意思決定論における知見が援用されてきたが，政策決定論は，意思決定論と置き換え可能なものとして位置づけられることはなく，独立した一つの分野として確立した。政策決定論は，政策について考える際の基本的な分析の枠組みを提供するとともに，現代政治学の中心にも位置することになったのである（白鳥 1990: 236)。

もう少し定義の問題に目を向けると，比較的最近に刊行された公共政策に関する教科書では，「公共的問題を解決するための，解決の方向性と具体的手段」として公共政策が定義されている（秋吉他 2010: 4)。この定義も，これまでみてきた議論と共通点をもっている。一瞥すれば明らかなように，公的問題を解決するための手段として政策を捉える点は，従来の議論と重なり合う立場で

あるし，単に手段というのではなく，「解決の方向性と具体的手段」というように詳細に規定している点についても，従来の議論の延長線上に位置づけられる。

この定義に関連して，公共政策は，問題解決への意図という側面が強調されること，問題を解決するための実際の行動という側面も強調されること，さらに，公共政策を実施する主体としての政府活動に焦点が向けられることなどが指摘されている（秋吉他 2010: 4）。政府以外にも，最近では，企業，NPO，市民などさまざまなアクターが政策の実施主体となっており，それらのアクターによる問題解決が志向されている。

政策とは何かをめぐっては，さまざまな論者によって異なる定義づけがなされており，網羅的に概観することは困難である。そのため，ここでは，いくつかの定義に注目したに過ぎない。暫定的に，いくつかの定義に共通した内容をまとめると，政府が公的な問題を解決するための手段として政策を捉えることで，最低限度の理解を得られるように思われる。

政策とは何かという論点にとりあえずの決着を図った後は，どのように政策が決定されるのか，どのように政策が実施されるのか，どのようなアクターが一連の政策決定および実施の過程に関与しているのかという論点に注目する必要がある。

11.2 政策の中身と政策の取り扱い

政策の中身か，政策の取り扱いか

政策について論じるといっても，政策の中身を論じるのか，それとも，政策がどのようにしてつくられたり，実施されたりするのかというように，政策の取り扱いについて論じるのかによって，議論は全く異なる。何か特定の政策の中身について論じようとする場合は，一般的な議論を行うよりも，特定の政策に関する専門的な立場から議論を行うことに意味があるし，専門的な知識が求められるとともに，専門的な情報の重要性が議論の鍵を握ることになる。

財政政策にしても金融政策にしても，社会政策にしても医療政策にしても，政策の中身について論じる場合に，政治学の専門的な知識を投入できる場面

はほとんどない。政策の中身は，それぞれの政策に関連する分野の専門的な知識があってこそ理解可能となり，専門的知識の存在が前提となって議論が成り立つのである。したがって，政策の中身に注目し，中身を議論しようとする限り，政治学の出番はあまり期待できないかもしれない。

そうだからといって，政治学が役に立たないというのではない。政治学は，政策の取り扱いを考えるときにこそ出番がくるのである。政策の取り扱いという表現では，わかりにくいかもしれないが，政策そのものがどのように作成され，公式に決定され，実施されていくのかという一連の過程は，政治学の研究対象そのものである。

たとえば，政策決定論や政策過程論は，（かりに，事例研究において，個別の政策に注目したとしても）政策の中身を論じるというよりも，むしろ政策の決定および実施の過程を研究対象とする。政策決定論や政策過程論は，政策がつくられ，実施されていく一連の過程をみることにより，どの段階で政策が形づくられ，修正され，正統化され，実施され，評価されるのかを明らかにするとともに，どの段階でどのようなアクターが関与し，各段階で各アクターがどのような役割を果たしたのかを明らかにする。

そのため，政治学は，さまざまな分野の政策について，個々の政策の中身を論じることを得意とするのではないが，政策全般の取り扱いについては，一定程度の普遍性をもつ見方を提示できるのであり，政策の決定や実施の過程における問題点を明らかにすることもできる。したがって，政治学は，政策そのものの中身について詳細に検討したり，政策内容の是非を論じたりするのではなく，政策決定ないし政策執行における動態過程を分析することを役割としているのである。

政策過程

政策過程を分析することは，政治過程を分析することでもある。イーストン（David Easton）の政治システム論で提示されたように（→第1章），政治システムの単純モデルは，政治過程を図式化しているだけでなく，政策過程を図式化していることにもなる。この点に関して，たとえば，森脇俊雅は，「政策過程の全体像を把握するためには，イーストンの政治システム論が有用であり，そ

のモデルを基本的視座（森脇 2010: 187）」とし，政治システム論の枠組みを意識しながら，政策過程に関する体系的な議論を行っている。そこで示されているのは，まず，政治システムを取り巻く環境から生じたインプットであり，政治システムに対するインプットが政治システムを通してアウトプットにつながり，アウトプットがさらにフィードバックへとつながるという一連の循環過程である。政策過程は，ある政策が立案され，さまざまな修正を経て形づくられていく過程を示しており，政策が決定され正統性を与えられた後も実施の段階や，政策の見直しなど評価の段階までの過程を含んでいる。たとえば，一連の政策過程は，PDCA（Plan, Do, Check, Action）サイクルとしても捉えられるようになっており，政策の立案および決定，政策の実施，政策の評価，政策の見直しや改善といった段階を経るものとされる。

　古くは，ラスウェル（Harold D. Lasswell）によって，政策の七段階モデルが提示された。彼によれば，政策は，調査（intelligence），勧告（recommendation），提言（prescription），発動（invocation），適用（application），評価（appraisal），終了（termination）という七つの段階を経る。紙幅の都合上，ここでは詳しい説明を省略するが，政策過程がいくつかの段階から成り立っていることは，政策決定論や政策過程論において常に意識されてきた点である。

　多くの場合に，政策決定論は，政策の立案から決定までの過程を対象としているのではなく，政策の実施過程までを含んでいる。また，政策実施を論じる場合も，政策立案や決定の過程を無視して議論を行うことはできない。その意味で，政策決定論や政策過程論は，PDCAサイクルや，ラスウェルの七段階で示されたような政策過程の諸段階を念頭に置いているのである。

　政策決定論と政策過程論という二つの言葉について，特に明確な基準にしたがって分けることなく，ここまで使用してきた。しかし，政策決定論が一連の政策過程における決定作成までの段階を対象としているという誤解を避けるためにも（もちろん，既に述べたように，政策決定論が決定作成段階までを対象としているというのは，必ずしも適切な理解ではないとしても），以下では，政策過程論という表現のみを用いることにする。

　さて，日本での政策過程についての議論を一瞥すると，かなり以前に，大森彌が「政策循環」（policy cycle）という表現で，政策過程を五つの段階に分け

て説明している。彼によれば，政策循環は，政策課題の形成，政策作成，政策決定，政策執行過程，政策評価という五つの段階からなるという（大森 1981: 132）。この点に関する説明を以下に挙げておく。

　政策を個人のライフ・サイクルに類推して捉えれば，そこには，理論上，次のような一組の循環連鎖の諸段階を識別することができる。すなわち，①社会次元において顕在ないし出現する争点もしくは紛争が統治主体の反応を誘発し，政策の誕生を準備する「政策課題の形成」(political agenda-building)，②その政策課題を解決する行動方途を考案するため関連情報を収集・分析し適切な政策原案を策定する「政策作成」(policy formation) 活動，③特定の解決策を公式に審議し，その実行可能性を担保する権限と資源の賦与を決定する「政策決定」(policy decision)，④公式に決定された政策を具体的な現実状況の中で各種の行政作用を通じて実施する「政策執行過程」(policy implementation)，⑤この政策執行の過程で，あるいはその結果として生じるさまざまな効果ないし有効性を評定し，その評価に基づき特定政策の継続，拡充，変更ないし廃棄を新たな政策課題へと還流させる「政策評価」(policy evaluation) の段階である（大森 1981: 132）。

　大森が政策循環を五つの段階に分けて説明した際に，政策研究においても実務世界においても，従来から政策形成と政策決定の二つの段階にばかり関心が向けられてきたことが指摘されている。そのため，他の段階が軽視されたり，無視されたりしている状況を指摘し，それらの段階についても同様に目を向ける必要があると述べている。
　その後，政策過程の研究は，政策形成や政策決定の段階ばかりではなく，政策執行過程や政策評価の段階にも関心が向けられるようになり，数多くの研究が蓄積されてきた。政策執行過程は，大森の指摘以降，多様な業績がみられるようになったが，過去十年ほどの間には，とりわけ，政策評価に関して，数多くの議論がみられるようになった。
　かくして，政治学は，政策の中身を論じるよりも，政策の取り扱いについて論じることを主たる役割としていることが明らかになった。この点は，政策過

程の諸段階に関して，さまざまな区分がなされたり，異なるモデルが提示されてきたりしたことからも理解できる。さらに，政策過程と政治過程との類似性を意識することができるが，政策過程の各段階におけるアクターの役割や，アクター同士の相互作用に関心を向けることにより，政策をめぐる動態過程を明らかにすることができる。

11.3 コーポラティズム

コーポラティズムの概念

1970年代の石油危機を契機として，先進工業民主主義諸国では，福祉国家の危機や統治能力の危機などが表面化し，危機に対応すべき新たな政治の形態が模索されるようになった。第二次世界大戦後の日本や欧米諸国では，ケインズ主義的福祉国家と呼ばれる政治の形態がみられたが（田口 1989），1970年代になると，各国政府は，高度経済成長から低成長への移行，財政赤字の増加，大量失業などの問題を解決するための有効な手段を用意できなくなった。政府の権威は低下し，統治能力の危機が叫ばれるようになった。

1970年代において，コーポラティズム（corporatism）は，これらの危機に対応すべく登場し，利害調整や統合，正統化を行うことになった。コーポラティズムは，現実の危機への対応策としてだけではなく，学問的にも，コーポラティズム論（ネオ・コーポラティズム論）として，第二次世界大戦後の政治学において支配的であった多元主義理論に対する批判モデルとして台頭した（中野 1984）。当時のコーポラティズム論は，他の時期のコーポラティズムと区別するために，「ネオ」という接頭語をつけて，ネオ・コーポラティズム論と表現されることもあった。

レームブルッフ（Gerhard Lehmbruch）が多次元的な概念であると指摘したように，コーポラティズムの概念は，いろいろな立場から定義づけられている。たとえば，利益媒介システム，政策の形成・執行のシステム，政治および国家構造などである。

まず，コーポラティズムを利益媒介システムとして考えたのは，シュミッター（Philippe C. Schmitter）である。彼は，1974年の「いまもなおコーポラ

ティズムの世紀なのか」('Still the Century of Corporatism?') という先駆的な論文を発表した (Schmitter 1974)。1974年の論文で彼は，利益代表システムとしてコーポラティズムを定義したが，1979年の論文では，利益媒介システムとして定義し，多元主義モデルと対置した (Schmitter and Lehmbruch 1979 邦訳34)。彼の定義は次の通りである。

　コーポラティズムとは，次のような一つの利益代表システムとして定義できる。すなわち，そのシステムでは，構成単位は，単一性，義務的加入，非競争性，階統的秩序，そして職能別の分化といった特徴をもつ，一定数のカテゴリーに組織されており，国家によって（創設されるのでないとしても）許可され承認され，さらに自己の指導者の選出や支持の表明に対する一定の統制を認めることと交換に，個々のカテゴリー内での協議相手としての独占的代表権を与えられるのである。

　シュミッターによるコーポラティズムの定義は，理念型であるが，実際にみられる多様な利益代表システムを検討する際に役立つ。たとえば，ある一つの利益代表システムにおいて，構成単位数がどの程度に限定されているのか，どの程度の加入が義務的であるのか，画定されたセクター間の競争性がどの程度のものであるのか，内部構造の階統的秩序化がどの程度まで進んでいるのか，国家による法的ないし事実上の承認や許可がどの程度のものなのか，職能別に規定されたカテゴリー内での独占的な代表権の行使がどの程度まで成功しているのか，指導者の選出や利益表明に対して，どの程度の公式的ないし非公式的な統制があるのかなどの問題を検討することができる。彼の定義は，さまざまな利益代表システムがどのようなタイプであるのかを分ける際の基準を提供する (Schmitter and Lehmbruch 1979 邦訳 35)。

多元主義とコーポラティズム

　シュミッターによれば，多元主義とコーポラティズムとは，現代における利益政治の現実的モデルを提供しようとしているという点で，次のような六つの基本的な仮定を共有している (Schmitter and Lehmbruch 1979 邦訳 36-37)。そ

れらは，①形式の整った団体のもつ代表単位としての意義の増大，②職能別に分化し，潜在的な対立関係にある諸利益の持続と拡大，③常勤管理スタッフ，専門的情報，科学技術知識の役割の飛躍的増大と，その結果として，揺るぎなきものとなった寡頭制の役割の強大化，④地域代表制，政党代表制の意義の低下，⑤公共政策の範囲の拡大，⑥公私の決定領域の相互浸透の一貫した傾向などである。これらの点について，多元主義とコーポラティズムには共通点がみられるとはいえ，理念型という点では異なっており，シュミッターは次のように多元主義を定義している。

　多元主義は，次のような一つの利益代表システムとして定義できる。すなわち，そのシステムでは，構成単位は，複数性，自発的加入，競争性，非階統的秩序そして（利益のタイプや範囲についての）自己決定性といった属性をもつ，不特定数のカテゴリーに組織されており，とくに国家から許可や承認，そして補助をうけたりもしないし，さらに創設されたり，指導者の選出や利益表明上の統制をうけることもない。さらに，個々のカテゴリー内で代表活動の独占を果たすこともない。

　両者の違いは，多元主義が自発的な集団の形成，集団の数の増大，集団の横への広がりと，集団間の競争的相互作用というイメージを念頭に置いたものであるのに対し，コーポラティズムは，集団の統制，量的な制限，垂直的な階層化と，集団間の相対的相互依存というイメージを念頭に置いている。多元主義は，機械的に横断する集団間の動態的均衡を重視するが，コーポラティズムは，有機的に相互依存する全体の機能的調整を重視するところに違いがみられる。

コーポラティズムの下位類型

　シュミッターは，社会コーポラティズムと国家コーポラティズムという二つの下位類型を挙げている（Schmitter and Lehmbruch 1979 邦訳 45-48）。社会コーポラティズムは，自律的で国家へ浸透していく型を示し，スウェーデン，オランダ，イギリス，旧西ドイツ，フランス，アメリカなどが該当する。それに対

して，ファシズム期のイタリア，ナチス・ドイツなどの過去の経験をもつ事例と，民主化前のポルトガル，スペイン，ブラジル，チリ，ペルーなどは，国家コーポラティズムの事例であり，依存的で国家に浸透される型を示している。社会コーポラティズムが市民社会における変化に対する自律的な対応として「下から」台頭するのに対し，国家コーポラティズムは政府によって創出され，公共政策の一環として「上から」課されるところに違いがみられる。

　さらに，シュミッターは，多元主義が徐々に衰退し，社会コーポラティズムに代替されるようになるという現象が安定したブルジョワ支配による政治体制を保持するための絶対要請的な必要に起源をもつこと，また，このような必要が所有権の集中過程，国民経済間の競合過程，従属的な諸階級や地位集団をより緊密に政治過程内に組み入れ，取り込むことを目的とした公共政策の役割の拡大過程と，国内における決定作成様式の合理化過程といった一連の過程を原因としているという（Schmitter and Lehmbruch 1979 邦訳 51-52）。

政策過程とコーポラティズム

　レームブルッフは，政策の形成・執行のシステムとしてコーポラティズムを定義している（Schmitter and Lehmbruch 1979 邦訳 105）。彼によれば，シュミッターの定義は，利益媒介と他のタイプ（たとえば，多元主義）とを区別することが主な目的であるため，コーポラティズムの概念としては不十分なものとされる。レームブルッフの定義は次のようなものである。

　　コーポラティズムは利益表出の一特殊型以上のものである。むしろ，それは政策形成の制度化された一つの型である。そこでは，巨大な利益組織が，利益表出（あるいはさらに「媒介」）に関してだけでなく——その発展した形態である——「諸価値の権威的配分」とそのような政策の遂行に関して，相互に，また公権力と協調するのである（Schmitter and Lehmbruch 1979 邦訳 105）。

　さらに，彼は，コーポラティズムの下位類型として，「権威主義的コーポラティズム」と「リベラル・コーポラティズム」を区別し，リベラル・コーポラ

ティズムを重視した。とりわけ，リベラル・コーポラティズムにおいて，コーポラティズム型の政策作成は，景気循環，雇用，通貨の安定と貿易の均衡に影響を与えるような政策の領域のように，経済政策の形成でみられる。コーポラティズム型の政策形成に包含されている最も重要な利益集団は，労働者組織と経営者組織である。コーポラティズム型の政策形成においては，資本と労働との協同が大きな特徴である。

その他の定義

他にも挙げられるコーポラティズムの定義としては，パニッチ (Leo Panitch) に代表されるような，ネオ・マルクス主義の理論家の立場からの定義が挙げられるが，彼は，「政治および国家構造」としてコーポラティズムを位置づけている。パニッチによれば，「コーポラティズムのパラダイムは，組織された社会経済的生産者諸団体を，指導者レベルでは代表と協働的相互作用のシステムを通じて，大衆レベルでは動員と社会的統制のシステムを通じて統合する先進資本主義内部の一つの政治構造を意味するものと理解されることになる (Schmitter and Lehmbruch 1979 邦訳 160)」という。

ジェソップ (Bob Jessop) もまた，コーポラティズムを「政治および国家構造」とする立場であり，議会主義とコーポラティズムという点から次のように述べている。「コーポラティズムは，分業の枠内で構成員の職能を基礎に構成される公的『団体 (corporation)』のシステムを通じて媒介される政治的代表と，この同一の団体および (もしくは) これらに形式的に責任のある行政機関を通じて媒介される国家介入の融合」をともなうものであり，コーポラティズムと議院内閣制との組み合わせによって形成される「三者協議制」が重要な役割を果たすとされる (Schmitter and Lehmbruch 1979 邦訳 197-238)。彼によれば，現代国家の支配的な傾向は，コーポラティズムと議会主義との接合に基礎を置き，さらに，コーポラティズム的システムと議会主義的システムとの両方の頂点に社会民主党を置くことによって統一されているような，社会民主主義的な三者協議制に向かうというのである。

アーモンド (Gabriel A. Almond) は，コーポラティズム論に対して，利益集団研究の系譜に位置づけられるものであり，多元主義モデルの代替的モ

デルというよりも，多元主義モデルのバリエーションであると指摘している（Almond 1983）。ベントレー（Arther F. Bentley）に始まる利益集団研究の流れは，シャットシュナイダー（E. E. Schattschneider）やトルーマン（David B. Truman）に至る第一世代，それに続く社会科学研究評議会（Social Science Research Council）のような第二世代に代表される。アーモンドによれば，利益集団研究の第三世代は，ケインズ主義的経済政策と多元主義の政治が1970年代の政治や経済の問題に対応するのが困難になった時期に登場したものであり，コーポラティズム論に代表されるという。アーモンドは，第三世代の議論がロッカン（Stein Rokkan），ラパロンバラ（Joseph LaPalombara），リンス（Juan J. Linz）のように，ヨーロッパの多元主義論を展開した第二世代に続くものであると位置づけ，コーポラティズム論を多元主義論のバリエーションの一つとしたのであった。

マクロ理論からメゾ理論へ

　コーポラティズムが政治および国家構造や経済体制ではなく，政治システムにおける利益媒介と政策形成過程として定義づけられると，理論の適用範囲は，国家全体を対象としたマクロなレベルからシステム内のメゾレベルへと限定される。コーポラティズムといっても，国家と巨大利益集団の頂上部との協調関係については，いろいろなかたちがみられる。最たる発展形としては，三者協調制を中心とする「政労使」の協調体制が挙げられるが，そこに至るまでには多様な「部分的コーポラティズム」の仕組みがみられる。レームブルッフは，コーポラティズムを「強い」，「中位」，「弱い」の三つのレベルから分けた（Lehmbruch and Schmitter 1982 邦訳37-48）。「強いコーポラティズム」には，オーストリア，スウェーデン，オランダの三国，「中位のコーポラティズム」には，デンマーク，旧西ドイツ，イギリス，「弱いコーポラティズム」には，フランスがそれぞれ該当するとされた。その後，コーポラティズム論は，各国の強弱の程度よりも，組織レベルの問題に焦点が向けられるようになった。たとえば，組織レベルの違いは，利益表出の異なるレベルがあり，レベルごとに異なる組織形態や政治過程がみられるため，類型化もしやすくなる。また，経済政策や産業政策にかかわる分野でのコーポラティズムの議論だけで

なく，福祉や社会政策におけるコーポラティズムの議論もみられるようになった。結果的に，コーポラティズム論は，概念の拡大とともに，対象領域の拡大も経験した。

11.4 拒否権プレイヤー

拒否権プレイヤーと政策安定性

　ツェベリス（George Tsebelis）は，政治制度が政策にどのように影響を及ぼすのか，政治制度が政治システムの他の特徴（たとえば，政府の安定性や司法と官僚の役割など）にどのような影響を及ぼすのかというように，政治制度と政策とのかかわりに注目し，拒否権プレイヤー（veto player）論を展開した。ツェベリスによれば，「本書の目的は，どの制度がよりすぐれているのかに関する言明を行うことにはなく，異なる政体において政策決定がなされる次元が異なることを確認し，これらの違いが及ぼす効果について研究することにある（Tsebelis 2002 邦訳 1）」という。ツェベリスによれば，従来，大統領制と議院内閣制，一院制と二院制，多数代表制と比例代表制，強い政党と弱い政党，二党制と多党制といった単一の基準によって政治制度を対置する見方がなされてきたが，これらすべての制度間の関係については明らかにされてこなかった。たとえば，大統領制で二院制，二つの弱い政党が存在する国と，議院内閣制で一院制，強い政党が複数みられる多党制とを比較するにはどうしたらいいのかという点については，これまで論じられることがなかった。ツェベリスは，異なる組み合わせがどのような相互作用をもたらすのかという点を解明しようとした。

　政策を変更するためには，いいかえると，（立法的）現状の変更のためには，個人や集団が変更についての提案に同意する必要がある。拒否権プレイヤーとは，これらの個人や集団のことであり，一国における憲法（アメリカでは，大統領，上院，下院）ないし政治システム（西欧では，連立与党）によって規定されているアクターである。憲法によって規定されている場合は，制度的拒否権プレイヤーとされ，政治システムによるものは，党派的拒否権プレイヤーとされる。あらゆる政治システムは，（一定数の拒否権プレイヤーの存在，拒否権プレイ

ヤー間の一定のイデオロギー的距離，拒否権プレイヤー内部の結束度といった）拒否権プレイヤーの一定の配置をもっており，現状の打破集合に影響を及ぼす。現状の打破集合が小さいときは，拒否権プレイヤーが多いときであり，この場合や，拒否権プレイヤー間のイデオロギー的距離が大きいとき，拒否権プレイヤー内部の結束が強いときには，現状打破が困難になる。現状から大きく逸脱することができないような不可能性は，「政策安定性」と呼ばれる（Tsebelis 2002 邦訳 2-3）。

政治制度は，政策決定を行うために拒否権プレイヤーを順番に配置するが，他の拒否権プレイヤーに対して，「これを採用するか否か」という提案を行う拒否権プレイヤーは，アジェンダ設定者であり，現状打破となる政策に大きな影響を及ぼす。このような拒否権プレイヤーは，実現可能な帰結のうちで自己の最も好むものを選択するが，結果的に，アジェンダ設定能力は，政策安定性と逆の相関関係となる。政策安定性が高ければ，アジェンダ設定者の役割は小さくなる。拒否権プレイヤーの選好，現状の位置，誰がアジェンダ設定者であるのかなどがわかれば，政策決定過程の帰結が予想可能となる（Tsebelis 2002 邦訳 3）。

図 11-1 で示されるように，政策安定性は，政治システムの構造的特徴に影響を及ぼす。議院内閣制（議会制）では，政府が現状を変更しようとする際に，政府の崩壊や交代の可能性に直面することがある。この点は，政策安定性が政権不安定性をもたらすことを意味している。大統領制では，政治システムによる問題解決の不可能性がみられる場合に，体制不安定性が明らかとなり，軍部主導の政治体制へと政権交代がみられるかもしれない。また，立法的現状の変更の不可能性は，官僚の独立性と司法の独立性をもたらすかもしれない（Tsebelis 2002 邦訳 4）。

4 か国の事例

ツェベリスは，イギリス，アメリカ，ギリシア，イタリアという 4 か国を挙げ，拒否権プレイヤー論の特徴を説明している（Tsebelis 2002 邦訳 4-7）。これらの国々は，いろいろな基準により分けられるし，さまざまな比較が可能である。たとえば，大統領制か議院内閣制かという点では，アメリカのみが大統

第 11 章　政策過程

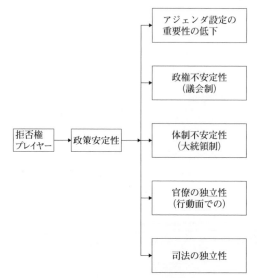

図 11-1: 多数の拒否権プレイヤーの効果
出所　ツェベリス『拒否権プレイヤー』5 頁。

領制で，他の 3 か国は議院内閣制である。政党システムについてみると，英米 2 か国が二党制であるのに対し，ギリシアとイタリアは多党制である。また，英米がアングロ・サクソン型のシステムであるのに対し，ギリシアとイタリアは大陸ヨーロッパ型システムである。多数代表型民主主義と合意形成型民主主義という二分法にしたがうと，イギリスが多数代表型，ギリシアとイタリアが合意形成型，アメリカが両者の中間型となる。

　ツェベリスによれば，イタリアとアメリカには，多くの拒否権プレイヤーが存在するため，政策安定性が高いが，ギリシアとイギリスでは，拒否権プレイヤーが一つだけしか存在しないため，政策不安定性が高いかもしれないという (Tsebelis 2002 邦訳 5)。イタリアとアメリカに共通点はほとんどみられないが，拒否権プレイヤーの論理は，二つの国に類似の特徴があることを予想した。イタリアでは，政策安定性の結果として，あるいは政策安定性の欠如の結果として，政権不安定性が高く，官僚や司法の役割も他のイギリスやギリシアと比べると，大きいとされる。

11.4 拒否権プレイヤー

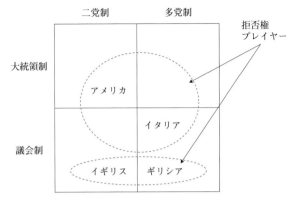

図 11-2: 体制，政党システム，拒否権プレイヤーによる分類の相違
　　　出所　ツェベリス『拒否権プレイヤー』7頁。

　図 11-2 は，大統領制か議院内閣制かという分類と，二党制か多党制かという分類とを組み合わせ，それぞれの組み合わせに各国を配置したものである (Tsebelis 2002 邦訳 6-7)。図 11-2 では，これまでの分類では明らかにされなかったような特徴がみられる。統治形態や政党システムに注目するだけでは，拒否権プレイヤーの論理が伝えようとしている特徴を把握することができなかったのであり，各国の制度を比較分析する際の新たな視角が拒否権プレイヤー論では示されたのである。

　拒否権プレイヤーの配置状況が政策安定性を示しており，他の政策や制度に影響を及ぼすことになる。ツェベリスは，結論において，拒否権プレイヤー論が「一連の政策と他の重要な政治の特質を説明するために，立法府政治，すなわち立法の意思決定がいかになされるのかということに焦点を当てている」と述べている (Tsebelis 2002 邦訳 360)。体制のタイプ，政党システム，政党のタイプなどに個別に注目するのではなく，立法過程に注目するのは，立法諸制度間でみられる拒否権プレイヤー同士の相互作用に焦点を向けることになるからである。

　拒否権プレイヤー論は，次のような四つの問いかけにしたがって展開されている。「誰が拒否権プレイヤーなのか」，「それらの拒否権プレイヤーはいかに意思決定を行うのか」，「拒否権プレイヤーはいかに相互作用しているのか」，

223

第11章 政策過程

「我々がアジェンダ設定者（最初の手番者）を確認できるのなら，彼の制度的優位性と位置的優位性はどのようなものになるのだろう」。これらをみていくことで，拒否権プレイヤー論が単なる立法過程論だというのではなく，政策過程の比較を行うのに役立つことも，さまざまな政治制度の関係を把握するのに役立つことも，さらに，政治制度の比較分析を行うのに役立つことも明らかになるように思われる。

1970年代後半以降，とりわけ，政策過程が注目されるようになり，比較政治学においても，数多くの議論がみられるようになった。ここでは，コーポラティズム論と拒否権プレイヤー論という二つの議論に注目し，政策過程を比較するための分析枠組みについて説明した。比較政治学において政策過程に注目することは，政治過程を比較することにもなる。一連の過程において，どのようなアクターが登場し，さまざまな段階において何の役割を果たすのかが映し出されることになり，そこから導き出される知見は，政策研究だけでなく，政治過程，さらには，政治制度を改めて考えることにもつながる。

紙幅の都合上，比較政治学における政策過程にかかわる議論をあまり取り扱うことができなかったが，さまざまな点から政策過程の比較分析が可能であることは示唆されているように思われる。

第 12 章　ガバナンス
Governance

12.1　ガバナンスとは何か

ガバナンスの概念

　「ガバナンス」という概念は，20世紀の終わり頃から社会科学のさまざまな分野で使われるようになった．とりわけ，政治学では，一つの国家におけるガバナンスを対象として議論を行っており，パブリック（public）やグッド（good）という言葉をガバナンスという言葉の冠にして，パブリック・ガバナンスやグッド・ガバナンスなどと表現して用いてきた．他にも，ガバナンスの概念は，経済学や経営学などにおけるコーポレート・ガバナンス（corporate governance）や，国際政治学におけるグローバル・ガバナンス（global governance）などがみられるが，ここでは，一国におけるガバナンスを取り扱った議論のみを対象とする．(Kjær 2004; Bevir 2007; Bevir 2011)．

　政治学において，ガバナンスという言葉が意味するのは，「統治」のことである．従来，政治学において，統治を行うのは，政府や政治家であるとされ，政府という意味をもつガバメント（Government ないし government）という言葉を統治と訳してきた．ガバメントが統治を意味しなくなったというのではない．依然として，ガバメントという言葉は統治という意味をもっているが，現在では，ガバナンスという言葉も統治を意味するようになった．

　ガバナンス論は，現在の統治が従来のものとは異なるからこそ，ガバメントという言葉を使うのではなく，新たにガバナンスという言葉を使うことにより，その違いを示そうとしているところに特徴がある．その違いとは何か．ガ

バメントとガバナンスという言葉の違いとは何か。この問題を考えるためには，従来のように，政府が独占的に正統性をもった統治の担い手として機能し続けることができるのか否かという点と，たとえば，政策課題が変容してきているように，統治を行うべき対象が変わってきているという点とを併せて考える必要がある。

ガバメントからガバナンスへ

　ガバナンス論が登場した背景には，1970年代後半から1980年代の先進工業民主主義諸国に共通してみられた現象がある。先進諸国では，民主主義の統治能力の危機と表現されたように，政治的な側面において，選挙での投票率の低下，有権者の政治不信，政府の能力の低下，市民の抗議活動の活発化など，それ以前にはみられなかった動きがみられるようになった（Crozier, Huntington and Watanuki 1975）。政治以外にも，経済や文化の側面でも変化がみられたし，統治能力の危機は，その後も続いた。

　第二次世界大戦後の復興を経た後，1970年代には石油危機が起こり，それまでの高度経済成長から低成長経済へと状況は大きく変化した。その結果，戦後の福祉国家は危機に直面した。福祉国家の危機は，大きな政府から小さな政府への方向転換とも関連していた。

　また，戦後に生まれた人々の価値観は，物質主義的な価値観から脱物質主義的な価値観へと変化したという指摘もみられるようになった（Inglehart 1977）。脱物質主義的価値観を抱く人々の行動は，それ以前の物質主義的価値観をもつ人々とは異なっており，政治とのかかわりについても違いがみられた。脱物質主義的価値観をもつ人々は，環境保護や平和，マイノリティの権利の擁護など，さまざまな争点に関して発言したり行動したりすることによって政治に参加する傾向があるとされた（→第3章）。

　それ以外にも，さまざまな社会運動にみられたように，人々からのインプットが噴出したことで政府は過重負担となり，国民からの多様な要求に対応できなくなった。そのため，国民は政府に対する不満を募らせ，政党や政治家，政府や議会など既存のガバメントに対する不信感を増大させた。それまで，ガバメントは，絶対的かつ至高の存在として君臨してきたが，その地位を低下さ

せ，ガバメントの正統性は危機を迎えたのである（→第 8 章）。

　これら一連の出来事は，統治能力の危機と表現された。ガバメントの統治能力は，低下し続け，それに歯止めがかかることはなかった。ガバメントは，他のアクターに取って代わられたのでもなく，政治の場面から退場したわけでもない。しかし，ガバメントは，かつてのような，安泰な地位に返り咲くことはなかった。そこで登場したのがガバナンスという現象であり，概念である。特に，1990 年代以降の新しい状況下で，低下しつつあるガバメントの統治能力に対する代替肢として，ガバナンスは，脚光を浴びるようになった。ガバナンスという現象が注目されるとともに，社会科学における新しい概念として，さまざまな角度からガバナンスに関する議論が展開されるようになったのである。

12.2　ガバメントとガバナンス

統治にかかわるアクター

　ガバメントとガバナンスとの違いとは何か。二つの用語が統治を意味しているとしても，従来の統治とは異なるからこそ，ガバメントではなくガバナンスという言葉で統治を示すようになったのであり，ガバメントとガバナンスとの違いを明らかにする必要がある。以下では，統治についての従来型の議論をガバメント論とし，新しい統治についての議論をガバナンス論として位置づけ，三つの点から両者の特徴を挙げる。

　まず，ガバメントとガバナンスとの違いで挙げられるのは，統治にかかわるアクターの違いである。ガバメント論では，狭義にいえば，文字通り政府だけが統治に関与するアクターであり，広義には政府や議会など公式的な統治機構が統治に関与する。ガバメントとは，基本的に統治機構に含まれるアクターを意味している。

　それに対して，ガバナンス論は，公式的なアクター以外に非公式的なアクターの関与も前提としており，アクターの多様性を重視するところに一つの特徴がある。ガバナンスには，既存の統治機構の他に，政党，官僚，地方自治体，NGO や NPO，民間企業などが主要なアクターとして参加する。アク

ターの多様化は，従来から中心的な役割を果たしてきたアクターの地位や役割が低下し，その結果として，新しいアクターが台頭したためである。

ガバメントが統治を一手に引き受けることは不可能になったため，多様なアクターの新規参入が欠かせなくなった。それらがガバメントに取って代わらなくとも，かつてガバメントが果たしていた役割の一部を補完したり，代替したりするようになった。そのため，もはや統治ではなく，多様なアクター間の共治が重要であるという認識が広がった。その結果，ガバメントからガバナンスへの転換が訪れたのである。

ハイアラーキーとアナーキー

次に，ハイアラーキー（hierarchy）とアナーキー（anarchy）との対置関係からガバメントとガバナンスとの違いを説明できる（土屋 2000）。ハイアラーキーとアナーキーとは対置概念であり，それぞれを両極に位置づけることができる。たとえば，左端にハイアラーキーを位置づけ，右端にアナーキーを位置づける。この場合には，両者の中間にガバナンスが位置づけられる。右側に行くほど，無秩序な状態がみられるのに対し，左側に行くほど秩序が保たれている状態となる。そのため，左側では，階層的な秩序が維持された状態となり，ガバメントの様相を帯びることになる。

ガバメントは，秩序維持を重視するハイアラーキー的な性格をもつ。それに対して，ガバナンスは，無秩序状態ではないが，ハイアラーキーよりもアナーキーな状態に近い性格をもつ。そのため，決定作成でも両者は明らかに異なる。

ガバメント論では，既存の統治機構や組織の決定作成の方法を採用しているのに対し，ガバナンス論では，決定作成過程に多様なアクターが関与し，アクター間のネットワーク化により問題の発見と問題の解決に向けた取り組みがなされるとされる。多様なアクターが決定にかかわることにより，解決すべき新たな課題が明らかになる。従来の決定作成では陽のあたらなかった領域にある課題までもが表面化するようになる。

公私領域の再編成

　第三に,「公」と「私」という区分がガバメントとガバナンスの違いを考えるのに役立つ。公的アクターには政府や議会といった既存のガバメントが含まれるのに対し, 私的アクターにはNGOやNPO, 民間企業などが含まれる。これまでは, 公的アクターのみが統治を行ってきたが, 今日では私的アクターも統治にかかわるようになった。

　従来のように, 公的な問題に取り組むのは公的アクターであり, 私的アクターは公的問題に一切かかわらないというのではない。ガバメント論では, ガバメントによる公的な問題への対応そのものがテーマであり, 公的領域における公的な問題が取り扱われてきた。公的なアクターと, その問題のみを取り扱うのがガバメント論であり, ガバナンス論では, 私的な領域に存在する私的アクターが公的な問題に関与することで, 公と私との接触ないし融合がみられるようになった。

　その結果として, 公的領域と私的領域とが再編成した。ともすれば, 官と民という区分が公と私との対応関係にあるかのように理解される。すなわち,「官＝公」と「民＝私」という関係である。しかし, 実際はそれほど単純な構図ではない。

　公的問題をガバメントが一手に引き受けるのではなく, 民の側に位置するアクターが公的な問題に関与することにより, 民と公という図式が描かれる。ガバメント論的な発想である「官＝公」と「民＝私」という構図が崩れたことにともなう民の公への関与は, ガバナンスの本質的な部分を示している。民の公への関与とは, 具体的には民側のアクターの政策決定過程への関与である。その意味で, 公私領域の再編成とは, 政策決定過程におけるアクターの関与の仕方が変化したことに他ならない。

　このように考えてくると, 政策決定過程の新しい形態として, ガバナンスという概念を規定したり, ガバナンス論を理解したりすることも可能となる。ここでいう政策決定過程とは, 決定の段階のみを対象としているのではなく, 政策立案から実施に至るまでの一連の過程を念頭に置いている。換言すると, 広義の政策決定過程を意味している。

　ガバメント論は, 狭義の決定に関与できる統治機構を対象とし, ガバナンス

論は，広義の決定過程を視野に入れ，さまざまなアクターの関与を前提とする。その結果，多様なアクターが発見した問題をどのように解決するかが，ガバナンス論では取り扱われることになり，誰が行うかよりも，むしろ何を行うか，何を行うべきか，なぜ行うかというかたちで政策の中身や政策の方向性に焦点を向けることになる。

単にアクターの多様化や，アクター間のネットワーク化を意味するものとして，ガバナンスについて理解すると，ガバナンスの本質的な特徴を見落としてしまう危険がある。ガバナンスは従来と異なる統治であり，多様なアクターがネットワーク化し，政策決定過程に関与する新しい形態として捉えることができる。多様なアクターが決定にかかわることで導き出される政策の中身や方向性こそがガバナンスの本質的な特徴を示すのであり，ガバメント論との決定的な違いを示している。

ガバナンスは，ガバメントの統治能力の低下にともない，他のさまざまなアクターがそれを補完もしくは代替するために必要に応じてネットワーク化して政策決定過程へ関与することによりもたらされた新しい現象である。したがって，ガバナンスは，政府や議会をはじめとする既存の公的アクターに加えて，NPOやNGO，民間企業など（市民を含む）の私的なアクターも協働して問題の発見と解決に取り組むこととして理解できるのであり，新しいかたちの統治を意味するものとして理解することもできるのである。

12.3　ガバナンスへのアプローチ

国家中心アプローチと社会中心アプローチ

ガバナンス論は，大別すると，二つの立場に分けられる。一つは，国家中心アプローチであり，もう一つは，社会中心アプローチである（西岡 2006）。国家中心アプローチは，国家や政府の存在を前提として，ガバナンスについて論じており，ガバナンスにおける国家ないし政府の役割に焦点を向けている。国家は，「舵取り」(steering) を行う存在であり，他のアクターとは明確に異なる役割を果たす。ガバナンスという用語には，舵取りという意味があり，そのため，国家が「舵取り」役を果たすものとして位置づけられる。国家は，統

12.3 ガバナンスへのアプローチ

治の中心に位置しており，国家と他のアクターとの関係は垂直的な関係となる（Pierre and Peters 2000）。このような立場の代表的な論者としては，ピーレ（Jon Pierre）やピーターズ（B. Guy Peters）などの名前を挙げることができる。

それに対して，社会中心アプローチは，さまざまなネットワークやパートナーシップのタイプにみられる調整や自己統治に焦点を絞っており，主として政策ネットワークの役割に目を向けている（Pierre 2000）。国家は，中心に位置しているのではなく，複数のアクターのうちの一つとして位置づけられる。国家は他のアクターと同格の存在でしかない。ガバナンスは，多様なアクターによる水平的な関係によって実現し，アクター間のネットワークが重要になる（Rhodes 1997; Kooiman 1993）。社会中心アプローチの論者としては，ローズ（R. A. W. Rhodes），コーイマン（Jan Kooiman）などの名前が挙げられる。それ以外にも，ヨーロッパの研究者たちがガバナンス研究のネットワークを構築しており，ドイツのマックス・プランク社会研究所や，オランダのエラスムス大学を中心とする「ガバナンス・クラブ」と称されるつながりなどもみられる。

国家中心アプローチに比べると，社会中心アプローチは，論点が多岐にわたっており，次々と新たな研究成果が発表されているように思われる。たとえば，ガバナンス・ネットワーク（governance network）という概念を中心に据えてガバナンス論を展開している論者たちは，「第一世代」から「第二世代」の台頭へと変遷をみるに至ったという（Sørensen and Torfing 2007）。彼らは，第一世代の議論を引き継ぎつつも，新たに民主的ネットワーク・ガバナンス（democratic network governance）という概念を提起している。

彼らの議論では，意識的に民主主義という概念が用いられるようになったと思われる。民主的ネットワーク・ガバナンスという概念は，民主主義とガバナンスという二つの概念が結びついたものである。ガバナンスについては，説明責任（accountability），応答性（responsibility），透明性（transparency）などとの関連が考慮に入れられてきたが，民主主義とガバナンスとのかかわりは，あまり言及されてこなかった。しかし，民主的ネットワーク・ガバナンスという概念の提起と，第二世代の議論の展開により，ガバナンス論は，民主主義にも関心を向けるようになった（Benz and Papadopoulos 2006）。

第12章　ガバナンス

民主主義とガバナンス

　民主主義とガバナンスとの関係が注目されるようになり，その文脈から多極共存型民主主義とガバナンスとのかかわりも注目されるようになった（Benz and Papadopoulos 2006）。ベンツ（Arthur Benz）とパパドゥポウロス（Yannis Papadopoulos）によれば，熟議民主主義（deliberative democracy）ないし討論民主主義や結社民主主義（associative democracy），多極共存型民主主義の概念は，ガバナンスに関する議論において，重要な役割を果たしているという（Benz and Papadopoulos 2006）。とりわけ，多極共存型民主主義の特徴は，ガバナンスの特徴と重複する部分があるとされる。

　彼らによれば，多極共存型民主主義は，アクター同士の垂直的な上下の関係よりも水平的な横の関係を重視し，領域的な基準にしたがうよりも，機能に基づいて参加者を包含する（Benz and Papadopoulos 2006: 274）。決定は多数決ではなく，合意形成によってなされる。アクター間の協力は，政党間競合や対立的な権力構造ではなく，公的部門のアクターと私的部門のアクターによって行われる。

　彼らは，さらに，ガバナンスの特徴を次のように説明している。少なくとも理論上，ガバナンスは，政策決定に多様な集団や私企業などが参加する新しい方法を意味しているとはいえ，特定のエリート集団のみが公式に参加しており，アクター間の関係においては不釣合いな関係がみられることもある。ガバナンスは，アクター間の競合的な関係をともなっているのであり，参加や合意形成，政治の機能的な再組織化というだけでなく，権力をともなうものである。彼らは，政治としてのガバナンスの特徴を無視することが民主主義の問題を無視することにもなるという。

　彼らによれば，その理由としては，民主的ガバナンスという規範概念が，ガバナンスにおける権力保持者（政治的リーダー）と，決定の結果として影響を受けることになる権力保持者の外側に位置しているアクターとの間の関係を捉えなければならないことが挙げられる。ベンツらは，民主主義の概念には権力の現実が考慮に入れられていると指摘し，正統性との関連に言及している（Benz and Papadopoulos 2006）。

　彼らは，シャルプ（Fritz W. Scharpf）の議論を参照し，政治システムにおけ

12.3 ガバナンスへのアプローチ

るインプット側とアウトプット側のそれぞれの正統性について言及している(Benz and Papadopoulos 2006: 274-275)。ガバナンスにおいては，選挙を通じて選出されたアクターのみが政策決定過程に関与するのではなく，選挙で選ばれたわけではないアクターもかかわりあう。そのため，市民の利益は，インプットによって実現を目指すとは限らない。

ガバナンスの構造では，多数者によって決定がなされるのではなく，交渉や同意から決定が導き出されるのであり，有効なアウトプットに達するのは困難になる。この点に関して，最も困難な問題は，政治過程における説明責任に関係する。政治過程は，多くが非公式的であり，あまり透明性はなく，しばしば政治的リーダーや専門家によって支配されており，他の決定作成者たちを非難する機会をアクターに提供する。

インプットの正統性は，いかに市民の利益が政策作成に変換されるかに言及したものであり，どのような利益が包含されたり，排除されたりしたのか，いかに利益の選択が正統なものであるのかといった手続きも重視される（Benz and Papadopoulos 2006: 275)。潜在的なアクセスの平等や利益を考慮することの公平さは，民主的正統性の基本的な要件である。政策作成におけるアウトプットの正統性は，市民や影響を受ける集団によって認められることにより，確保される。とりわけ，ガバナンスのネットワークが伝統的な統治のメカニズムの失敗に対応するものとして考えられるならば，新しく代替的な方法を提供することになる。ガバナンスは，予期し得ない騒動を処理し，政策についての知識を誘発するように計画されている。アウトプットの正統性に関して，ガバナンスは，弾力のある体制を提供することになる。

従来の民主主義は，選挙による正統性の付与だけを前提としてきた。そのため，インプット側で正統性が一度付与されたら，その後も正統性は揺るがないものとされた。しかし，ガバナンスでは，政策決定過程の各段階において，さまざまなアクターが関与し，決定がなされていくため，インプット側だけに注目して正統性を議論するのでは不十分である。ガバナンスは，インプットからアウトプットまでの政治過程を対象としており，アウトプット側の正統性も視野に入れる必要がある。

ベンツとパパドゥポウロスは，ガバナンスについて考えるのに多極共存型

民主主義が役立つと指摘したが，彼らの提示したガバナンスの特徴は，多極共存型民主主義の特徴を意識したものである。レイプハルト（Arend Lijphart）の説明にしたがえば，多極共存型民主主義の最大の特徴は，あらゆる重要な区画の政治的リーダーによる大連合である（→第4章）。この点は，それぞれ異なる利益を追求している多様なアクターが協力して統治にかかわるという意味では，ガバナンスの特徴とも重なり合う部分である。

　ガバナンスも民主主義も，時間的にも手続き的にも容易なことではないのは明らかである。さまざまなアクターが関与することで，かえって時間がかかるようになり，各アクターの思惑が入り乱れることにより決定が迅速に行われず，政治過程が停滞しているかのような印象を与えることもある。それにもかかわらず，大連合のように，多様なアクターによる共治が制度的にも整えられることは，これまでの統治においてはなされてこなかったことであり，民主主義の新しいかたちとして捉えることができる。

　多極共存型民主主義は，ヨーロッパの小国を事例とするように，多元社会における民主主義の実践から導き出されたものであり，社会の多元性が前提となっている。ガバナンスにおいては，社会の多元性が前提にあるのではない。ガバナンスが常に多元社会で行われるのではないし，多極共存型民主主義の前提をガバナンスにあてはめるのは不適切である。ガバナンスは，多極共存型民主主義にみられるような統治の方法から示唆を受けることができる。具体的には，多様なアクターの存在と制度とのかかわりという点に加え，民主主義の安定性をいかに実現するかという点について，多極共存型民主主義がガバナンスに示唆を与えると思われる。

12.4　民主主義とガバナンスの課題

　現代の民主主義において，ガバナンスには正統性がともなっているのであろうか。ガバナンスには，公的アクターだけではなく，私的アクターも含まれ，多様なアクターのかかわりが見込まれる。ガバナンスにおいては，アクター間のネットワーク化をいかに実現するのかという点だけでなく，各アクターの正統性をいかに担保するのかという点も課題として挙げられる。

12.4 民主主義とガバナンスの課題

　多様なアクターが関与した結果として，ガバナンスが実現せず，アナーキーな状態になることは避けられねばならない。公的アクターと私的アクターとが混在することにより，政策決定過程が無責任なものとなってはならないし，決定作成における責任の所在が不明確になってはならない。責任の問題は無視できないし，それに関連して正統性の問題も避けることはできない。

　ガバナンスにおける正統性の問題は，民主主義とガバナンスとのかかわりを考える際に，忘れることができない点である。ガバナンスには，民主的正統性が重要だと指摘されているが，アクターの正統性だけでなく，決定の正統性にも目を向ける必要がある。議会制民主主義では，これまで選挙と議会が決定作成に正統性を付与してきた。決定作成過程においては，議会が最も正統性をもち，民主主義の中心に位置してきた。ガバナンスにおいても同様に，公式的に正統性を付与することができて，なおかつ責任の所在が明確である議会の存在に積極的に注目する必要がある。ガバナンス論においては，議会が既存の統治機構の一部であることからその役割を過小評価しがちである。

　しかし，ガバナンスにおいて，議会の存在に重みがないわけではない。現実には，議会が明確な民主的正統性をもち，議会制民主主義の中心にあることを忘れることはできない。民主主義における公式決定とは，議会が正統性を付与することである。現代民主主義におけるガバナンスを論じることは，既存のガバメントの役割を改めて考えることにもなるし，それにより，正統性の問題を考えることにもなる。

　民主主義とガバナンスという二つの概念は，ある点において，重なりがみられる。両者は相互補完的な概念であり，分かち難いものである。その点に関していえば，両者の関連に目を向けることには意味がある。また，二つの概念がどのような性格のものであるのかについて考慮に入れる必要もある。これらの概念が実態概念か分析概念か，あるいは規範概念かという点から検討される必要もある。民主主義にせよガバナンスにせよ，これらの概念については，論者ごとに全く異なる見方が示されているのが実状である。既存の議論では，民主主義が実態概念ないし分析概念として用いられているのに対し，ガバナンスについては，規範概念として用いられる傾向がある。

　もちろん，それほど容易に二つの概念を区分することはできない。しかし，

両者の用いられ方は、明らかに異なっている。たとえば、現代の民主主義理論において、民主主義の実現を政治の理想とし、民主主義がよりよい政治をもたらすと手放しで礼賛するような議論は、今やどこにも見当たらない。政治家や政治活動家など政治の実践者の言葉においては、民主主義という言葉を意図的に（換言すれば、政治的に）利用し、民主主義の実現や変革を主張することがある。しかし、少なくとも現代民主主義理論において、民主主義という概念は、規範的に用いられるよりも、実際の政治体制や国家を捉える際に用いられており、実態概念ないし分析概念として取り扱われている。

　それに対して、ガバナンス論においては、ガバナンスの実現が現在の状況を改善し、よりよい状況をもたらすという暗黙の前提が存在し、そこには規範的な色彩がみられる場合がある。民主主義と比べると、ガバナンスについて議論されてきた時間は短く、研究の蓄積も格段に少ないのは一目瞭然である。国内外でガバナンス論が進展してきたのは、過去四半世紀ほどのことであり、わずかな期間で脚光を浴びることになった「成長産業」ともいえる。

　初期のガバナンス論と異なり、最近では、ガバナンスの失敗や、ガバナンスにおける正統性、説明責任、応答性、透明性などが論じられている。この点は、以前に比べると、ガバナンスを論じることに精緻さがともなってきたことを意味している。今後、ガバナンス論がどこに向かうのかは、今のところ未知数であり、即断は許されない。ガバナンスについての議論が一時の流行で終わるのか、ガバナンスという概念が他の概念に置き換え可能なものとなるのか、それとも一つの確立した議論としての地位を確立できるのか、今や、その分かれ道に来ているように思われる。

参考文献

序　章

岩崎美紀子（2005）『比較政治学』岩波書店。
内山秀夫（1990）『比較政治考』三嶺書房。
小川有美・岩崎正洋編（2004）『アクセス地域研究Ⅱ――先進デモクラシーの再構築』日本経済評論社。
小野耕二（2001）『社会科学の理論とモデル11　比較政治』東京大学出版会。
粕谷祐子（2014）『比較政治学』ミネルヴァ書房。
岸川毅・岩崎正洋編（2004）『アクセス地域研究Ⅰ――民主化の多様な姿』日本経済評論社。
河野勝（2002）「比較政治学の方法論――なぜ，なにを，どのように比較するか」河野勝・岩崎正洋編『アクセス比較政治学』日本経済評論社。
河野勝・岩崎正洋編（2002）『アクセス比較政治学』日本経済評論社。
白鳥令編（1981）『現代政治学の理論（上）』早稲田大学出版部。
白鳥令編（1982）『現代政治学の理論（下）』早稲田大学出版部。
白鳥令編（1985）『現代政治学の理論（続）』早稲田大学出版部。
建林正彦・曽我謙悟・待鳥聡史（2008）『比較政治制度論』有斐閣。
西川知一編（1986）『比較政治の分析枠組』ミネルヴァ書房。
眞柄秀子・井戸正伸（2004）『改訂版　比較政治学』放送大学教育振興会。
藪野祐三・砂田一郎編（1990）『比較政治学の理論』東海大学出版会。
Caramani, Daniele (2014) 'Introduction to Comparative Politics,' In Daniele Caramani (ed.), *Comparative Politics*, Oxford University Press.
Clark, William Roberts, Matt Golder and Sona Nadenichek Golder (2012) *Principles of Comparative Politics*, Second Edition, CQ Press.
Drogus, Carol Ann and Stephen Orvis (2011) *Introducing Comparative Politics: Concepts and Cases in Context*, Second Edition, CQ Press.
Hislope, Robert and Anthony Mughan (2012) *Introduction to Comparative Politics: The State and Its Challenges*, Cambridge University Press.
Landman, Todd and Neil Robinson (eds.) (2009) *The Sage Handbook of Comparative Politics*, Sage.
Wiarda, Howard J. (ed.) (1985) *New Directions in Comparative Politics*, Westview Press.　大木啓介・桐谷仁・佐治孝夫・大石裕訳（1988）『比較政治学の新動向』東信堂。
Wiarda, Howard J. (1999) *Introduction to Comparative Politics: Concepts and Processes*, Second Edition, Wadsworth Publishing Company.　大木啓介訳

参考文献

（2000）『入門比較政治学——民主化の世界的潮流を解読する』東信堂。

第1章　政治システム

佐々木毅（2012）『政治学講義〔第2版〕』東京大学出版会。

福岡政行・江上能義・大谷博愛・谷藤悦史・新川達郎・青木泰子（1985）『政治の体系・文化・社会化』芦書房。

Almond, Gabriel A. (1970) *Political Development: Essays in Heuristic Theory*, Little, Brown and Company. 内山秀夫・川原彰・佐治孝夫・深沢民司訳（1982）『現代政治学と歴史意識』勁草書房。

Almond, Gabriel A. and G. Bingham Powell, Jr. (1966) *Comparative Politics: A Developmental Approach*, Little, Brown and Company.

Almond, Gabriel A. and G. Bingham Powell, Jr. (1978) *Comparative Politics: System, Process, and Policy*, Second Edition, Little, Brown and Company. 本田弘・浦野起央監訳（1986）『比較政治学〔第2版〕』時潮社。

Almond, Gabriel A. (ed.) (1974) *Comparative Politics Today: A World View*, Little, Brown and Company.

Deutsch, Karl W. (1963) *The Nerves of Government: Models of Political Communication and Control*, Free Press. 伊藤重行・佐藤敬三・高山巌・谷藤悦史・藪野祐三訳（1986）『サイバネティクスの政治理論』早稲田大学出版部。

Duverger, Maurice (1964) *Introduction à la Politique*, Gallimard. 横田地弘訳（1967）『政治学入門』みすず書房。

Easton, David (1953) *The Political System: An Inquiry into the State of Political Science*, Knopf. 山川雄巳訳（1976）『政治体系——政治学の状態への探求〔第2版〕』ぺりかん社。

Easton, David (1965a) *A Framework for Political Analysis*, Prentice-Hall. 岡村忠夫訳（1968）『政治分析の基礎』みすず書房。

Easton, David (1965) *A Systems Analysis of Political Life*, John Wiley. 片岡寛光監訳（1980）『政治生活の体系分析〔上・下〕』早稲田大学出版部。

Easton, David (1965) *The Analysis of Political Structure*, Routledge. 山川雄巳監訳（1998）『政治構造の分析』ミネルヴァ書房。

Lasswell, Harold D. (1936) *Politics: Who Gets What, When, How*, P Smith. 久保田きぬ子訳（1959）『政治——動態分析』岩波書店。

Powell, G. Bingham Jr., Russell Dalton and Kaare Strom (eds.) (2014) *Comparative Politics Today: A World View*, 11th Edition, Pearson.

Weber, Max (1919) *Politik Als Beruf*. 脇圭平訳（1980）『職業としての政治』岩波文庫。

第2章　政治発展

岩崎正洋（2006）『政治発展と民主化の比較政治学』東海大学出版会。

内山秀夫（1972）『政治発展の理論と構造』未来社。

篠原一（1986）『ヨーロッパの政治——歴史政治学試論』東京大学出版会。

篠原一（2007）『歴史政治学とデモクラシー』岩波書店。

島田幸典（2011）『議会制の歴史社会学——英独両国制の比較史的考察』ミネルヴァ

書房。
白鳥令（1968）『政治発展論』東洋経済新報社。
Almond, Gabriel A. (1956) 'Comparative Political Systems,' *Journal of Politics*, Vol. 18, No. 3, pp. 391-409.
Almond, Gabriel A. (1970) *Political Development: Essays in Heuristic Theory*, Little, Brown and Company. 内山秀夫・川原彰・佐治孝夫・深沢民司訳（1982）『現代政治学と歴史意識』勁草書房。
Almond, Gabriel A. and James S. Coleman (eds.) (1960) *The Politics of the Developing Areas*, Princeton University Press.
Almond, Gabriel A. and G. Bingham Powell, Jr. (1966) *Comparative Politics: A Developmental Approach*, Little, Brown and Company.
Apter, David E. (1965) *The Politics of Modernization*, University of Chicago Press. 内山秀夫訳（1982）『近代化の政治学〔新装版〕』未来社。
Beling, Willard A. and George O. Totten (eds.) (1970) *Developing Nations: Quest for a Model*, Litton Educational Publishing, Inc. 片岡寛光監訳（1975）『政治発展のモデル』早稲田大学出版部。
Dodd, C. H. (1972) *Political Development*, Macmillan. 比嘉幹郎・江上能義訳（1978）『現代政治学入門講座9 政治発展論』早稲田大学出版部。
Flora, Peter and Arnold J. Heidenheimer (eds.) (1981) *The Development of Welfare States in Europe and America*, Transaction.
Heckscher, Gunnar (1957) *The Study of Comparative Government and Politics*, George Allen and Unwin.
Higgott, Richard A. (1982) *Political Development Theory*, Croom Helm. 大木啓介・桐谷仁・佐治孝夫・李光一訳（1987）『政治発展論——第三世界の政治・経済』芦書房。
Huntington, Samuel P. (1968) *Political Order in Changing Societies*, Yale University Press. 内山秀夫訳（1972）『変革期社会の政治秩序——革命と安定の政治学（上・下）』サイマル出版会。
Lipset, Seymour Martin (1963) *The First New Nation*, Basic Books. 内山秀夫・宮沢健訳（1971）『国民形成の歴史社会学——最初の新興国家』未来社。
Moore, Barrington, Jr. (1966) *Social Origins of Dictatorship and Democracy: Lord and Peasant in the Making of the Modern World*, Beacon Press. 宮崎隆次・森山茂徳・高橋直樹訳（1986）『独裁と民主政治の社会的起源——近代世界形成過程における領主と農民（Ⅰ）』岩波書店。
Moore, Barrington, Jr. (1966) *Social Origins of Dictatorship and Democracy: Lord and Peasant in the Making of the Modern World*, Beacon Press. 宮崎隆次・森山茂徳・高橋直樹訳（1987）『独裁と民主政治の社会的起源——近代世界形成過程における領主と農民（Ⅱ）』岩波書店。
Organski, A. F. K. (1967) *The Stages of Political Development*, Alfred A. Knopf. 沖野安春・高柳先男訳（1968）『政治発展の諸段階』福村出版。
Pye, Lucian W. (ed.) (1963) *Communications and Political Development*, Princeton University Press. NHK放送学研究室訳（1967）『マス・メディアと国家の近代化』日本放送出版協会。

参考文献

Rokkan, Stein (1970) *Citizens, Elections, Parties: Approaches to the Comparative Study of the Processes of Development*, Universitetsforlaget.
Rokkan, Stein (1973) 'Cities, States and Nations: A Dimensional Model for the Study of Contrasts in Development,' In S. N. Eisenstadt and Stein Rokkan (eds.), *Building States and Nations: Models and Data Resources*, Vol. 1, Sage.
Rokkan, Stein (1975) 'Dimensions of State Formation and Nation-Building: A Possible Paradigm for Research on Variation within Europe,' In Charles Tilly (ed.), *The Formation of National States in Western Europe*, Princeton University Press.
Rokkan, Stein and Derek W. Urwin (1983) *Economy, Territory, Identity: Politics of West European Peripheries*, Sage.
Tilly, Charles (1978) *From Mobilization to Revolution*, Addison-Wesley. 堀江湛監訳・小林良彰・佐治孝夫・桜内篤子訳（1984）『政治変動論』芦書房。
Wiarda, Howard J. (ed.) (1985) *New Directions in Comparative Politics*, Westview Press. 大木啓介・桐谷仁・佐治孝夫・大石裕訳（1988）『比較政治学の新動向』東信堂。

第3章 政治文化
石田雄（1970）『日本の政治文化——同調と競争』東京大学出版会。
猪口孝・M・カールソン編（2008）『アジアの政治と民主主義——ギャラップ調査を分析する』西村書店。
内山秀夫（1977）『政治文化と政治変動』早稲田大学出版部。
河田潤一（1989）『比較政治と政治文化』ミネルヴァ書房。
篠原一（1968）『日本の政治風土』岩波書店。
白鳥令（1968）『政治発展論』東洋経済新報社。
Almond, Gabriel A. and Sidney Verba (1963) *The Civic Culture: Political Attitudes and Democracy in Five Nations*, Princeton University Press. 石川一雄・片岡寛光・木村修三・深谷満雄他訳（1974）『現代市民の政治文化』勁草書房。
Almond, Gabriel A. and Sidney Verba (eds.) (1980) *The Civic Culture Revisited*, Sage.
Blondel, Jean and Takashi Inoguchi (2006) *Political Cultures in Asia and Europe: Citizens, States and Societal Values*, Routledge. 猪口孝訳（2008）『アジアとヨーロッパの政治文化——市民・国家・社会価値についての比較分析』岩波書店。
Kavanagh, Dennis (1972) *Political Culture*, Macmillan. 寄本勝美・中野実訳（1977）『現代政治学入門講座8　政治文化論』早稲田大学出版部。
Inglehart, Ronald (1977) *The Silent Revolution: Changing Values and Political Styles among Western Publics*, Princeton University Press. 三宅一郎・金丸輝男・富沢克訳（1978）『静かなる革命——政治意識と行動様式の変化』東洋経済新報社。
Inglehart, Ronald (1990) *Culture Shift in Advanced Industrial Society*, Prince-

ton University Press. 村山皓・富沢克・武重雅文訳（1993）『カルチャーシフトと政治変動』東洋経済新報社.
Inoguchi, Takashi and Jean Blondel (2007) *Citizens and the State: Attitudes in Western Europe and East and Southeast Asia*, Routledge. 猪口孝訳（2010）『現代市民の国家観——欧亜 18 カ国調査による実証分析』東京大学出版会.
Putnam, Robert D. (1993) *Making Democracy Work: Civic Traditions in Modern Italy*, Princeton University Press. 河田潤一訳（2001）『哲学する民主主義——伝統と改革の市民的構造』NTT 出版.
Putnam, Robert D. (2000) *Bowling Alone: The Collapse and Revival of American Community*, Simon & Schuster. 柴内康文訳（2006）『孤独なボウリング——米国コミュニティの崩壊と再生』柏書房.

第 4 章　政治体制

岸川毅（2002）「政治体制論」河野勝・岩崎正洋編『アクセス比較政治学』日本経済評論社.
山口定（1979）『ファシズム』有斐閣.
山口定（1989）『現代政治学叢書 3　政治体制』東京大学出版会.
Almond, Gabriel A. (1956) 'Comparative Political Systems,' *Journal of Politics*, Vol. 18, No. 3, pp. 391-409.
Dahl, Robert A. (1971) *Polyarchy: Participation and Opposition*, Yale University Press. 高畠通敏・前田脩訳（1981）『ポリアーキー』三一書房.
Duverger, Maurice (1948) *Les Régimes Politique*, Presses Universitaires de France. 田口富久治・田口英治訳（1964）『政治体制』白水社.
Easton, David (1957) 'An Approach to the Analysis of Political System,' *World Politics*, Vol. 9, pp. 383-400.
Lijphart, Arend (1968a) 'Typologies of Democratic Systems,' *Comparative Political Studies*, Vol. 1, No. 1, pp. 3-44.
Lijphart, Arend (1968b) *The Politics of Accommodation: Pluralism and Democracy in the Netherland*, University of California Press.
Lijphart, Arend (1977) *Democracy in Plural Societies: A Comparative Exploration*, Yale University Press. 内山秀夫訳（1979）『多元社会のデモクラシー』三一書房.
Lijphart, Arend (ed.) (1981) *Conflict and Coexistence in Belgium: The Dynamics of a Culturally Divided Society*, Institute of International Studies, University of California, Berkeley.
Lijphart, Arend (1984) *Democracies: Patterns of Majoritarian and Consensus Government in Twenty-One Countries*, Yale University Press.
Lijphart, Arend (1985) *Power-Sharing in South Africa*, Policy Papers in International Affairs, No. 24, Institute of International Studies, University of California, Berkeley.
Lijphart, Arend (1999) *Patterns of Democracy: Government Forms and Performance in Thirty-Six Countries*, Yale University Press. 粕谷祐子訳（2005）『民主主義対民主主義——多数決型とコンセンサス型の 36 ヶ国比較研究』勁草書

房。
Linz, Juan J. (1975) 'Totalitarian and Authoritarian Regimes,' In Fred I. Greenstein and Nelson Polsby (eds.) *Handbook of Political Science: Macropolitical Theory*, Vol. 3, Addison-Wesley, pp. 175-411. 高橋進監訳（1995）『全体主義体制と権威主義体制』法律文化社。
Linz, Juan J. and Alfred Stepan (1996) *Problems of Democratic Transition and Consolidation: Southern Europe, South America, and Post-Communist Europe*, Johns Hopkins University Press. 荒井祐介・五十嵐誠一・上田太郎訳（2005）『民主化の理論――民主主義への移行と定着の課題』一藝社。
Lowi, Theodore J. (1979) *The End of Liberalism: The Second Republic of the United States*, Second Edition, W. W. Norton & Company. 村松岐夫監訳（1981）『自由主義の終焉――現代政府の問題性』木鐸社。
McRae, Kenneth D. (1997) 'Contrasting Styles of Democratic Decision-making: Adversarial versus Consensual Politics,' *International Political Science Review*, Vol. 18, No. 3, pp. 279-295.

第5章　民主化
岩崎正洋（2006）『政治発展と民主化の比較政治学』東海大学出版会。
杉浦功一（2010）『民主化支援――21世紀の国際関係とデモクラシーの交差』法律文化社。
田中愛治監修・久保慶一・河野勝編（2013）『民主化と選挙の比較政治学――変革期の制度形成とその帰結』勁草書房。
中野実（1989）『現代政治学叢書4　革命』東京大学出版会。
吉川洋子編（2010）『民主化過程の選挙――地域研究から見た政党・候補者・有権者』
Baloyra, Enrique A. (ed.) (1987) *Comparing New Democracies*, Westview Press.
Diamond, Larry and Marc F. Plattner (eds.) (1996) *Civil-Military Relations and Democracy*, Johns Hopkins University Press. 中道寿一訳（2006）『シビリアン・コントロールとデモクラシー』刀水書房。
Grugel, Jean (2002) *Democratization*, Palgrave Macmillan. 仲野修訳（2006）『グローバル時代の民主化――その光と影』法律文化社。
Huntington, Samuel P. (1991) *The Third Wave: Democratization in the Late Twentieth Century*, University of Oklahoma Press. 坪郷實・中道寿一・藪野祐三訳（1995）『第三の波――20世紀後半の民主化』三嶺書房。
Karl, Terry Lynn (1990) 'Dilemmas of Democratization in Latin America,' *Comparative Politics*, Vol. 23, No. 1, pp. 1-21.
Lijphart, Arend (1984) *Democracies: Patterns of Majoritarian and Consensus Government in Twenty-One Countries*, Yale University Press.
Lijphart, Arend (1999) *Patterns of Democracy: Government Forms and Performance in Thirty-Six Countries*, Yale University Press. 粕谷祐子訳（2005）『民主主義対民主主義――多数決型とコンセンサス型の36ヶ国比較研究』勁草書房。

Linz, Juan J. (1978) 'Crisis, Breakdown, and Reequilibration,' In Juan J. Linz and Alfred Stepan (eds.) *The Breakdown of Democratic Regimes*, Johns Hopkins University Press. 内山秀夫訳（1982）『民主体制の崩壊——危機・崩壊・均衡回復』岩波書店。

Linz, Juan J. and Alfred Stepan (1996) *Problems of Democratic Transition and Consolidation: Southern Europe, South America, and Post-Communist Europe*, Johns Hopkins University Press. 荒井祐介・五十嵐誠一・上田太郎訳（2005）『民主化の理論——民主主義への移行と定着の課題』一藝社。

Lipset, Seymour Martin (1959) 'Some Social Requisites of Democracy,' *American Political Science Review*, Vol. 53, No. 1, pp. 69-105.

O'Donnell, Guillermo and Philippe C. Schmitter (1986) *Transitions from Authoritarian Rule: Tentative Conclusions about Uncertain Democracies*, Johns Hopkins University Press. 真柄秀子・井戸正伸訳（1986）『民主化の比較政治学——権威主義支配以後の政治世界』未来社。

Snyder, Jack (2000) *From Voting to Violence: Democratization and Nationalist Conflict*, W. W. Norton & Company.

Sørensen, Georg (2008) *Democracy and Democratization: Processes and Prospects in a Changing World*, Third Edition, Westview Press.

Svensson, Palle (1991) 'The Liberalization of Eastern Europe,' *Journal of Behavioral and Social Sciences*, Vol. 34, pp. 54-64.

Stepan, Alfred C. (1988) *Rethinking Military Politics: Brazil and the Southern Cone*, Princeton University Press. 堀坂浩太郎訳（1989）『ポスト権威主義——ラテンアメリカ・スペインの民主化と軍部』

第6章　民主主義

岩崎正洋編（2004）『e デモクラシー』日本経済評論社。

岩崎正洋・坪内淳編（2007）『国家の現在』芦書房。

白鳥令（1965）『政治理論の形成——プラトンからロックまで』東海大学出版会。

白鳥令（1984）「はしがき」白鳥令・曽根泰教編『現代世界の民主主義理論』新評論。

曽根泰教（1984）「J・A・シュンペーターと現代民主主義——古典的民主主義批判と『いまひとつの民主主義理論』の提唱」白鳥令・曽根泰教編『現代世界の民主主義理論』新評論。

Barber, Benjamin R. (2004) *Strong Democracy: Participatory Politics for a New Age*, University of California Press. 竹井隆人訳（2009）『ストロング・デモクラシー——新時代のための参加政治』日本経済評論社。

Crozier, Michel, Samuel P. Huntington and Joji Watanuki (1975) *The Crisis of Democracy: Report on the Governability of Democracies to the Trilateral Commission*, New York University Press. 綿貫譲治監訳（1975）『民主主義の統治能力——日本・アメリカ・西欧——その危機の検討』サイマル出版会。

Dahl, Robert A. (1971) *Polyarchy: Participation and Opposition*, Yale University Press. 高畠通敏・前田脩訳（1981）『ポリアーキー』三一書房。

Dahl, Robert A. and Edward R. Tufte (1973) *Size and Democracy*, Stanford

University Press. 内山秀夫訳（1979）『規模とデモクラシー』慶應通信。
Downs, Anthony (1957) *An Economic Theory of Democracy*, Harper & Brothers. 古田精司監訳（1980）『民主主義の経済理論』成文堂。
Held, David (1996) *Models of Democracy*, Second Edition, Polity Press. 中谷義和訳（1998）『民主政の諸類型』御茶の水書房。
Held, David (2010) *Cosmopolitanism: Ideals and Realities*, Polity Press. 中谷義和訳（2011）『コスモポリタニズム――民主政の再構築』法律文化社。
Lijphart, Arend (1977) *Democracy in Plural Societies: A Comparative Exploration*, Yale University Press. 内山秀夫訳（1979）『多元社会のデモクラシー』三一書房。
Lijphart, Arend (1984) *Democracies: Patterns of Majoritarian and Consensus Government in Twenty-One Countries*, Yale University Press.
Lijphart, Arend (1999) *Patterns of Democracy: Government Forms and Performance in Thirty-Six Countries*, Yale University Press. 粕谷祐子訳（2005）『民主主義対民主主義――多数決型とコンセンサス型の36ヶ国比較研究』勁草書房。
Lipset, Seymour Martin (1960) *Political Man: The Social Bases of Politics*, Doubleday & Company. 内山秀夫訳（1963）『政治のなかの人間――ポリティカル・マン』東京創元新社。
Pateman, Carole (1970) *Participation and Democratic Theory*, Cambridge University Press. 寄本勝美訳（1977）『参加と民主主義理論』早稲田大学出版部。
Sartori, Giovanni (1962) *Democratic Theory*, Wayne State University Press.
Schumpeter, Joseph A. (1942) *Capitalism, Socialism and Democracy*, Harper & Brothers. 中山伊知郎・東畑精一訳（1962）『資本主義・社会主義・民主主義〔第3版〕』東洋経済新報社。

第7章 選挙

岩崎正洋（1999）『政党システムの理論』東海大学出版会。
岩崎正洋編（2013）『選挙と民主主義』吉田書店。
小林良彰（1988）『現代政治学叢書9 公共選択』東京大学出版会。
小林良彰（2000）『社会科学の理論とモデル1 選挙・投票行動』東京大学出版会。
佐々木毅編（1999）『政治改革1800日の真実』講談社。
白鳥令編（1996）『選挙と投票行動の理論』東海大学出版会。
曽根泰教（1984）「J・A・シュンペーターと現代民主主義――古典的民主主義批判と『いまひとつの民主主義理論』の提唱」白鳥令・曽根泰教編『現代世界の民主主義理論』新評論。
坪郷實編（2009）『比較・政治参加』ミネルヴァ書房。
三竹直哉（2013）「マイノリティと選挙制度」岩崎正洋編『選挙と民主主義』吉田書店。
三宅一郎（1989）『現代政治学叢書5 投票行動』東京大学出版会。
山田真裕・飯田健編（2009）『投票行動のフロンティア』おうふう。
Bogdanor, Vernon (1983) 'Conclusion: Electoral Systems and Party Systems,'

参考文献

In Vernon Bogdanor and David Butler (eds.), *Democracy and Elections*, Cambridge University Press. 加藤秀治郎・岩崎正洋訳「選挙制度と政党制」加藤秀治郎編訳『選挙制度の思想と理論』芦書房。
Duverger, Maurice (1951) *Les Partis Politiques*, Librairie Armand Colin. 岡野加穂留訳（1970）『政党社会学——現代政党の組織と活動』潮出版社。
Duverger, Maurice (1986) 'Duverger's Law: Forty Years Later,' In Bernard Grofman and Arend Lijphart (eds.), *Electoral Laws and their Political Consequences*, Agathon Press. 岩崎正洋・木暮健太郎訳「デュベルジェの法則——四〇年後の再考」加藤秀治郎編訳『選挙制度の思想と理論』芦書房。
Lipset, Seymour M. and Stein Rokkan (eds.) (1967) *Party Systems and Voter Alignments: Cross-National Perspectives*, Free Press.
Norris, Pippa (1997) 'Choosing Electoral Systems: Proportional, Majoritarian and Mixed Systems,' *International Political Science Review*, Vol. 18, No. 3, pp. 297-312. 岡田浩訳（2000）「選挙制度の選択」岩崎正洋他編『民主主義の国際比較』一藝社。
Riker, William H. (1982) 'The Two-party System and Duverger's Law: An Essay on the History of Political Science,' *American Political Science Review*, Vol. 76, pp. 753-766.
Rokkan, Stein (1970) *Citizens, Elections, Parties: Approaches to the Comparative Study of the Processes of Development*, Universitetsforlaget.
Sartori, Giovanni (1996) *Comparative Constitutional Engineering: An Inquiry into Structures, Incentives and Outcomes*, Second Edition, Macmillan. 岡澤憲芙監訳・工藤裕子訳（2000）『比較政治学——構造・動機・結果』早稲田大学出版部。
Schumpeter, Joseph A. (1942) *Capitalism, Socialism and Democracy*, Harper & Brothers. 中山伊知郎・東畑精一訳（1962）『資本主義・社会主義・民主主義〔第3版〕』東洋経済新報社。
Verba, Sidney, Norman H. Nie and Jae-on Kim (1978) *Participation and Political Equality: A Seven-Nation Comparison*, Cambridge University Press. 三宅一郎監訳（1981）『政治参加と平等』東京大学出版会。

第8章 政党

岩崎正洋（1999）『政党システムの理論』東海大学出版会。
岩崎正洋（2002）『議会制民主主義の行方』一藝社。
岩永健吉郎（1977）『西欧の政治社会〔第2版〕』東京大学出版会。
岡沢憲芙（1988）『現代政治学叢書12　政党』東京大学出版会。
篠原一（1982）『ポスト産業社会の政治』東京大学出版会。
馬場康雄・平島健司編（2010）『ヨーロッパ政治ハンドブック〔第2版〕』東京大学出版。
Allardt, Erik and Yrjö Littunen (eds.) (1964) *Cleavages, Ideologies and Party Systems: Contributions to Comparative Sociology*, Academic Bookstore. 宮沢健訳（1973）『現代政党論』而立書房。
Almond, Gabriel A. and G. Bingham Powell, Jr. (1966) *Comparative Politics:*

参考文献

A Developmental Approach, Little, Brown and Company.
Bell, Daniel (1960) *The End of Ideology: On the Exhaustion of Political Ideas in the Fifties*, Macmillan. 岡田直之訳（1969）『イデオロギーの終焉——1950年代における政治思想の涸渇について』東京創元新社。
Crozier, Michel, Samuel P. Huntington and Joji Watanuki (1975) *The Crisis of Democracy: Report on the Governability of Democracies to the Trilateral Commission*, New York University Press. 綿貫譲治監訳（1975）『民主主義の統治能力——日本・アメリカ・西欧——その危機の検討』サイマル出版会。
Downs, Anthony (1957) *An Economic Theory of Democracy*, Harper & Brothers. 古田精司監訳（1980）『民主主義の経済理論』成文堂。
Duverger, Maurice (1951) *Les Partis Politiques*, Librairie Armand Colin. 岡野加穂留訳（1970）『政党社会学——現代政党の組織と活動』潮出版社。
Eldersveld, Samuel J. (1982) *Political Parties in American Society*, Basic Books.
Epstein, Leon D. (1967) *Political Parties in Western Democracies*, Praeger.
Katz, Richard S. and Peter Mair (1995) 'Changing Models of Party Organization and Party Democracy: The Emergence of the Cartel Party,' *Party Politics*, Vol. 1, No. 1, pp. 5-28.
Kirchheimer, Otto (1966) 'The Transformation of the Western European Party Systems,' In Joseph LaPalombara and Myron Weiner (eds.), *Political Parties and Political Development*, Princeton University Press.
Kolinsky, Eva (ed.) (1987) *Opposition in Western Europe*, St. Martin's Press. 清水望監訳（1998）『西ヨーロッパの野党』行人社。
Lipset, Seymour M. and Stein Rokkan (eds.) (1967) *Party Systems and Voter Alignments: Cross-National Perspectives*, Free Press.
Mair, Peter (ed.) (1990) *The West European Party System*, Oxford University Press.
Michels, Robert (1959) *Political Parties: A Sociological Study of the Oligarchial Tendencies of Modern Democracy*, Translated by Eden and Cedar Paul, Dover Books. 森博・樋口晟子訳（1973）『現代民主主義における政党の社会学』木鐸社。
Neumann, Sigmund (ed.) (1956) *Modern Political Parties: Approaches to Comparative Politics*, University of Chicago Press. 渡辺一訳（1958）『政党——比較政治学的研究（Ⅰ）』みすず書房。
Neumann, Sigmund (ed.) (1956) *Modern Political Parties: Approaches to Comparative Politics*, University of Chicago Press. 渡辺一訳（1961）『政党——比較政治学的研究（Ⅱ）』みすず書房。
Olson, Mancur (1965) *The Logic of Collective Action*, Harvard University Press. 依田博・森脇俊雅訳（1983）『集合行為論——公共財と集団理論』ミネルヴァ書房。
Ostrogorski, Moisei (1902 = 1982) *Democracy and the Organization of Political Parties*, 2 vols, Transaction Edition, Edited and Abridged by Seymour M. Lipset, Transaction Books.
Panebianco, Angelo (1988) *Political Parties: Organizations and Power*, Translated by Mark Silver, Cambridge University Press. 村上信一郎訳（2005）『政

党――組織と権力』ミネルヴァ書房。
Sartori, Giovanni (1976) *Parties and Party Systems: A Framework for Analysis*, Vol. 1, Cambridge University Press. 岡澤憲芙・川野秀之訳（1980）『現代政党学――政党システム論の分析枠組み』早稲田大学出版部。
Schattschneider, E. E. (1942) *Party Government*, Holt, Rinehart and Winston. 間登志夫訳（1962）『政党政治論』法律文化社。
Scott, Ruth K. and Ronald J. Hrebenar (1984) *Parties in Crisis: Party Politics in America*, Second Edition, John Wiley and Sons.
Sorauf, Frank J. (1984) *Party Politics in America*, Fifth Edition, Little, Brown and Company.
Wolinetz, Steven B. (ed.) (1988) *Parties and Party Systems in Liberal Democracies*, Routledge.
Wright, William E. (ed.) (1970) *A Comparative Study of Party Organization*, Charles E. Merrill Publishing Company.

第9章　政党システム

網谷龍介・伊藤武・成廣孝編（2014）『ヨーロッパのデモクラシー〔改訂第2版〕』ナカニシヤ出版。
岩崎正洋（1999）『政党システムの理論』東海大学出版会。
岩崎正洋編（2011）『政党システムの理論と実際』おうふう。
篠原一（1977）『連合時代の政治理論』現代の理論社。
篠原一編（1984）『連合政治――デモクラシーの安定をもとめて（Ⅰ）』岩波書店。
篠原一編（1984）『連合政治――デモクラシーの安定をもとめて（Ⅱ）』岩波書店。
西川知一編（1986）『比較政治の分析枠組』ミネルヴァ書房。
的場敏博（1990）『戦後の政党システム――持続と変化』有斐閣。
的場敏博（2003）『現代政党システムの変容――90年代における危機の変化』有斐閣。
Bartolini, Stefano and Peter Mair (1990) *Identity, Competition and Electoral Availability: The Stabilisation of European Electorates 1885-1985*, Cambridge University Press.
Crewe, Ivor and David Denver (eds.) (1985) *Electoral Change in Western Democracies: Patterns and Sources of Electoral Volatility*, Croom Helm.
Dalton, Russell J., Scott C. Flanagan and Paul Allen Beck (eds.) (1984) *Electoral Change in Advanced Industrial Democracies: Realignment or Dealignment?*, Princeton University Press.
Dodd, Lawrence C. (1976) *Coalitions in Parliamentary Government*, Princeton University Press. 岡沢憲芙訳（1977）『連合政権考証――政党政治の数量分析』政治広報センター。
Duverger, Maurice (1951) *Les Partis Politiques*, Librairie Armand Colin. 岡野加穂留訳（1970）『政党社会学――現代政党の組織と活動』潮出版社。
Inglehart, Ronald (1977) *The Silent Revolution: Changing Values and Political Styles among Western Publics*, Princeton University Press. 三宅一郎・金丸輝男・富沢克訳（1978）『静かなる革命――政治意識と行動様式の変化』東洋経済新

報社。

Laakso, Markku and Rein Taagepera (1979) '"Effective" Number of Parties: A Measure with Application to West Europe,' *Comparative Political Studies*, Vol. 12, No. 1, pp. 3-27.

Lane, Jan-Erik and Svante O. Ersson (1987) *Politics and Society in Western Europe*, Sage.

Lipset, Seymour M. and Stein Rokkan (1967) 'Cleavage Structures, Party Systems, and Voter Alignments: An Introduction,' In Seymour M. Lipset and Stein Rokkan (eds.) *Party Systems and Voter Alignments: Cross-National Perspectives*, Free Press.

Mair, Peter (1997) *Party System Change: Approaches and Interpretation*, Oxford University Press.

Neumann, Sigmund (ed.) (1956) *Modern Political Parties: Approaches to Comparative Politics*, University of Chicago Press. 渡辺一訳（1958）『政党——比較政治学的研究（Ⅰ）』みすず書房。

Neumann, Sigmund (ed.) (1956) *Modern Political Parties: Approaches to Comparative Politics*, University of Chicago Press. 渡辺一訳（1961）『政党——比較政治学的研究（Ⅱ）』みすず書房。

Pedersen, Mogens N. (1983) 'Changing Patterns of Electoral Volatility in European Party Systems, 1948-1977: Explorations in Explanation,' In Hans Daalder and Peter Mair (eds.) *Western European Party Systems: Continuity and Change*, Sage.

Pennings, Paul and Jan-Erik Lane (eds.) (1998) *Comparing Party System Change*, Routledge.

Rose, Richard and Derek W. Urwin (1970) 'Persistence and Change in Western Party Systems since 1945,' *Political Studies*, Vol. XVIII, No. 3, pp. 287-319.

Sartori, Giovanni (1976) *Parties and Party Systems: A Framework for Analysis*, Vol. 1, Cambridge University Press. 岡澤憲芙・川野秀之訳（1980）『現代政党学——政党システム論の分析枠組み』早稲田大学出版部。

Sartori, Giovanni (2005) *Parties and Party Systems: A Framework for Analysis*, ECPR Press.

Smith, Gordon (1990) 'Stages of European Development: Electoral Change and System Adaptation,' In Derek W. Urwin and William E. Paterson (eds.), *Politics in Western Europe today: Perspectives, Policies and Problems Since 1980*, Longman.

第10章　大統領制と議院内閣制

白鳥令（1999）「政治制度論の意義」白鳥令編『政治制度論——議院内閣制と大統領制』芦書房。

高安健将（2009）『首相の権力——日英比較からみる政権党とのダイナミズム』創文社。

建林正彦・曽我謙悟・待鳥聡史（2008）『比較政治制度論』有斐閣。

待鳥聡史（2006）「大統領的首相論の可能性と限界——比較執政制度論からのアプ

ローチ」『法政論叢』第158巻第5・6号, 311-341。
待鳥聡史 (2012) 『首相政治の制度分析――現代日本政治の権力基盤形成』千倉書房。
Duverger, Maurice (1980) 'A New Political System Model: Semi-Presidential Government,' *European Journal of Political Research*, Vol. 8, No. 2, pp. 165-187.
Hamilton, Alexander, John Jay and James Madison, Jr. (1787-1788) *The Federalist Papers*. 齋藤眞・武則忠見訳 (1991) 『ザ・フェデラリスト』福村出版。
Linz, Juan J. (1994) 'Presidential or Parliamentary Democracy: Does It Make a Difference?,' In Juan J. Linz and Arturo Valenzuela (eds.) (1994) *The Failure of Presidential Democracy: Comparative Perspectives*, Vol. 1, Johns Hopkins University Press. 中道寿一訳 (2003) 『大統領制民主主義の失敗――その比較研究』南窓社。
Mainwaring, Scott and Matthew Soberg Shugart (eds.) (1997) *Presidentialism and Democracy in Latin America*, Cambridge University Press.
Mettenheim, Kurt von (ed.) (1997) *Presidential Institutions and Democratic Politics: Comparing Regional and National Contexts*, Johns Hopkins University Press.
Montesquieu, Charles-Louis de (1748) *De l'Esprit des Lois*. 野田良之他訳 (1989) 『法の精神』岩波文庫。
Poguntke, Thomas and Paul Webb (eds.) (2005) *The Presidentialization of Politics: A Comparative Study of Modern Democracies*, Oxford University Press. 岩崎正洋監訳 (2014) 『民主政治はなぜ「大統領制化」するのか――現代民主主義国家の比較研究』ミネルヴァ書房。
Riggs, Fred W. (1994) 'Conceptual Homogenization of a Heterogeneous Field: Presidentialism in Comparative Perspective,' In Mattei Dogan and Ali Kazancigil (eds.) *Comparing Nations: Concepts, Strategies, Substances*, Blackwell.
Riggs, Fred W. (1997) 'Presidentialism versus Parliamentarism: Implications for Representativeness and Legitimacy,' *International Political Science Review*, Vol. 18, No. 3, pp. 253-278.
Sartori, Giovanni (1996) *Comparative Constitutional Engineering: An Inquiry into Structures, Incentives and Outcomes*, Second Edition, Macmillan. 岡澤憲芙監訳・工藤裕子訳 (2000) 『比較政治学――構造・動機・結果』早稲田大学出版部。
Warwick, Paul V. (1994) *Government Survival in Parliamentary Democracies*, Cambridge University Press.
Webb, Paul and Thomas Poguntke (2013) 'The Presidentialisation Thesis Defended,' *Parliamentary Affairs*, Vol. 66, pp. 646-654.
Webb, Paul, Thomas Poguntke and Robin Kolodny (2012) 'The Presidentialization of Party Leadership? Evaluating Party Leadership and Party Government in the Democratic World,' In Ludger Helms (ed.), *Comparative Political Leadership: Challenges and Prospects*, Palgrave Macmillan.

参考文献

第 11 章　政策過程

秋吉貴雄・伊藤修一郎・北山俊哉（2010）『公共政策学の基礎』有斐閣。
足立幸男・森脇俊雅編（2003）『公共政策学』ミネルヴァ書房。
石田徹（1992）『自由民主主義体制分析——多元主義・コーポラティズム・デュアリズム』法律文化社。
岩崎正洋編（2012）『政策過程の理論分析』三和書籍。
大嶽秀夫（1990）『現代政治学叢書 11　政策過程』東京大学出版会。
大森彌（1981）「政策」『年報政治学　政治学の基礎概念』岩波書店。
草野厚（2012）『政策過程分析入門〔第 2 版〕』東京大学出版会。
白鳥令（1990）「現代政治学と政策決定の理論」白鳥令編『政策決定の理論』東海大学出版会。
新川敏光・井戸正伸・宮本太郎・眞柄秀子（2004）『比較政治経済学』有斐閣。
田口富久治（1989）『ケインズ主義的福祉国家——先進 6 カ国の危機と再編』青木書店。
中野実（1984）『現代国家と集団の理論——政治的プルラリズムの諸相』早稲田大学出版部。
眞柄秀子・井戸正伸編（2007）『拒否権プレイヤーと政策転換』早稲田大学出版部。
森脇俊雅（2010）『BASIC 公共政策学 5　政策過程』ミネルヴァ書房。
山川雄巳（1993）『政策とリーダーシップ』関西大学出版部。
山本吉宣（1990）「政策決定論の系譜」白鳥令編『政策決定の理論』東海大学出版会。
Almond, Gabriel A. (1983) 'Corporatism, Pluralism, and Professional Memory,' *World Politics*, Vol. 35, No, 2, pp. 245-260.
Goldthorpe, John H. (ed.) (1984) *Order and Conflict in Contemporary Capitalism: Studies in the Political Economy of Western Nations*, Clarendon Press. 稲上毅・下平好博・武川正吾・平岡公一訳（1987）『収斂の終焉——現代西欧社会のコーポラティズムとデュアリズム』有信堂。
Lehmbruch, Gerhard and Philippe C. Schmitter (eds.) (1982) *Patterns of Corporatist Policy-Making*, Sage. 山口定監訳・高橋進・辻中豊・藪野祐三・阪野智一・河越弘明訳（1986）『現代コーポラティズム——先進諸国の比較分析（Ⅱ）』木鐸社。
Lowi, Theodore J. (1979) *The End of Liberalism: The Second Republic of the United States*, Second Edition, W. W. Norton & Company. 村松岐夫監訳（1981）『自由主義の終焉——現代政府の問題性』木鐸社。
Schmitter, Philippe C. (1974) 'Still the Century of Corporatism?' *The Review of Politics*, Vol. 36, No. 1, pp. 85-131.
Schmitter, Philippe C. and Gerhard Lehmbruch (eds.) (1979) *Trends toward Corporatist Intermediation*, Sage. 山口定監訳・高橋進・辻中豊・坪郷實訳（1984）『現代コーポラティズム——団体統合主義の政治とその理論（Ⅰ）』木鐸社。
Tsebelis, George (2002) *Veto Players: How Political Institutions Work*, Princeton University Press. 真柄秀子・井戸正伸訳（2009）『拒否権プレイヤー——政治制度はいかに作動するか』早稲田大学出版部。

第 12 章　ガバナンス

猪口孝（2012）『現代政治学叢書 2　ガバナンス』東京大学出版会。
岩崎正洋編（2011）『ガバナンス論の現在——国家をめぐる公共性と民主主義』勁草書房。
岩崎正洋・坪内淳編（2007）『国家の現在』芦書房。
大山耕輔（2010）『BASIC 公共政策学 8　公共ガバナンス』ミネルヴァ書房。
曽根泰教（2008）「民主主義の新展開——サイバネティックス，ガバナンス，サイバースペース」曽根泰教・大山耕輔編『日本の民主主義——変わる政治・変わる政治学』慶應義塾大学出版会。
曽根泰教（2008）『日本ガバナンス——「改革」と「先送り」の政治と経済』東信堂。
土屋大洋（2000）「グローバル・ガバナンス」岩崎正洋・植村秀樹・宮脇昇編『グローバリゼーションの現在』一藝社。
新川達郎編（2011）『公的ガバナンスの動態研究——政府の作動様式の変容』ミネルヴァ書房。
西岡晋（2006）「パブリック・ガバナンス論の系譜」岩崎正洋・田中信弘編『公私領域のガバナンス』東海大学出版会。
山本啓（2014）『パブリック・ガバナンスの政治学』勁草書房。
Benz, Arthur and Yannis Papadopoulos (eds.) (2006) *Governance and Democracy: Comparing national, European and international experiences*, Routledge.
Bevir, Mark (ed.) (2007) *Public Governance*, Vol. 1, Sage.
Bevir, Mark (ed.) (2011) *The Sage Handbook of Governance*, Sage.
Crozier, Michel, Samuel P. Huntington and Joji Watanuki (1975) *The Crisis of Democracy: Report on the Governability of Democracies to the Trilateral Commission*, New York University Press.　綿貫譲治監訳（1975）『民主主義の統治能力——日本・アメリカ・西欧——その危機の検討』サイマル出版会。
Inglehart, Ronald (1977) *The Silent Revolution: Changing Values and Political Styles among Western Publics*, Princeton University Press. 三宅一郎・金丸輝男・富沢克訳（1978）『静かなる革命——政治意識と行動様式の変化』東洋経済新報社。
Kjær, Anne Mette (2004) *Governance*, Polity Press.
Kooiman, Jan (ed.) (1993) *Modern Governance: New Government-Society Interactions*, Sage.
Lijphart, Arend (1977) *Democracy in Plural Societies: A Comparative Exploration*, Yale University Press. 内山秀夫訳（1979）『多元社会のデモクラシー』三一書房。
Pierre, Jon (ed.) (2000) *Debating Governance*, Oxford University Press.
Pierre, Jon and B. Guy Peters (2000) *Governance, Politics and the State*, St. Martin's Press.
Rhodes, R. A. W. (1997) *Understanding Governance: Policy Networks, Governance, Reflexivity and Accountability*, Open University Press.

参考文献

Sørensen, Eva and Jacob Torfing (eds.) (2007) *Theories and Democratic Network Governance*, Palgrave Macmillan.

人名索引

あ行

アーウィン（Derek W. Urwin） 172, 173, 175
アーモンド（Gabriel A. Almond） 17, 22-25, 27-29, 33, 34, 38, 48-53, 60, 69, 70, 218, 219
アイゼンシュタット（S. N. Eisenstadt） 34, 35
アプター（David E. Apter） 34
アマート（Giuliano Amato） 202
アリストテレス（Aristotle） 68, 69
イーストン（David Easton） 16, 18-20, 22-24, 28, 29, 61, 211
イングルハート（Ronald Inglehart） 54, 55, 57, 181
ヴァーバ（Sidney Verba） 34, 49-53, 60
ウイナー（Myron Weiner） 34
ウェーバー（Max Weber） 15, 23, 79
ウェブ（Paul Webb） 193-196, 198, 201, 203-205
エプスタイン（Leon D. Epstein） 140
オーガンスキー（A. F. K. Organski） 34
大森彌 208, 209, 212, 213
オストロゴルスキー（Moisei Ostrogorski） 146-148
オドネル（Guillermo O'Donnell） 86-89, 92, 95

か行

カヴァナー（Dennis Kavanagh） 49
カッツ（Richard S. Katz） 152-155
金日成 79
キルヒハイマー（Otto Kirchheimer） 149
コーイマン（Jan Kooiman） 231
コールマン（James S. Coleman） 33, 34
ゴルバチョフ（Mikhail S. Gorbachev） 85

さ行

サルトーリ（Giovanni Sartori） 110, 112, 113, 137, 138, 140, 159, 160, 165-169, 171, 172, 178, 191, 192
ジェソップ（Bob Jessop） 218
篠原一 47
シャットシュナイダー（E. E. Schattschneider） 139, 219
シャルプ（Fritz W. Scharpf） 232
シュガート（Matthew Soberg Shugart） 193
シュミッター（Philippe C. Schmitter） 86-89, 92, 95, 214-217
シュレーダー（Gerhard Schröder） 194, 202
シュンペーター（Joseph A. Schumpeter） 107-113, 123, 203
ステパン（Alfred Stepan） 78, 89-91, 97
ストローム（Kaare Strom） 17
スミス（Gordon Smith） 181

た行

ターガペラ（Rein Taagepera） 168
ダール（Robert A. Dahl） 49, 63, 64, 66-68, 75, 88, 112
ダウンズ（Anthony Downs） 112
チャウシェスク（Nicolae Ceauşescu） 79
ツェベリス（George Tsebelis） 220-223
デュベルジェ（Maurice Duverger） 14, 62, 63, 129-135, 138, 148, 150, 155, 159, 165, 166, 171, 172, 191

253

人名索引

ドイッチュ（Karl W. Deutsch） 28, 34
ドールトン（Russell J. Dalton） 17, 182
トルーマン（David B. Truman） 219
ドント（V. D'Hondt） 127

な　行

ネトル（Peter Nettl） 49
ノイマン（Sigmund Neumann） 150, 160
ノリス（Pippa Norris） 128

は　行

バーク（Edmund Burke） 139
パーソンズ（Talcott Parsons） 162
パイ（Lucian W. Pye） 34, 49
パウエル（G. Bingham Powell, Jr.） 17, 22-25, 27, 28, 33, 34, 38, 48
パットナム（Robert Putnam） 57-60
パニッチ（Leo Panitch） 218
パネビアンコ（Angelo Panebianco） 150
パパドゥポウロス（Yannis Papadopoulos） 232, 233
ハンティントン（Samuel P. Huntington） 34, 35, 81, 84, 85, 96, 112, 145
ビアー（Samuel Beer） 49
ピーターズ（B. Guy Peters） 231
ピーレ（Jon Pierre） 231
ファイナー（S. E. Finer） 49
ブラウン（Gordon Brown） 202
フラナガン（Scott C. Flanagan） 182
ブレア（Tony Blair） 194, 202
ペイトマン（Carole Pateman） 113
ヘクシャー（Gunnar Heckscher） 32, 33
ベック（Paul Allen Beck） 182
ペデルセン（Mogens N. Pedersen） 174, 175
ヘルメンス（F. A. Hermens） 135, 138
ベンサム（Jeremy Bentham） 108
ベンツ（Arthur Benz） 232, 233
ベントレー（Arther F. Bentley） 219
ボクダノア（Vernon Bogdanor） 135, 136, 138
ポグントケ（Thomas Poguntke） 193-196, 198, 201, 203-205

ま　行

マクリディス（Roy C. Macridis） 32, 33, 48
マディソン（James Madison） 186
マルコス（Ferdinand Marcos） 79
ミヘルス（Robert Michels） 146-148
ミル, J.（James Mill） 108
ミル, J. S.（John Stuart Mill） 108
ムーア（Barrington Moore, Jr.） 34
メア（Peter Mair） 152-155, 176-180, 184
メインウォリング（Scott Mainwaring） 193
メッテンハイム（Kurt von Mettenheim） 193
森脇俊雅　211
モンテスキュー（Charles-Louis de Montesquieu） 185

や　行

山川雄巳　207, 208
山口定　62

ら　行

ラークソー（Markku Laakso） 167
ライカー（William H. Riker） 132, 133
ライト（William E. Wright） 150
ラスウェル（Harold D. Lasswell） 212
ラパロンバラ（Joseph LaPalombara） 34, 219
ラフォンテーヌ（Oskar Lafontaine） 202
リッグズ（Fred W. Riggs） 34, 193
リプセット（Seymour M. Lipset） 34, 96, 97, 111, 112, 136, 137, 161, 163-165, 172, 173, 183
リンス（Juan J. Linz） 74-78, 89-91, 97, 192, 193, 219
ルソー（Jean-Jacques Rousseau） 108
ルテリ（Francesco Rutelli） 202
レイプハルト（Arend Lijphart） 68-74, 78, 97, 115, 117, 198, 234
レームブルッフ（Gerhard Lehmbruch）

74, 214, 217, 219
ローウィ (Theodore J. Lowi)　70
ローウィン (Val R. Lorwin)　74
ローズ (R. A. W. Rhodes)　231

ローズ (Richard Rose)　172, 173, 175
ロッカン (Stein Rokkan)　34-36, 38, 39, 43, 136, 161, 163-165, 172, 173, 183, 219

事項索引

あ 行

アウトプット　16, 20-22, 24-26, 29, 51, 53, 212, 233
アクター中心アプローチ　89, 93
アジアバロメーター　60
新しい社会運動　114
アナーキー　228, 235
アラブの春　84
一党制　160, 166, 168-170
一党優位政党制　133, 168-170, 177
イデオロギー　76, 77, 79, 105, 109, 140, 149, 169, 170, 178
イデオロギー距離　168, 182, 221
イデオロギー指向ヘゲモニー政党制　170
インプット　16, 20-22, 24, 26, 29, 51, 53, 62, 212, 226, 233
ウェストファリア講和条約　107
エリート指導的活動　54
エリート挑戦的活動　54
遠心型民主主義　70
応答性　231, 236
穏健な多党制　168-170, 184

か 行

階級政治　56
下位システム　18
外部領域　44
下位文化　25
開放的競合構造　179, 180
革命　2, 84, 87
家産制　79
舵取り　230
寡頭制　147, 148
寡頭制の鉄則　146

ガバナンス　2, 9, 10, 91, 225-235
ガバナンス・クラブ　231
ガバナンス・ネットワーク　231
ガバナンス論　236
カルテル政党　153-155, 157
環境　18, 20, 21, 23, 29, 212
感情的指向　51
間接民主主義　189, 190
幹部政党　149, 150, 153-155
管理能力　32
規範　59
規範概念　235
求心型民主主義　70
境界　18, 23
競合性　106, 169
競合的エリート民主主義　109-114, 123, 203
競合的指導者選出　111
競合の構造　176-178, 184
恭順型市民文化　53
行政国家　39
競争的寡頭体制　66, 68
競争的指導者選出　109, 110, 112
極端な多党制　168, 169
拒否権プレイヤー　10, 198, 220-224
区画　71-73
グッド・ガバナンス　225
クラティア　105
グローバル・ガバナンス　225
グローバル・デモクラシー　118
グロス・ヴォラティリティ　175
経済社会　91
ケインズ主義的福祉国家　214
ゲームのルール　88, 93
結社民主主義　232

257

事項索引

ゲリマンダー　125
権威　21, 40
権威主義一党制　170
権威主義体制　63, 74, 76-78, 82, 85-90, 92-95
権威主義的コーポラティズム　217
原子化政党制　168, 169, 171
限定的多党制　168
権力分有　74
合意形成型民主主義　74, 115-117, 198, 222
公共政策　207-210
構造　25, 51
構造機能分析　27
拘束名簿式　128
硬直性　192, 193
公的異議申し立て　65-68, 112
行動科学革命　34, 186
公民権運動　57
功利主義　108
コーポラティズム　9, 117, 214-216, 218, 219, 224
コーポレート・ガバナンス　225
国民革命　162
国民形成　34, 35, 38, 45
互酬性の規範　59
国家　14-16, 44, 61
国家建設　34, 35, 38, 45
国家コーポラティズム　216
国家性　97
国家中心アプローチ　230
混合制　124, 128

さ 行

最高平均法　127
最大剰余法　127
サイバネティクス　28, 38
再分配　39
再編成　182, 183
細胞組織　148, 149
参加　34, 38, 39, 45
参加型政治文化　52, 53
参加民主主義　113, 114

産業革命　162
ジェンダー・クオータ制　129
敷居　90, 136, 163, 164
指令　51
支持　20, 21, 25
静かなる革命　54, 181
執政　187-190, 194
執政制度　187
実態概念　235, 236
支配的中心　43
死票　124
支部組織　148
市民共同体　59
市民社会　91, 114
市民文化　50, 54, 60
社会科学研究評議会　33
社会経済的近代性　59
社会コーポラティズム　216, 217
社会システム　17
社会資本　57, 59, 60
社会中心アプローチ　230, 231
社会的亀裂　71, 133, 136, 137, 161, 163, 164, 173, 184, 198, 200
社会内的環境　18, 19
従属変数　3
周辺　36, 40, 41, 43, 44
自由民主党　104
熟議民主主義　114, 232
勝者総取り制　72
小選挙区制　124, 125, 131-133, 137, 138
小選挙区比例代表併用制　128
小選挙区比例代表並立制　127, 128
諸価値の権威的配分　18, 21
浸透　38
臣民　50
臣民型政治文化　52, 53
信頼　59
垂直的周辺性　40
水平的周辺性　40
ストレス　19, 21, 22
スルタン主義　63
スルタン主義体制　78, 79
「する」の論理　47, 48

事項索引

制限選挙　108, 149, 156
政権不安定性　221
政策　9, 207-214, 217
政策安定性　221-223
政策循環　212, 213
政策の七段階モデル　212
政策不安定性　222
政治　14, 15
政治システム　2, 7, 8, 16-22, 24-29, 32, 35, 38, 39, 45, 48, 51-53, 60-62, 64, 211, 212, 219, 220, 232
政治社会　91
政治責任　122, 189
政治的共同体　21, 61, 62
政治発展　2, 7, 8, 25, 27, 28, 31-35, 38, 40, 44, 60
政治文化　2, 7, 8, 25, 27, 28, 47-51, 60
政党国家システム　160
政党主導型の統治　196, 198
政党衰退論　145, 156
正統性　56, 62, 85, 86, 92, 95, 111, 112, 121-123, 142, 163, 192, 227, 232-234, 236
制度化　35
制度的拒否権プレイヤー　220
世界価値観調査　60
惜敗率　127
世俗化　27
説明責任　231, 236
説明変数　3
選挙ヴォラティリティ　174-176, 180, 181
選挙によるポリアーキー　110
全体主義一党制　170
全体主義体制　63, 74-77
選択投票制　125
相互拒否権　71-73
相対多数代表制　124, 135
総体的ヴォラティリティ　174, 175

た　行

退行　34
第三の波　81, 82, 84, 85, 112
大衆政党　57, 109, 149, 150, 153-155, 164
体制　21
体制移行　81, 84, 86, 88, 90, 92, 95, 96
大選挙区制　125
大統領制化　9, 193-198, 200-205
大統領制的な統治　196, 198
代表　163, 164
大連合　71-73
タカ派　89, 95
多極共存型民主主義　68-74, 115, 117, 232, 233
多元社会　68, 69, 73
多元主義　76, 77, 215-218
多数代表型民主主義　74, 115-117, 198, 222
多数代表制　124-126, 128, 129, 131, 220
多数派の権力　163, 164
脱物質主義的価値　181
脱物質主義的価値観　54, 56, 226
脱編成　182, 183
単記移譲式　126
地方幹部会　148, 149
中心　36, 40, 41, 43, 44
中選挙区制　125, 128
重複立候補制度　127
直接民主主義　189, 190
ディクタブランダ　88
デーモクラティア　105
デーモス　105
デモクラドゥーラ　88
デュベルジェの法則　132, 133
凍結仮説　161, 164, 172, 173, 175, 176, 183
統治形態　185, 186, 190, 193, 196, 223
統治された民主主義　110
統治能力　56, 112, 126, 144, 145, 199, 226, 227
党派的拒否権プレイヤー　220
透明性　231, 233, 236
討論型世論調査　156
討論民主主義　114, 232
独裁　61, 63, 75, 84
独立変数　3

259

事項索引

都市国家　106, 107
ドント式　127

　　　　　な　行

「なる」の論理　47, 48
二回投票決選投票制　125
二元的な民主的正統性　192
二党制　131-133, 168-170, 177, 180, 220, 222, 223
日本共産党　104
認知的指向　51
ネット・ヴォラティリティ　174, 175
ネットワーク　59

　　　　　は　行

ハイアラーキー　228
ハト派　89, 95
パブリック・ガバナンス　225
半議院内閣制　192
半周辺　44
半大統領制　185, 191, 192, 194-196, 204
比較政治学委員会　33, 34
非拘束名簿式　126, 128
非国家主義的民主主義　114
被説明変数　3
一人一票一投票価値　123
評価的指向　51
標準化　38
平等　32, 64
比例制原理　71-73
比例代表制　124, 126, 128-133, 135-138, 220
ファシズム　76
フィードバック　20-22, 26, 212
福祉国家　2, 39, 226
普通選挙制　109, 136, 137, 149, 164
物質主義的価値　181
物質主義的価値観　54, 56, 226
プラグマティズム指向ヘゲモニー政党制　170
プラグマティック一党制　170
分化　32, 36, 39, 41
分割政府　192

分極的多党制　169, 171, 178, 184
分析概念　235, 236
分配　34, 38, 45
閉鎖的競合構造　178-180
閉鎖的抑圧体制　66, 68
ヘゲモニー政党制　168-170
ペデルセン指標　174, 175
ベトナム戦争　57
ペレストロイカ　85
変換　24, 26
変数　3
編入　163
崩壊　34
包括性　65-68, 112
包括政党　149, 151, 153, 154
包括的抑圧体制　66
法の支配　91
ポスト全体主義体制　63, 78, 79
ポリアーキー　63, 64, 67, 68, 75, 88, 112

　　　　　ま　行

街で唯一のゲーム　90
マックス・プランク社会研究所　231
未分化型政治文化　52, 53
民主化支援　94
民主主義の定着　86, 89, 90, 92, 93
民主的ガバナンス　232
民主的正統性　233, 235
民主的ネットワーク・ガバナンス　231
民主党　104
民兵組織　148, 149
名望家　108, 149, 154

　　　　　や　行

役割　25, 51
有効性　111
有効政党数　168
ユーロバロメーター　60
揺り戻しの波　82
要求　20, 21, 24
ヨーロッパの概念地図　35, 38, 40

ら　行

ラティノバロメーター　60
利益集団自由主義　70
利益集約　26, 39, 141-143
利益表出　26, 39, 141-143, 217, 219

リベラル・コーポラティズム　217
領土　35, 41
連邦制　2, 73, 116
ローマ帝国　36, 41

著者略歴

1965年生まれ。東海大学大学院政治学研究科博士課程後期修了。博士（政治学）。杏林大学総合政策学部助教授、日本大学法学部助教授、同准教授を経て、現在は日本大学法学部教授。専門は比較政治学。

著書に『政党システムの理論』（東海大学出版会、1999）、編著書に『ガバナンス論の現在』（勁草書房、2011）がある。

比較政治学入門

2015年2月20日　第1版第1刷発行
2024年6月20日　第1版第4刷発行

著　者　岩崎 正洋（いわさき まさひろ）

発行者　井 村 寿 人

発行所　株式会社　勁 草 書 房（けい そう）

112-0005　東京都文京区水道 2-1-1　振替 00150-2-175253
（編集）電話 03-3815-5277／FAX 03-3814-6968
（営業）電話 03-3814-6861／FAX 03-3814-6854
大日本法令印刷・中永製本

Ⓒ IWASAKI Masahiro　2015

ISBN978-4-326-30238-3　Printed in Japan

 〈出版者著作権管理機構　委託出版物〉

本書の無断複製は著作権法上での例外を除き禁じられています。
複製される場合は、そのつど事前に、出版者著作権管理機構
（電話 03-5244-5088, FAX 03-5244-5089, e-mail: info@jcopy.or.jp）
の許諾を得てください。

＊落丁本・乱丁本はお取替いたします。
　ご感想・お問い合わせは小社ホームページから
　お願いいたします。

https://www.keisoshobo.co.jp

岩崎正洋　編著
コロナ化した世界──COVID-19は政治を変えたのか
　4年間のコロナ禍を経験し，我々は何を学んだのか。COVID-19と共棲せざるを得ない世界で，政治はいかなる役割を果たすのか。　　　　4400円

岩崎正洋　編著
命か経済か──COVID-19と政府の役割
　コロナ禍において，世界は，そして日本はどのように対応したか。COVID-19が引き起こした政治や経済，公共政策の変容に迫る。　　　　3520円

岩崎正洋　編著
議会制民主主義の揺らぎ
　現在の議会制民主主義はどのような状況にあり，その揺らぎによってみえてきたものは何か。政治的リーダーシップの重要性を論じる。　　　3850円

リチャード・カッツ，ピーター・メア／岩崎正洋・浅井直哉　訳
カルテル化する政党
　政党の本質はどのように変化したか。国家への浸透と政党間の共謀によって特徴づけられる新たなタイプの政党モデルについて論じる。　　　4400円

浅井直哉
政党助成とカルテル政党
　国家からの助成によって組織を維持するカルテル政党。日本の政党助成制度の導入は各党の組織と政党間のかかわりをどう変化させたか。　　5280円

ジョアン・C・トロント／杉本竜也　訳
モラル・バウンダリー──ケアの倫理と政治学
　道徳性をめぐる議論におけるジェンダーに関する問題を明らかにし，ケアの政治学に関する考察を行った最初の体系的な著作を邦訳。　　　3960円

ピッパ・ノリス／山﨑聖子　訳
懐疑主義の勧め──信頼せよ，されど検証せよ
　ヨーロッパ価値観研究と世界価値観調査に基づき，過度な冷笑主義にもやみくもな軽信性にも陥らない懐疑的信頼の重要性を示す。　　　　4950円

──────────────────────────勁草書房刊

＊表示価格は2024年6月現在。消費税(10%)を含みます。